El Arte de Enseñar Cristianamente: un viaje en el aula

El Arte de Enseñar Cristianamente: un viaje en el aula

Juan Van Dyk

Dordt College Press

© John Van Dyk

El Arte de Enseñar Cristianamente: un viaje en el aula es una traducción
del libro en inglés, *The Craft of Christian Teaching: A Classroom Journey*,
publicado por el editorial Dordt Press, 2000, y traducido, con
el debido permiso por el Instituto Libre de México de Estudios
Superiores, A.C. 2005, Querétaro, Qro., México.

Traducido por La Facultad del Instituto Libre de México de Estudios Superiores

Printed in the United States

Dordt College Press   www.dordt.edu/dordt_press
498 Fourth Avenue NE
Sioux Center, Iowa 51250-1606

ISBN: 978-0-932914-62-0

Library of Congress Control Number: 2005931937

Indice General

Métodos de enseñanza: ¿Acomodados en una alacena?

Lisa: Hola Cristina, ¿cómo va tu primer año de enseñar?

Cristina: Hasta ahora bien, creo. ¿Sabes qué Lisa?, como maestra nueva aquí yo aprecio cómo el director enfatiza la importancia de enseñar cristianamente. Y, créeme, yo realmente quiero hacerlo. Pero sí, quisiera que nos diera algo más específico. Necesito unos recursos prácticos y relevantes para usar en mi aula.

Lisa: Yo también siento igual. Tenemos mucha filosofía por dondequiera. Fíjate en el estante de la sala de maestros: *Currículum: ¿Por cuál estándar? (By What Standard?)*, por Wolterstorff; *La filosofía de educación en la escuela cristiana (Philosophy of Christian School Education)*, por Kienel; *El principio de la sabiduría (The Beginning of Wisdom)*, por Van Dyk; *La causa de la educación cristiana (The Cause of Christian Education)*, por Edlin; y otros recursos provechosos de currículum también, varias unidades y libros de texto buenos, y *Peldaños (Steppingstones)*, por Van Brummelen,[1] pero veo poco o nada acerca de los métodos de enseñanza.

Cristina: Sí, ya sé. Cuando se trata de decidir cuáles estrategias debemos usar en la enseñaza, o cómo evaluarlas en una perspectiva cristiana, estamos dejadas a ciegas. ¿Por qué crees que las cuestiones acerca de *cómo* enseñamos no reciben mucha atención?

Enseñar no es un paseo dominguero

Sin duda has notado una frase familiar colocada en las oficinas de profesores normalistas: "¡Nadie dijo que el enseñar iba a ser fácil!" Supongo que casi nadie experimenta la verdad de este dicho más que el maestro nuevo, recién graduado de un programa normalista. Armado con todas las últimas teorías de enseñanza y aprendizaje, animado con la confianza lograda a través de una experiencia positiva, de una práctica de servicio social en el aula, y con varias recomendaciones en el bolsillo, el novato inocente entra al "aula real"—el aula de la cual tendrá completa responsabilidad. De repente la cuestión más apremiante parece ser: ¿Por qué nadie me dijo de todo esto? ¡Esto no es el tipo de clase de lo que me enseñaron!" Casi sin excepción, la enseñaza de tiempo completo llega a ser más exigente, agotadora, y a veces, deprimente que se pensaba en un principio. ¿Por qué?

Bueno, en primer lugar, hay lo que se dice ser "el choque de lo familiar."[2] Piensa en tu propia experiencia. Fuiste un alumno en aulas de la primaria, secundaria y preparatoria por unos doce años. Sabías acerca de los maestros, los libros de texto, las pruebas y las calificaciones. Sabías acerca de los alumnos quienes eran expertos para interrumpir y alterar el ritmo de la clase. ¿Qué había acerca de tu salón de clases que no sabías? Pero reconozcá-

moslo, hasta que realmente enseñabas, no sabías qué era tomar la rienda de 25 o más alumnos como el maestro de tiempo completo, encargado del aprendizaje de ellos. Tan pronto como te pusiste en frente de tu propia clase, los doce años tan familiares de experiencia escolar, empezaron a ser un recuerdo lejano, interesante pero carente de pertenencia.

Me acuerdo de mis primeros días como maestro principiante en la preparatoria. Inocentemente asumía que mis clases iban a ser duplicaciones de mis mejores días escolares, que había experimentado como alumno. Pensaba que todos los alumnos iban a querer aprender con ganas. Los visualizaba sentados a mis pies, todos maravillados, esperando impacientemente todas las canastas de pan caliente que les iba a servir. Anticipaba tener el poder de calificar sus exámenes con un 10 ó 5. ¡Aún pensaba que calificar trabajos iba a ser de mucha diversión! ¡He aquí! Pronto descubrí que mis expectativas del salón fueron tan realistas como mi deseo secreto de que algún día los inviernos de Iowa, no tendrían tormentas de nieve.

Una segunda realidad, abrumadora para el principiante, es la falta de tiempo libre en la vida del maestro. Los horarios apretados, montones de trabajos que ocupan calificaciones, juntas y actividades extracurriculares te dejan sin tiempo ni aun para respirar profundamente. Por supuesto, algo de esta realidad empezaba a hacer mella durante la experiencia de tu práctica. Pero la práctica, todavía no es la mera realidad: como estudiante. En tu práctica no tuviste que planear e implementar un currículum diariamente a través de un semestre, ni tomar toda la responsabilidad por el aprendizaje de tus alumnos, ni dar justificaciones de las calificaciones finales.

Igualmente confusas son las complicadas relaciones alumno—maestro. Queriendo ser aceptado, puedes ser tentado a formar una relación demasiado amigable con los alumnos. El insidioso, "síndrome de popularidad," es el deseo de ser una persona querida y apreciada, aun cuando interfiere con un buen aprendizaje o una evaluación justa. Un solo comentario negativo de parte de un alumno rápidamente puede destruir la auto-confianza de un maestro inseguro. Y luego, se amontonan encima de estas realidades una serie de presiones adicionales, tales como las expectativas de los colegas, del director, del patronato de la escuela y de los padres de familia. Ni te atreves a preguntar: "¿Estoy cumpliendo con mi trabajo de una manera buena y aceptable?" La respuesta de esta pregunta fácilmente puede amenazar la confianza que tanto necesitas.

Particularmente exigente es la difícil tarea de mantener a tus alumnos involucrados en su propio aprendizaje de una manera consistente y sostenible. Planeando lecciones efectivas e interesantes día tras día es sumamente difícil, aun agotador, y a veces desanima tanto al maestro principiante, como al veterano. Con una sonrisa nostálgica puedes reflexionar acerca de las materias de metodología que cursaste en la Normal de Maestros, donde sugirieron y practicaron una variedad de estrategias llamativas y actividades atractivas para motivar el aprendizaje. ¿Te acuerdas de todas las ideas como las de descubrir tu aprendizaje, juegos de simulación y otros métodos de motivación de aprendizaje? Pero hoy te encuentras con la realidad del aula. Allí está Carlitos, un niño especialista en la destrucción de los mejores planes innovadores. Hay presiones de tiempo que no te dejan. Es muy tentador tomar el camino fácil: simplemente seguir el manual de maestros, o dar un discurso para que tomen apuntes, o sacar la siempre útil hojita de trabajo para mantener a Carlitos ocupado. Las ideas creativas que una vez contemplabas se pueden marchitar rápidamente, como las flores de la primavera bajo el sol de verano.

Una complicación

¡Enseñar en el aula no es ninguna rebanada de pastel! Al contrario, tú ya sabes acerca de la dedicación, compromiso y perseverancia que esta profesión exige. Ahora, esta situación se complica aún más, cuando preguntamos qué es lo que significa enseñar cristiana-  mente. Apenas manteniendo en orden alumnos traviesos como Carlitos, y motivándolos a aprender es bastante difícil. Enseñando de una manera distintivamente cristiana señala, aún mayores expectativas. O peor, no sólo hay frecuentes opiniones y teorías contradictorias acerca de enseñar y enseñar cristianamente, sino que el hecho de traer todas estas teorías a la práctica es una tarea abrumadora. Enseñando, en sí, parece bastante difícil. Enseñando cristianamente nos lleva a una esfera aún más complicada.

Vi estas dificultades mostradas con mucho convencimiento en las primeras etapas de un proyecto sobre "el enseñar cristianamente" que presentaba yo hace unos años en la Universidad Dordt en su Centro de Servicios Educacionales.[3] Hice una encuesta de unos 200 maestros en las escuelas cristianas dentro de un radio de 160 kilómetros de nuestro campus. Entre las preguntas que hice eran, "En su opinión, ¿qué significa enseñar cristianamente?" y, "¿Cuáles son los obstáculos que encuentras en su intento de enseñar cristianamente?" Las respuestas a la segunda pregunta eran bastante uniformes. La mayoría de los maestros identificaban los obstáculos como falta de tiempo, la influencia de la televisión y de la cultura popular sobre los alumnos, y las expectativas conflictivas de los padres de familia. Pero, en cuanto a la pregunta acerca de la naturaleza de enseñar cristianamente, una variedad de respuestas salieron que fueron muy confusas y aun perturbadoras. Curiosamente, lo que parecía central a un maestro fue sólo algo periférico a otro. Por ejemplo, a algunos maestros mucha oración y el uso continuo de textos bíblicos en el aula eran absolutamente esenciales. Sin embargo, a otros, la oración y "hablando de Dios" es sólo un barniz religioso del currículum y debe ser minimizado. Claramente, no hay unanimidad sobre el significado de enseñar cristianamente de una manera distinta. Algunos de los maestros que respondieron a la encuesta contestaron con brutal franqueza: dijeron, "¡No compliques las cosas por estar preguntando acerca de cómo enseñar cristianamente. Tales preguntas no tienen una respuesta clara y no hacen nada sino generar mucha niebla!"

La pedagogía: un tema descuidado

Pero, tú me dices, ¿desde cuando no han prosperado las escuelas cristianas? ¿No hubiéramos llegado, entonces, a algunas conclusiones concretas acerca de enseñar cristianamente? ¡Buenas preguntas! El hecho sorprendente es que, a  pesar de todas las pláticas excelentes acerca de la educación cristiana, muy poca atención se dedica al entendimiento cristiano de la pedagogía, de las estrategias de la enseñanza en el aula. La literatura generada en círculos cristianos incluye mucho material sobre la filosofía cristiana de educación, como muchos libros de texto cristianos, pero una discusión sostenida de la naturaleza y el proceso de enseñar es tan difícil de encontrar, como un flamenco libre en Canadá.[4]

Un caso en concreto: en los 50's el Dr. Cornelius Jaarsma, el reconocido profesor de educación de la Universidad Calvino (Calvin College), escribió un libro de texto intitulado, *El desarrollo, aprendizaje y enseñanza del ser humano (Human Development, Learning and Teaching).*[5] Este libro de 300 páginas ofrece una excelente introducción cristiana a la psicología educacional. Pero es provechoso anotar la cantidad de páginas dedicadas a cada componente del título. Pensarías—por causa de la justicia—que habría aproximadamente 100 páginas para cada uno, ¿correcto? ¡Olvídalo! De las 300 páginas, sólo doce se dedican a una descripción y discusión de la enseñanza. Los tiempos no han cambiado mucho desde los días del Dr. Jaarsma; escritos bien elaborados sobre la pedagogía cristiana son muy pocos.

Por supuesto, no estoy echando la culpa a nadie. De hecho, me acuerdo en años anteriores, frecuentemente yo mismo daría discursos floreados de la educación cristiana en las conferencias de maestros. Con el lenguaje más elocuente que pudiera, enfatizaría la importancia de la educación cristiana y su necesidad de ser distintiva. Típicamente, los oyentes responderían a mis pontificados con un aplauso amable. Pero, no dudo, que en voz muy bajita estaban murmurando, "Sí señor, estamos de acuerdo contigo, pero, ¿por qué no nos dices cómo traducir todo este discurso tan halagador en algo práctico para el aula?" Obviamente mis discursos también descuidaron el punto crítico de la pedagogía como el componente central de la práctica en el aula.

Por lo tanto, no es sorprendente escuchar a los educadores hablar acerca de la enseñanza cristiana en términos vagos, como si fuera una pintura impresionista con poca definición. Es hora de enfocar el cuadro y clarificar la imagen.

¿Por qué este descuido?

¿Cuáles serían algunas de las razones de este descuido en una sostenida reflexión cristiana sobre la pedagogía? Considera los siguientes sentimientos como probables culpables.

"Los maestros nacen, no se hacen."

Esta es una creencia común. La persona sabe enseñar o no. Por esta razón hay un escepticismo acerca de la efectividad de los programas de educación para maestros. ¿Realmente ayudan? ¿Realmente hacen una diferencia? ¿Realmente pueden enseñar a enseñar? Después de todo, todos conocemos a personas con una habilidad natural para enseñar, y todos conocemos a otros que pasan por todo el largo proceso del programa de preparación para maestros, pero después de su primer año enseñando les dicen, muy claramente, que busquen otra clase de carrera—en otras palabras, están despedidos. Obviamente, si los maestros nacen y no se hacen, cualquier plática sobre cómo enseñar es simplemente una pérdida de tiempo.

¿Cómo respondes a este argumento? Por supuesto, es cierto que los buenos maestros tienen un talento para enseñar, así como los buenos músicos, ingenieros y guardabosques tienen talentos para sus respectivas profesiones. De hecho, tal talento es un requisito. Sin los dones requeridos no debes considerar esta carrera. Si no puedo distinguir lo de arriba de lo de abajo, no debo de tratar de ser un piloto de aviones. Mientras que este talento es indispensable, no es suficiente. Esta observación es tan importante para enseñar, como es para pilotar un avión comercial. Ambas tareas requieren talento *y* mucha preparación cuidadosa, porque ambas tareas son complicadas y exigentes. Los pilotos profesionales y los maestros profesionales aprovechan de sus dones y talentos a través de aprender todo lo que pueden acerca de su oficio. Un capitán de aviones estará al tanto de todas las más nuevas innovaciones tecnológicas para ayudarle a mantener su avión sobre el curso correcto. Un maestro talentoso tendrá muchas ganas de saber más del desarrollo infantil, la teoría curricular, la administración del aula, los estilos de aprendizaje y opciones pedagógicas para asegurar un aprendizaje máximo.

Una de las faltas perniciosas de la mentalidad "los maestros nacen" es que estrangula un espíritu reflexivo. Si los maestro nacen y no se hacen, de alguna manera lo van a hacer bien un día, probando hasta que den con la solución. Pero muchas veces no pasa así. He observado este patrón más de una vez. Al principio el maestro puede aparecer impresionante y efectivo, pero pronto las cuestiones molestas salen acerca del porqué y del cómo de los métodos del maestro. Aún más importante, las cuestiones emergen acerca de la compatibilidad de los métodos del maestro y el enseñar cristianamente. Por ejemplo, veo a algunos maestros conduciendo una clase eficiente, orientada hacia la tarea, sin nada de distracciones, donde pueda haber mucho aprendizaje de los libros, pero no refleja nada de un ambiente de cuidado personal o de motivación. Me pregunto: ¿Puede ser cristiana esta clase de enseñanza? O, ¿cabe mejor en una penitenciaria durísima?

"La enseñanza es un arte que no se puede aprender."

Esta creencia está estrechamente relacionada a la idea que "los maestros nacen". Hay una historia larga sobre la pregunta, si el enseñar es un arte o una ciencia.[6] De hecho, de alguna manera, la historia de la reflexión acerca del proceso de enseñar representa un movimiento del péndulo entre "el enseñar como arte" y "el enseñar como ciencia". El debate llegó a ser muy acalorado a mediados del siglo XX, cuando las investigaciones más y más suponían que fuera posible identificar los principios científicos y universales de una enseñanza efectiva. Estos investigadores creían, que a través de la observación, la comparación, la clasificación y la evaluación de los "comportamientos de los maestros," sería posible construir un patrón estándar para la buena enseñanza. Los programas de preparación de maestros sólo tendrían que asegurar que los alumnos entendieran, adoptaran y practicaran este patrón. Mientras que estos puntos de vista todavía dominan a algunos inocentes profesores de educación, ultimadamente, las voces más reconocidas de la investigación pedagógica han llegado a la conclusión de que la enseñanza no se puede reducir a unos principios científicos.[7] Hay demasiado arte en el acto de enseñar. Las clases, los estudiantes y maestros son demasiados impredecibles para permitir el control de todas las variables.

Entonces, ¿siempre es un arte el enseñar? Si es un arte puro y simple, entonces, no hay ninguna necesidad de hablar nada sobre la pedagogía. Lo que resta de este libro puede hacerse a un lado como si fuera una plática de locos.

Claro, que hay mucho arte en la buena enseñanza. Pero esta realidad no significa, por supuesto, que no hay ninguna base científica que se debe considerar. Un buen cirujano o un buen ingeniero también es un artista. Un cirujano tendrá orgullo al cerrar una incisión, y un ingeniero tendrá orgullo del arte de construir un puente. Aún así tal clase de trabajo requiere un estudio y práctica cuidadosos y prolongados. Requiere un entendimiento de los principios fundamentales y aun científicos. Lo mismo se aplica a la enseñanza.

"Cómo enseñamos es un asunto personal."

Asociado con los puntos de vista previos es la idea de que el enseñar es un asunto intensamente personal; no permite ninguna generalización universal. Por lo tanto, cualquier teoría de instrucción necesariamente errará el blanco. Aquí, también, nuestra respuesta puede ser breve. Es cierto que la enseñanza es algo personal. Por eso, no hay ningún par de maestros que enseñan exactamente de la misma manera. Sin embargo, ciertamente hay características universales discernibles en la buena enseñanza. Por ejemplo, los buenos maestros saben del "tiempo de espera" cuando están preguntando a sus alumnos, y los buenos maestros saben que discursos de más de quince minutos no son apropiados en los niveles medio-básicos.

La creencia que la enseñanza es un asunto no discutible y personal queda a menos de un centímetro de una opinión aún más preocupante: la noción de que la enseñanza no es sólo personal, sino que también es un asunto privado. "Como yo enseño es mi asunto, y como tu enseñas es tu asunto. Mientras que los niños aprenden, las cuestiones de técnicas de enseñanza son irrelevantes." Esta privatización de la enseñanza motiva a los maestros a cerrar las puertas de sus salones, tapar las ventanas con calendarios, pósters u otros señalamientos indican de que ésta es propiedad privada, y que los violadores serían consignados. Lo oculto de todo esto genera una resistencia a cualquier tipo de evaluación de los estudiantes u otros maestros.

Tal clase de privatización es totalmente sin profesionalismo. Recomiendo que abran las puertas de tu aula a todos los visitantes. Invita comentarios críticos a lo que estás haciendo en la clase. Además, recomiendo que todos los maestros se turnen tomando videos de sus clases para compartir y discutir estas actividades en las reuniones de la facultad. Por supuesto, ¡tal escrutinio público te hará vulnerable! Pero la enseñaza debe de ser un esfuerzo en equipo, un proceso al cual todos contribuimos.

Sin duda, los maestros tienen razón de sus quejas acerca de las evaluaciones inadecuadas de su trabajo. Por ejemplo, tienes el derecho de quejarte si la seguridad de tu trabajo depende de ella—aún si sólo en parte—cuando un miembro de la mesa directiva llegue a tu salón por unos veinte minutos cada año y escribe un reporte diciendo que tus clases son muy ruidosas, sin efectividad o eso o el otro. Con frecuencia estos observadores ni son maestros, y, por ende, no están capacitados para evaluar. Tal vez tengan poco entendimiento acerca de lo que deben percibir, en cuanto a una buena enseñanza cristiana. El descuido por tanto tiempo de la pedagogía cristiana, nos pone a todos en el mismo barquito: no hay un consenso sobre la pregunta--¿Cuál es la buena enseñanza cristiana? Como resultado, no hay ningún acuerdo general sobre el criterio de tal evaluación. Por lo tanto, todos vamos a terminar haciendo lo que nos parezca bien.

"Un maestro cristiano automáticamente enseña cristianamente."

Aquí encontramos un problema muy serio. El punto de vista "automático" mantiene que una persona que sinceramente ha confesado ser cristiana, automáticamente va a enseñar cristianamente. Por ejemplo, una mesa directiva de una escuela, o un comité de educación, con frecuencia, averiguaría acerca de la vida de fe de un candidato, (incluyendo sus puntos de vista sobre el baile, el fumar y el lugar de la mujer), pero preguntaría muy poco acerca de la pedagogía o estilos de enseñanza en el aula. Después de todo, si podemos asegurarnos del compromiso personal del candidato al Señor y de sus posiciones morales, no tenemos que preocuparnos acerca de su opinión o manera de dar clases, ¿verdad, que no?

Pero este punto de vista es claramente equivocado. Mientras que un compromiso a Jesús es, por supuesto, absolutamente esencial, siendo una persona que confiesa ser cristiana no santifica de pronto nuestros pensamientos y acciones. Piensa en los padres apostólicos, por ejemplo, muchos de ellos llevaron sus filosofías paganas a la iglesia después de que fueron convertidos. A veces observo a maestros cristianos, adoptando sin reflexión, métodos conductistas, pragmatistas u otros métodos dudosos. La presuposición de la teoría automática, como las otras creencias ya mencionadas, elimina la necesidad de reflexionar profunda y críticamente acerca de nuestro método de enseñar. La teoría automática nos ciega al poder e influencia de los espíritus seculares que opera en nuestra manera de enseñar.

"La enseñanza es sólo una serie de consejos prácticos."

En las convenciones de maestros los puestos de libros y materiales son lugares generalmente muy concurridos. Los maestros constantemente están buscando nuevas ideas para sus clases. Por supuesto, tanto celo es muy loable. No quieres llegar a estar estancado. Pero el enseñar no es el equivalente de tener una bolsa de trucos. Ni son las estrategias de la enseñanza simplemente una colección de "sugerencias de actividades de aprendizaje," como las suelen poner en libros de texto y materiales curriculares. Al contrario, las selecciones de métodos de enseñanza dependen de tu filosofía de educación, y específicamente de tu punto de vista pedagógico. El propósito principal de este libro es convencerte de la verdad de esta aseveración.

"La teoría y la práctica no se juntan."

Tal vez algunos de tus colaboradores te hayan dicho, cuando estabas recién llegado a la escuela: "¡Olvídate de todas las cosas teóricas que tus profesores trataron de enseñarte—estás en el mundo verdadero ahora!" Por supuesto, una opinión prevalece, la de que, de alguna manera, la teoría—especialmente la teoría pedagógica—es irrelevante y se puede ignorar sin consecuencias. Sobre este punto nos enfrentamos con un problema muy grande y complicado. La distancia que se percibe frecuentemente entre la teoría y la práctica tiene una historia larga. Se remonta al tiempo de la antigua Grecia, donde distinguieron tajantemente entre el "conocer" y el "hacer."[8] A los griegos, el conocer, entendido como la teoría, fue superior al hacer. Este punto de vista dio pie a la larga tradición intelectualista que enseña que la mente, la teoría científica y el pensamiento lógico son las únicas guías de confianza en la vida.

De interés, en nuestros propios tiempos, la superioridad de la teoría ha sido suplantada por un énfasis en la práctica. Particularmente la filosofía del pragmatismo ha ganado, especialmente en el mundo angloamericano. El pragmatismo declara que la verdad se determina a través de la acción. Es decir, para descubrir si algo es verídico o no, sólo tenemos que ponerlo en práctica para ver si funciona.

Ahora, el pragmatismo enfatiza correctamente que la teoría abstracta, sin la consideración por la implementación práctica, es inadecuada. Pero el pragmatismo concluye incorrectamente que la práctica determina la veracidad o falsedad de la teoría. Muy frecuentemente, nuestra práctica está tan distorsionada que no tiene ningún derecho de proclamarse juez. Lo que funciona no siempre es lo correcto.

Los maestros que creen que la teoría es irrelevante, probablemente están amarrados en la camisa de fuerza del pragmatismo. El pragmatismo contribuye al descuido del pensamiento, indispensable y crítico acerca de la naturaleza *y la práctica* de enseñar cristianamente.

"La enseñanza es sólo una función del aprendizaje."

Una razón final para el descuido de la pedagogía, es la idea común de que la enseñanza es meramente una función del aprendizaje. ¿Qué significa esta creencia? Este punto de vista sugiere que una vez que sepamos como aprenden los niños, también sabremos como enseñarles. Según este punto de vista la pedagogía es sólo un apéndice a la teoría del aprendizaje.

Ahora, por supuesto es esencial que los maestros sepan cómo aprenden los niños. Todos los métodos de enseñanza tienen que tomar en cuenta el desarrollo infantil, los estilos de aprendizaje y la teoría de aprendizaje. Sin embargo, simplemente sabiendo cómo aprenden los niños, no elimina la necesidad de reflexionar críticamente sobre la pedagogía. Gage ha señalado desde hace muchos años, cómo los médicos tienen que saber más sobre el funcionamiento del cuerpo y los agricultores tienen que saber más de cómo crecen las plantas, igualmente los maestros tienen que saber más de cómo los niños aprenden.[9]

Pragmatismo

Una palabra final

Entonces, ¿dónde estamos? He presentado el tema de este libro—el oficio de enseñar cristianamente—a través de tres aseveraciones: (1) el enseñar es un trabajo duro; (2) el enseñar cristianamente es una tarea aún más difícil; y (3) muy poco se ha hecho para ayudarnos a comprender lo que llamamos "enseñando cristianamente." Entonces, ¿qué sigue?

El enfoque de este libro no es para abrumarte con complejidades, y así, desanimarte. Probablemente estás de acuerdo que a pesar de todas las presiones y estrés, la docencia es una maravillosa profesión llena de recompensas. Personalmente, no puedo pensar en otra cosa que quisiera hacer más que enseñar—y no sólo enseñar, sino enseñar cristianamente. ¿Es un reto enorme? ¡Claro qué sí! Pero es un reto que con la ayuda de Dios y los colegas, padres de familia, y aún los niños mismos, podemos cumplir.

En este libro te pido que te concentres sobre un aspecto específico—que tal vez es el más importante—de tu trabajo como maestro: tu práctica de enseñar. Mis preguntas fundamentales son las siguientes: ¿Qué significa enseñar cristianamente? ¿Cómo podemos enseñar cristianamente? Es verdad, al contestar estas preguntas inevitablemente se involucrará los contextos curriculares y las teorías de aprendizaje. Sin embargo, nuestro enfoque permanecerá sobre la pedagogía: los métodos de enseñanza y las estrategias del aula. No obstante, antes de entrar de lleno a esta materia, tenemos que considerar varias preguntas aún más grandes. Vamos a ver estas preguntas.

Enseñando cristianamente: ¿Qué piensas qué es?

Jaime: Oye, Lisa, ¿qué opinas acerca de estas pulseras llamativas que se ponen todos los niños estos días, ya sabes, estas pulseras con las letras QHJ (Qué Haría Jesús)? Estaba pensando preguntar si "¿Qué haría Jesús?" podría ser una manera provechosa de entender lo que es la esencia de enseñar cristianamente, ¿no crees?

Lisa: Pues, no sé. Yo sé que estas pulseras se han vuelto muy populares. Y, probablemente ayudan a los niños a pensar en situaciones difíciles, pero no estoy segura que tanto nos pueden ayudar como maestros. Quiero decir, no estoy segura si nos preguntáramos "¿qué haría Jesús?" si nos ayudáramos a decidir entre dar una hoja de trabajo o dejar al estudiante leer en silencio. Me parece que sería más útil preguntar, "¿qué no haría Jesús?" Por ejemplo, sé que Jesús no perdería la paciencia con el travieso Carlitos, ni rechazara a Karen por haber tronado su examen de matemáticas.

Jaime: Ayyyy—tengo que pensar en esto. Entonces, no te convence la fórmula QHJ. No crees que te dé una clara perspectiva de lo que significa enseñar cristianamente, ¿verdad?

Lisa: ¡Así es!

Descuidando la pedagogía: algunas consecuencias

Conversaciones entre maestros como acabamos de ver, muestran la falta de una reflexión direccional y pedagógica en la educación cristiana. Este descuido causa, por lo menos, tres consecuencias serias. Primero, desanima a los maestros de un examen crítico de su práctica de enseñanza. De hecho, muchos simplemente rechazan, como no productiva, la cuestión de lo que realmente significa enseñar cristianamente. O, no proponen la cuestión, asumiendo que no es de preocuparse. Entonces, ¿por qué tomar tiempo para reflexionar sobre algo que no te importa? Unas conferencias y talleres por allá, o leyendo uno u otro artículo sobre la educación debe ser suficiente, ¿no?

Yo no quiero decir que las conferencias y talleres no tienen valor. Si no tuvieran valor, yo sería el primero de dejar de dirigirlos. Sin embargo, lo que se necesita y lo que hace falta son programas sostenibles para ayudar a los maestros cristianos a analizar su metodología de enseñanza y a animar una auto-evaluación comunal.

Una segunda consecuencia, de la falta de entablar una reflexión crítica, permite una serie de filosofías disfrazadas y sutiles de la educación a invadir la escuela cristiana, incluyendo tu propia aula. Como invasores ocultos, varios tipos de conductismo, progresivismo, perennealismo, pragmatismo, y una lista muy larga de otros –ismos se meten calladamente y empiezan a infectar la práctica de enseñanza del maestro sin que él mismo lo sospeche.

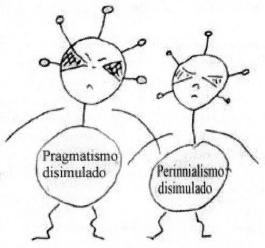

Sólo una conciencia de estas filosofías sutiles, reveladas a través de una cuidadosa y persistente reflexión puede ahuyentarlas.

En tercer lugar, el descuido de la pedagogía en el aula ha permitido el desarrollo de una diversidad de opiniones (con frecuencia no comentadas) acerca de la naturaleza de la enseñanza. No hay ningún concepto generalmente aceptado de lo que significa enseñar cristianamente. O, en otras palabras se puede decir, "cada quien con su tema." Por supuesto, podrías discutir que la diversidad de punto de vista es un fenómeno sano. Refleja un individualismo robusto y completo, ¿verdad? Y, ¿no habla el Apóstol Pablo, en algún lugar, acerca del mosaico de diferencias en la comunidad cristiana? Bueno, por supuesto, en Romanos 12, por ejemplo, sí, leemos acerca de una diversidad de dones, llamados y contribuciones. Pero, fíjate, Pablo habitualmente describe la diversidad como diferencias dentro de los lazos de la unidad. Aunque sean diferentes, las partes del cuerpo funcionan juntas como una unidad.

Ponle que yo llevara el "individualismo robusto" a mi vida familiar. Supón que yo dijera a mi esposa: "Mira— ¡yo voy a criar a nuestros hijos como yo quiera, y tú críalos como tú quieras!" ¿Qué ocurriría? Los niños pronto aprenderían a manipular uno de los padres contra el otro. Ninguno de los propósitos de ninguno de los padres se realizaría. En otro caso parecido, supón que en una iglesia el pastor y su asistente decidieron ser individualistas y adoptar posiciones diversas y aun conflictivas sobre puntos claves de doctrina. Obviamente la congregación se acabaría si el liderazgo estuviera en tanto desacuerdo.

Así es en la educación. Por supuesto, no estoy abogando por una conformidad sofocante. Todos somos individuos únicos, cada quien tiene dones especiales. Pero hay una diferencia muy grande entre un *individuo* y un *individualista*. Los individuos pueden juntarse para conformar una unidad, para edificar y funcionar como una comunidad. Los individualistas no lo pueden hacer. Como las piedras en un montón de escombro, permanecen aislados, desconectados, despegados siendo entidades auto-determinantes, el individualismo conduce al conflicto y a la confrontación.

A veces, tales individualistas se juntan en bandas pequeñas de seguidores y forman grupitos o círculos. Parece que el *grupismo* era un problema serio en la iglesia primitiva de Corinto. Escucha lo que dice Pablo acerca de esto: "Hermanos, en el nombre de nuestro Señor Jesucristo, les ruego que se pongan de acuerdo y no estén divididos. Vivan en armonía, pensando y sintiendo de la misma manera."[1]

El personal de una escuela cristiana no puede ser una colección de individualistas o grupos en competencia. Al contrario, el personal tiene que ser un equipo que consiste de personas diferentes con sus propios dones, trabajando juntos con una *perspectiva compartida*. Incluido en esta perspectiva es un punto de vista acera de lo que es enseñar cristianamente. Cuando hay una falta de tal unidad de perspectiva (como diría Pablo, "la unidad de la mente y el pensamiento"), la escuela ya no es una comunidad genuina y orgánica, sino sólo una organización unida por medio de una serie de reglas y obligaciones, impuestas desde afuera.

Una diversidad de opiniones acerca de cómo enseñar cristianamente, operando en la misma escuela, señala una confusión y posible falta de visión—una situación confirmada por los pedidos de apoyo que solicitan muchos de los maestros que han participado en nuestras encuestas. En respuesta a nuestros cuestionarios dirían, "La verdad es, que yo ni sé que significa enseñar cristianamente. ¿Me pueden ayudar a clarificar lo que significa?"

La función de las declaraciones de misión

¿Qué de las declaraciones de misión? Pensarías que una declaración de misión bien escrita y claramente articulada fácilmente pudiera controlar la diversidad de entendimiento dentro de un solo sistema escolar. Y tal vez lo podría. Especialmente provechosas son las declaraciones educacionales que especifican los procedimientos y prácticas con cierto detalle. Los credos eclesiales, aunque útiles de alguna manera, generalmente no pueden prevenir diferentes perspectivas sobre la educación. Dicen poco o nada acerca de ciertos estilos pedagógicos y el contenido curricular que se usan en la escuela cristiana. Aunque puedan proveer un marco amplio para las iglesias, no pueden prevenir el desarrollo de una diversidad de perspectivas conflictivas, y aun secularizadas dentro de la escuela.

Aun declaraciones educacionales de misión bien preparadas con frecuencia no proveen una adecuada dirección pedagógica para la escuela. El primer problema es que las declaraciones de misión, aun las buenas, con frecuencia no funcionan. Cuando visito una escuela le pregunto al director si tiene disponible su declaración de misión. Muchas veces sí la

Nuestra Misión

Enseñar a los niños

tiene, pero a veces está debajo de un montón de papeles en el estante del salón de maestros o en la oficina del director. Segundo, las declaraciones de misión tienden de ser floridas e idealistas, sin reflejar la realidad de lo que está pasando en la escuela. Y, finalmente, tienden a ser tan breves que están abiertas a una multitud de diferentes, o aun contradictorias interpretaciones.

Los conceptos diversos de enseñar cristianamente

Bueno, preguntarás, ¿cuáles son algunos de los diversos conceptos de lo que significan, enseñar cristianamente? Aquí presento algunos de los más comunes que he encontrado.

Enseñando cristianamente = agregando una dimensión devocional

Es el principio de otro día de clases. Ya tocaron la campana para iniciar las clases, y les dices a tus alumnos que saquen sus Biblias. Lees un pasaje y haces algunas preguntas acerca de él. Entonces diriges unos cantos de alabanza, y concluyes con una oración. En seguido les dices a los estudiantes que guarden sus Biblias y que saquen sus libros de matemáticas. De aquí en adelante el pensamiento de enseñar de una manera distintivamente cristiana empieza a desaparecer de la memoria.

¿Reconoce este escenario? Ubica el carácter cristiano de enseñar las actividades devocionales del aula, como la oración, la lectura de la Escritura, y el canto de alabanzas. Normalmente estas actividades empiezan y terminan el día escolar. Lo que pasa en el resto del día no es muy diferente de lo que pasa en una escuela pública. Una vez que oren, que lean el pasaje bíblico y canten los coritos, es, por así decirlo, el negocio como siempre.

Llamo este concepto dualista, "simplemente enseñando." Quiero decir con esto que el maestro cristiano, después de terminar con sus actividades devocionales, simplemente puede seguir el manual de maestros, repartir las hojas de trabajo, dar ciertas tareas, y calificar otros trabajos de los alumnos sin pensar en las preguntas: ¿Cómo puedo hacer estas cosas de una manera distintivamente cristiana? ¿*Hay* aun una manera cristiana? O, ¿enseñan todos los maestros—cristianos, musulmanes, Nueva Era, ateos, o lo que sean—de la mismísima manera? Mi punto es éste: mientras que "simplemente enseñando," por supuesto, es una manera de enseñar, no es necesariamente lo mismo que enseñar cristianamente.

Unos cristianos muy sinceros mantienen el punto de vista dualista.

A veces escuelas enteras se comprometen con ello. Se consideran los ejercicios de capilla y los cursos bíblicos como indispensables en estas escuelas. Quítalos, y supuestamente la escuela pierde su carácter cristiano. Normalmente estas escuelas ponen un énfasis pesado sobre un buen comportamiento moral. Las reglas de disciplina son muy estrictas. Esta clase de escuelas cristianas son muy populares con padres de familia que ven a las escuelas públicas como guaridas de relativismo o como una institución amoral.

¿Cuál es el problema con el dualismo? Bueno, en primer lugar, considera por qué uso el término "dualismo." El dualismo sugiere dos dominios separados e independientes. Uno de estos dominios representa el área de lo sagrado (lo espiritual y religioso), mientras el otro dominio consiste de los elementos típicamente seculares, y supuestamente no religiosos. El dominio sagrado—la oración, actividades devocionales, ejercicios de capilla, etcétera—es el componente cristiano del programa escolar. Por otro lado, el currículum, la enseñanza, las calificaciones, los campanazos y horarios, pertenecen al ámbito secular. Este ámbito secular no se difiere de su contraparte en las escuelas públicas.

Ves el problema, ¿no? En primer lugar, el dualismo limita el señorío de Cristo a un supuesto dominio de cosas nombradas "espirituales." Pero no hay tal cosa de un ámbito separado de "cosas espirituales," al lado o cerca de otras dimensiones de la vida. Sabemos y creemos que Jesucristo es el Señor de todo. Es el Rey de reyes y el Señor de señores, ejerciendo la autoridad sobre todo rincón de la vida, incluyendo todo aspecto de la vida escolar.[2] Jesús es el Señor del currículum, de mis métodos de enseñar, de los campanazos y horarios del edificio, y aún de las rutas de los transportes escolares y presupuestos financieros.

Un segundo problema con el dualismo es que deja, sin tocar con el evangelio, áreas enteras de la escuela. Se supone que las materias son objetivas y neutrales en carácter—después de todo, francés es francés, y mate es mate, ¿no? ¡No es así! Creer que algunas partes de la vida (o el currículum) de alguna manera son exentas del señorío de Dios es dar la espalda a las cuestiones importantes de cómo los cristianos deben ver y enseñar las materias en una manera que honra a Jesús.

Un problema final con el dualismo es que supone una interpretación equivocada del concepto bíblico de la "espiritualidad." En las Escrituras el término "espiritual" no significa una parte de la vida, distinguida de otras partes como el enseñar y el aprender. El término "devocional" se refiere a actividades específicas como la oración, el canto de himnos y lecturas bíblicas. Pero "espiritual" significa "agarrado y dirigido por el Espíritu Santo." Por supuesto, la actividad devocional es una actividad espiritual, pero no toda la actividad espiritual es actividad devocional. La totalidad de nuestras vidas debe de ser agarrada y dirigida por el Espíritu Santo. La totalidad de nuestras vidas—incluyendo todo lo que pasa en la escuela cristiana—debe ser espiritual.

Enseñando cristianamente = Dando el ejemplo del comportamiento cristiano

Otro punto de vista común toma la enseñanza cristiana como sólo un asunto de mantener un buen testimonio. Enseñar cristianamente significa tener en el aula un ambiente del amor cristiano con la moralidad cristiana. El maestro mostrará mucho cuidado para los alumnos, pero no va a tolerar un comportamiento inaceptable. Debe dar el ejemplo de las características claves como la justicia, una firmeza amable, una conducta agradable y positiva, y una auto-confianza. Cuando sea posible debe hacer referencia a su fe en Dios.

A menudo este concepto limitado de enseñanza no toma muy en cuenta el contenido del currículum. La materia es la materia, si el maestro es cristiano o ateo. Como consecuencia, este punto de vista promueve la búsqueda de plazas en las escuelas públicas de los maestros cristianos. El enseñar es esencialmente dar el ejemplo, y, con ciertas restricciones, puede llevarse a cabo tanto en la escuela pública como en la cristiana. Este punto de vista acerca de enseñar cristianamente fundamentalmente reduce la necesidad de tener escuelas distintivamente cristianas.

¿Qué podemos decir acerca de este punto de vista? Por supuesto, dando el ejemplo del comportamiento cristiano es un componente críticamente importante para enseñar cristianamente. Es difícil concebir que un maestro cristiano permitiera en su clase la falta de respeto, que los alumnos hicieran trampa en sus tareas o exámenes, que hablaran maldiciones u otros tipos de mal comportamiento. Sin embargo, dando el ejemplo no es todo. Como maestro tienes que hacer más que servir como un buen ejemplo. ¡Tienes que enseñar! Tienes que diseñar planes y actividades de aprendizaje. Tienes que crear situaciones de aprendizaje. Todo esto también tiene que ser conscientemente sujeto a la voluntad del Señor.

Enseñar cristianamente = evangelizar a los alumnos

Parecido a los planteamientos dualista y de dar el ejemplo en la enseñanza, es la noción que los maestros cristianos son evangelistas. En primer lugar su tarea no es asegurar que los estudiantes aprendan una serie de cosas acerca de varias materias, sino guiarlos a una relación personal con Jesucristo. La meta de enseñar cristianamente es extraer una profesión de fe de los labios de los chicos.

Este planteamiento obviamente tomará muy en serio los tiempos devocionales y dando el ejemplo cristiano. Y, por supuesto, es de esperarse, que esa educación animara a los niños a aceptar a Jesús como el Señor de sus vidas. Sin embargo, como en los dos casos anteriores, este punto de vista tiende a descuidar la importancia del conocimiento de las materias y de la pedagogía. Desde este punto de vista, el contenido de las materias y la pedagogía se consideran sólo como caminos hacia una conversión y un compromiso cristiano.

Mi problema con esta perspectiva es parecido a lo que ya he sugerido: limita el señorío de Jesús y reduce en importancia el llamado a ser educadores, además de ser evangelistas. Como un maestro cristiano, tu trabajo no termina cuando tus alumnos llegan a ser creyentes cristianos. Al contrario, tu tarea apenas empieza: ahora, será necesario aclarar lo que la fe en Jesucristo significa para el aprendizaje del contenido y el mejoramiento de sus habilidades como alumnos en el trabajo.

Enseñando cristianamente = Proveyendo una perspectiva cristiana de la materia

Los proponentes de este planteamiento—la mayoría de los cuales son los que apoyan fuertemente las escuelas cristianas—ubican la esencia de enseñar cristianamente en la comunicación de una perspectiva cristiana a la materia. Enfatizan los temas que dan a los alumnos la preparación y habilidades necesarias para evaluar críticamente los espíritus que controlan nuestra sociedad contemporánea. Los estilos y las estrategias de enseñanza por lo regular, son de menos importancia que el currículum cristiano. Lo que se necesita más para enseñar cristianamente son libros de textos cristianos. De paso, esta perspectiva frecuentemente deja perplejos a los maestros de matemáticas y gramática. Parece ser más fácil dar una perspectiva significante acerca de la historia y la literatura que con las matemáticas y la gramática.

Obviamente este planteamiento toma una perspectiva de enseñanza más amplia que los que he descrito anteriormente. Sin embargo, también tiene sus limitaciones. Uno de los problemas es que la perspectiva del énfasis sobre el contenido no desafía suficientemente a los alumnos. Tiende a satisfacerse con un entendimiento intelectual y académico, y no pone bastante atención a la pregunta: ¿Cómo podemos llevar esta perspectiva a la práctica? Después de todo, una perspectiva bíblica del conocimiento sugiere que el conocimiento significa poco si no se puede llevar a una acción concreta.

La perspectiva sin la oportunidad para la acción: he nombrado esta postura el "perspectivismo." Juan Vanderhoek, el coordinador anterior de educación de la Sociedad de Escuelas Cristianas de la Colombia Británica, me dijo de un módulo que enseñó hace muchos años. El tema fue "la comunidad." Él enseñó a los alumnos todo lo que deben saber acerca de la comunidad: su significado, su naturaleza, diferentes tipos de comunidades, etcétera. Los alumnos hicieron muy bien el examen. Respondieron correctamente. El problema con todo este aprendizaje tan impresionante, me dijo Juan, fue que en el aula los alumnos ni una vez *experimentaron* una comunidad. Para los alumnos el concepto "comunidad," aunque fuera entendido completamente con la perspectiva cristiana, quedó como un concepto abstracto, desconectado de la rutina diurna.

Enseñando cristianamente = Haciendo servicio social (fuera del campus)

Aún así, otros discuten que el enseñar cristianamente es básicamente un asunto de proveer oportunidades para servir. Tales maestros son los primeros en llevar a los alumnos a visitar a los ancianos enfermos, a pintar una casa vieja o a limpiar las orillas de los caminos.

Dado el interés actual en el aprendizaje a través del servicio, esta perspectiva ha crecido en popularidad. Obviamente, trata de rebasar las limitaciones del "perspectivismo;" trata de traducir el aprendizaje en acción. Mi preocupación es esta: ¿Restringe este planteamiento el corazón de la enseñanza cristiana al componente de servicio? ¿Va a provocar que los alumnos vean el aprendizaje en el aula como algo inferior, tal vez irrelevante? ¿Se vinculan las actividades fuera del campus con las del currículum en términos generales? O, ¿es el currículum reducido sólo a un punto de partida para los servicios sociales? Conozco a escuelas cristianas que enfatizan el servicio a tal grado que la rutina diaria de las actividades del aula llega a considerarse como una transición insignificante hacia cosas mayores. Cuando esta actitud se acomoda, el planteamiento cristiano de la pedagogía se reduce y se margina una vez más, o simplemente queda rechazado.

La oportunidades para el servicio social fuera del campus son valiosas y buenas. Pero, asegurémonos que vayan a ayudar y no impedir la enseñanza del aula.

Enseñar cristianamente = Haciendo cumplir la disciplina del aula y el rigor académico

Una vez me pidieron que hablara con una multitud de maestros y padres de familia de una escuela cristiana grande. Me presentó el presidente de la mesa directiva, quien decidió utilizar la ocasión para dar una plática para animar a los oyentes. Dijo: "Lo que hace que nuestra escuela sea una escuela cristiana es la excelente disciplina que mantenemos y las altas metas académicas que ponemos. ¡No somos como la escuela pública en el otro cuadro donde consienten a los niños con juegos y diversiones, donde no hacen caso a las reglas, donde los graduados ni saben deletrear sus nombres!"

El siguiente día pasé un tiempo visitando clases y platicando con los maestros de la escuela. Para mi sorpresa, las palabras del presidente resonaban con muchos maestros. Buena disciplina en el aula y el rigor académico—de esto se tratan nuestras escuelas cristianas, dijeron.

De que algunos educadores ubican el corazón de la enseñanza cristiana en el ejercicio de una disciplina exigente combinada con unas expectativas muy altas de rigor académico, me sorprendió. Me pregunté: ¿Cómo podría sugerir que esto es cierto? Después de todo, ¿no son la buena disciplina en el aula y el rigor académico características de casi cualquier colegio secular? ¡Por supuesto! Éste es exactamente el punto que hace que esta perspectiva sea tan problemática. La buena disciplina y las expectativas altas para el aprendizaje obviamente son importantes, pero no definen la esencia de la enseñanza cristiana.

Enseñar cristianamente = Imprimiendo la verdad bíblica en mentes impresionables

Este planteamiento rechaza las corrientes contemporáneas del aprendizaje cooperativo y de descubrimiento. Ve el trabajo en grupo como "juntando la ignorancia." Ni deben motivar a los alumnos a "descubrir" la verdad; hacerlo sólo se lleva al relativismo. Después de todo, los maestros cristianos son maestros porque tienen la verdad. Su trabajo es impartir la verdad a los chicos. Además, la Biblia hace muy claro que tal impresión—traducida a través de discursos largos e instrucción directa—es la manera cristiana de hacer las cosas. ¿No leemos en Deuteronomio 6 y otras citas del Antiguo Testamento que debemos enseñar e imprimir la historia de los hechos maravillosos de Dios a nuestros hijos, "estando en nuestra casa, y andando por el camino?"

Los problemas son múltiples con esta supuesta perspectiva bíblica— mencionaré sólo algunos. En primer lugar, supone que el niño es pasivo (aun desprovisto de conocimientos), y un agente receptivo sin ninguna responsabilidad por su aprendizaje: toda la responsabilidad radica en el maestro. Los niños se reducen a objetos manipulables. Esta perspectiva queda muy cerca de un conductismo insensitivo. En segundo lugar, de todo lo que conocemos acerca del aprendizaje de los niños, una dependencia estricta de la instrucción directa es muy inefectiva. El Señor no creó a los niños como la "filosofía de impresión" sugiere. Al contrario, nuestros niños tienen dones, tienen experiencia, contribuyen y llevan la imagen de Dios.

Finalmente, es instructivo notar que Jesús mismo, con frecuencia es considerado el más grande de los maestros, pocas veces utilizaba este tipo de planteamiento. En cambio, su método favorito de enseñar fue a través del método indirecto, especialmente a través de las parábolas e historias. Ahora, ¿qué es una parábola? ¿Una serie clara de anotaciones de puntos 1-2-3? ¿Una información memorizada y recitada cuando se la pidiera? Por supuesto que no. Una parábola es una historia que requiere una interpretación personal. Los que escucharon las parábolas de Jesús tuvieron que aplicarlas a sus propias vidas. Además, Jesús invitó a sus discípulos a *experimentar* las situaciones que aumentaran su conocimiento. En suma, Jesús era un exponente firme del aprendizaje a través de la *experiencia*.

Los que proponen el planteamiento *enseñar = imprimir*, obviamente toman muy en serio las Escrituras. Pero no deben ignorar lo que los Evangelios nos enseñan. ¿La conclusión? Claramente, a menos que estás dispuesto a poner a un lado el ejemplo de Jesús, la enseñanza cristiana no se puede entender simplemente como *imprimiendo*.

Enseñar cristianamente = Imitar a Jesús, el Gran Maestro

El diálogo breve al inicio de este capítulo me motiva a examinar una perspectiva más de cómo enseñar cristianamente: es imitar al Gran Maestro. Ha habido mucha literatura dedicada a los métodos didácticos de Cristo. Contando parábolas e historia son estrategias claves que Jesús usaba a menudo. Otra es la demostración con ejemplos concretos. Cristo, con frecuencia, ilustraba sus puntos por medio del pasaje alrededor (como en la parábola del sembrador) o por medio de sentar a un niño en medio de todos su oyentes. Otro método que usaba Jesús mucho fue el de cuestionar a sus alumnos.

Un escéptico puede sugerir que no es apropiado considerar a Jesús como un gran maestro. Después de todo, ¿no es un gran maestro un maestro *efectivo*? ¿Uno que puede hacer tan claro un tema que aun los de un aprendizaje lento pueden entender? Pero, entendamos una cosa: a veces parecía que Jesús fue muy inefectivo. Los Evangelios frecuentemente reportan que sus seguidores le entendieron mal, o no le entendieron nada. Aun sobre temas tan importantes como es la naturaleza de su Reino y su resurrección, los discípulos expresaron confusión e ignorancia casi todo el tiempo que el Señor estuvo con ellos.

Más importante aun es la dificultad que encontramos cuando intentamos transferir los métodos de Jesús a nuestra propia situación. Por ejemplo: Jesús escribió con su dedo en la arena. ¿Quiere decir esto que debemos eliminar los pizarrones y retroproyectores? Y, ¿qué pensaría Jesús de varios de los asuntos educacionales que nos enfrentan hoy día? ¿Cómo enseñaría la lectura? ¿A través de la fonética o a través del método corrido? ¿Requeriría motivaciones especiales para enseñar matemáticas? ¿Qué diría acerca de los métodos de evaluación y calificación? Obviamente, si queremos utilizar a Jesús como ejemplo, tenemos que utilizar tanta interpretación y especulación que sus verdaderos métodos de enseñanza empiezan a desaparecer atrás de una nube de incertidumbre. "¿Qué haría Jesús?" suena como el tipo de pregunta que realmente podría ayudarnos a tomar decisiones pedagógicas. En realidad, las respuestas que diéramos reflejarían un estuche lleno de nuestros propias inclinaciones y opiniones (muchas veces sin mucha reflexión). Fácilmente hacemos con Jesús lo que quisiéramos.

Una evaluación

¿Cómo podemos evaluar estos puntos de vista de lo que significa enseñar cristianamente? Ya he sugerido las deficiencias en cada uno. Acuérdate, sin embargo, que estos planteamientos a la enseñanza son planteamientos *cristianos*, y, por lo tanto, requieren un tratamiento y discusión al respecto. No merecen una simple cachetada. Donde encuentras a cristianos luchando para entender e implementar algo más que un planteamiento netamente secular, tienes que expresar gratitud. Por lo tanto, no juzgaría a ninguno de estos planteamientos como completamente equivocado, sino más bien como inadecuados o incompletos. Tienden a equivaler un aspecto de la enseñanza cristiana con la totalidad de la enseñanza cristiana. Utilizando un término técnico, podemos decir que estos planteamientos son *reduccionistas*, en vez de decir equivocados. Lo que es equivocado es el planteamiento secular, sin ambigüedades e intencional, que deliberadamente pone a un lado a Dios y su voluntad en la práctica de la enseñanza. Y aun así debemos tener cuidado, porque tan a menudo, nosotros mismos, en nuestras vidas, ponemos al Señor a un lado cuando escojamos opciones y actuemos en maneras que no están en línea con el Espíritu de Dios.

Tal vez la dificultad que tú y yo enfrentamos no es, en primer lugar, si nosotros como maestros proponemos perspectivas inadecuadas de enseñar cristianamente, sino más bien la pregunta es: ¿Qué tan importante es, en tu opinión, el asunto de enseñar cristianamente? ¿Estás genuinamente deseoso de sujetar la *totalidad* de tu práctica de enseñanza, no sólo unos aspectos de ello, a la voluntad del Señor? ¿Realmente quieres cultivar un estilo cristiano de enseñanza que es auténtico y completo? O, ¿estás contento de seguir cojeando con tu estilo normal?

Me parece a mí, que la verdadera enseñanza cristiana, requiere una reinterpretación y un compromiso renovado a lo que ha llegado a ser sólo un dicho: hacer todo para la gloria de Dios. Como maestros cristianos profesionales, llamados a llevar a nuestros niños y jóvenes por los caminos de la sabiduría, la pregunta de enseñar cristianamente debe de estar siempre delante de nosotros, motivándonos a reflexionar críticamente sobre la práctica de la enseñanza de nosotros y de otros. Requiere la voluntad de compartir nuestras propias estrategias, a abrir nuestras puertas del salón, y luchar contra nuestras tendencias defensivas y de aislamiento, para que como maestros profesionales podamos examinar juntos lo que es que estamos haciendo, como podamos eliminar las inadecuaciones, y, como un equipo en una escuela, podamos mejorar nuestra efectividad cristiana.

Enseñando Cristianamente: ¿Trabajo, llamado o qué?

Jim: Me cansó un poquito que mi compañero me diga que, ¡qué fácil trabajo hago, termino a las 4:00 PM, él dice, y tres meses de vacaciones en el verano! ¿Qué le dices a gente como ésa?

Lisa: ¡Los ignoro! O saco un papel y un lápiz y les muestro que las horas que trabajamos durante el año escolar exceden las horas que ellos pasan en su trabajo de las nueve hasta las cinco.

Jim: Dudo que crea, aparte, está convencido que el enseñar es nada más que un poquito más de lo que hace una niñera.

Lisa: Parte del problema es que nosotros no le explicamos a la gente, que el enseñar, no es sólo un trabajo sino un llamado, poniéndolo en términos figurativos.

Jim: O, tal vez lo que tenemos que hacer es aprender a sobrellevar las criticas como los bajos salarios que recibimos.

Primero lo primero

Estás en la cocina y decides hacer un rico plato de espinacas, tu especialidad. Te has puesto tu mandil y has escogido los ingredientes. Primero rompes los huevos, los separas y los bates. Sin claras, correctamente batidos, no hay soufflé.

Para alcanzar el entendimiento de enseñar cristianamente es un poco parecido a preparar un soufflé de espinacas. Necesitas una variedad de ingredientes, y algunos de estos son la base para poder obtener lo que queremos. Enseñar cristianamente no puede ser definido por un corto proverbio o por una frase vacía, menos por ese esplendido soufflé de espinacas que es el resultado de batir un huevo en una sartén llena de diferentes ingredientes.

O, usando otra ilustración, construyendo tu entendimiento de cómo enseñar cristianamente es como construir una granja: necesitas fundamentos y bases donde puedes construir y este trabajo requiere tiempo, esfuerzo y demasiado material de construcción. La piedra más importante para poder construir nuestro entendimiento es el tema de nuestro llamado o deber.

Pregúntate: ¿es el enseñar sólo un trabajo, algo para ganarse la vida? Bueno sí, es lo que dices, y en cierta forma así es. Después de todo necesitas pan, leche, espinacas y huevos en tu cocina. Hasta puedes ver que enseñar es un buen trabajo: hay largas vacaciones, aumento de sueldo y reconocimientos de la comunidad, todos muy buenos beneficios, a decir la verdad. Pero en tu corazón sabes que estos beneficios son sólo ventajas adicionales. Para los maestros cristianos siempre es más que sólo un trabajo. Cuando los estudiantes vienen a mi clase de educación normalmente les pregunto ¿por qué quieren ser maestros? Siempre las contestaciones que me ofrecen me intrigan. Sus razones siempre varían. Muchos hablan de su amor por los niños o su fascinación con cierta materia. Algunos mencionan las vacaciones de verano. Otros admiten que quieren ser maestros sólo porque no sabían que otra cosa ser. Se hacen maestros por omisión.

Pero cuando les pregunto a esta gente que identifique la razón que los impulsa a entrar a la carrera de educación, frecuentemente escucho, para mi deleite debo decir, que ellos se sienten llamados a ser maestros.

El llamado

¡Wow! ¡Llamado a ser maestro! Piensa sobre esto sólo un minuto: cuando declaras que eres llamado, ¿qué estás realmente diciendo? Bueno, obviamente ser llamado implica que alguien te ha llamado. Alguien ha platicado contigo. Alguien dijo "¡oye, tú, necesito que hagas algo para mí!"

Ahora lo más probable fue que no escuchaste una voz audible desde las nubes, aunque eso es una posibilidad. Mejor dicho, te diste cuenta del crecimiento del profundo deseo de ser maestra, empezaste a reconocer en ti los varios dones necesarios.

Estoy hablando, por supuesto, sobre el llamado de Dios. Fue el Señor quien te llamó a ti y a mí a ser maestros. Ahora no vamos a presumir que el llamado de Dios es sólo para ti y para mí o sólo para maestros, o a una élite de trabajadores del reino de Dios de tiempo completo. La verdad es que toda la humanidad tiene un llamado. Ya en el principio de la humanidad, cuando Adán y Eva estaban paseando a través del follaje del paraíso, la voz de Dios vino inconfundiblemente: "¡oigan, ustedes dos, miren quienes son! ¿Ven todos estos árboles, flores, pájaros y mariposas con la luz del sol sobre ellas, el cielo azul y una llovizna ocasional? Yo quiero que me ayuden a cuidar de este mundo que he creado. Quiero que halles y que hagas algo con toda la increíble potencia que he puesto en todo lugar!"

Los teólogos algunas veces se refieren a esta gran tarea como el "mandato natural". Está claramente establecido en Gen. 1:28: Y los bendijo Dios, y les dijo: "fructificaos y multiplicaos; llenad la tierra, y sojuzgadla y señoread en los peces del mar, y las aves de los cielos, en todas las bestias que se mueven sobre la tierra." El Huerto de Edén por supuesto, representa ni más ni menos que todo el universo. Tú y yo somos llamados a trabajar en el mundo de Dios como maestros.

La tarea

Cuando el pequeño Tony está jugando en el patio y escucha a su mamá que le llama, él sabe que su mamá no sólo está practicando como decir su nombre. Él sabe que ella quiere que él haga algo. Entonces eso es también cuando Dios llama a la humanidad. Es lo mismo cuando él me llama a ti y a mí. Tenemos una tarea que desempeñar: la tarea de enseñar cristianamente.

No pierdas el punto: Dios nos llama no solamente a enseñar sino a enseñar cristianamente. Tú y yo conocemos demasiado bien la triste realidad: el pecado ha traído al mundo toneladas de cobijas oscuras, sucias y apestosas de incredulidad distorsionada que sofoca y contamina todo, oscureciendo el reino de Dios. Toda la creación gime bajo el peso de las cobijas apestosas. Pablo explica en Romanos 8:22: "Porque sabemos que toda la creación gime a una, y a una está con dolores de parto hasta ahora." Eso incluye educación, currículum y enseñanza. Nada en el mundo se mantiene sin ser afectado, nada se escapa de los cancerígenos del pecado, ni siquiera el periódico mural en nuestro salón de clases o las manipulaciones que usamos en nuestra lección de matemáticas.

Para no deprimirnos déjame citarte las estupendas palabras que escribió Pablo en su carta a los Colosenses: "por cuanto agradó al Padre que en él habitase toda plenitud (o sea, en Cristo la Palabra se hace viva) y por medio de él reconciliar consigo todas las cosas, así las que están en la tierra como los que están en los cielos, haciendo la paz mediante la sangre de su cruz."[1] ¿Percibiste esa frase "todas las cosas"? Todas las cosas si están en la tierra o el en cielo, si estás en tu escritorio planeando la siguiente lección o en tu salón dando tu clase. La increíble noticia es que así como el pecado pone su dedo pegajoso en todo, así también la redención de Cristo toca absolutamente todo lo que haces como maestro. Enseñar, como cualquier otra actividad que desempeña el ser humano, oprimido por el pecado, grita por redención, y tú, mi querido lector, ¡eres llamado a ayudar a redimirlo!

Tu tarea, como maestro cristiano, no es simplemente enseñar, sino enseñar cristianamente. En respuesta al llamado de Dios, tu trabajo como maestro es ser transformado en la actividad redentora.

El enseñar, en breve, es una asignación divina y requiere una respuesta santa. Cuando piensas en "asignación," una visión de una faena pesada puede venir a tu cabeza. Sin embargo, la respuesta de un maestro a la asignación que Dios le dé, debe ser una respuesta de entusiasmo y anhelo. Si no sientes dicho entusiasmo o emoción en tu tarea de enseñar, deberías revisar si de verdad éste es tu llamado. Por supuesto, vas a tener tus altas y bajas, tenemos días buenos como malos también. Algunos días, en efecto, te van a hacer pensar si de verdad el haber sido maestro fue la decisión correcta. Aun maestros veteranos experimentan esto.

Pero cuando la depresión o descontentamiento de enseñar se hace el molde que marca tu actitud hacia la enseñanza, ciertamente es hora de que reflexiones sobre tu llamado.

El llamado y tarea personal deben hacerte sentir como si fuera una oportunidad, un privilegio. Recuerdo una idea enfatizada por el profesor Nicholas Walterstorff. El mandato cultural, él explica, no es sólo un mandato o una orden es también una invitación. Walterstoff medita en su discurso, Conferencia Internacional Educacional en Toronto en 1992, "¿donde yo vi la tradición como un mandato en lugar de haberlo visto como una invitación? En el quinto día de la creación, dice el escritor de Génesis 1, "Dios después de hacer seres del cielo y del mar, contempló, y vio que era bueno, y los bendijo diciéndoles, fructifíquense y multiplíquense..." Wolterstoff remarca que estas palabras no constituyen un mandato como bendición, sino una invitación a prosperar. Similarmente, el mandato hablado a los hombres es una invitación a florecer y a prosperar.

Para mí esta interpretación es fresca y liberta. El señor nos ordena y nos invita, no es diferente que la mamá de Tony quien no solamente le ordena que venga sino que también lo invita a entrar a casa. Al menos es como debería ser. La única manera en la que Tony no va a entrar a la casa es si él le tiene miedo a su mamá. Pero él no puede tener más miedo a su mama que el que le tenemos a nuestro Padre celestial.

Entonces el punto es este: el Señor no sólo quiere que enseñes sino que te invita a que enseñes cristianamente. Y lo que es mejor, él te equipa para que logres esto.

Como el Señor te equipa

Ves, el Señor no te llama a una tarea que no puedas hacer. Piensa sobre Moisés, quien se opuso fuertemente al mandato que el Señor le hizo de regresar a Egipto y liberar al pueblo de Dios. "Mira Señor," Moisés protestó, "tengo canicas en mi boca..." pero Dios lo mando de cualquier forma, con la promesa de que lo iba a equipar para poder tratar con el Faraón.

Pero dime, ¿cómo reconociste tu llamado a ser maestro? Y, ¿cómo es que el Señor te sigue equipando para enseñar ya que la zarza ardiendo, la voz del cielo y una varita mágica parecen ser cosas del pasado? Estas son preguntas importantes, no sólo para estudiantes de licenciatura que quieren empezar el programa de educación y para quienes que no están seguros si la educación es realmente para ellos, sino también para aquellos que después de los dos primeros años de frustración en su salón de clases, dudan de que hayan hecho la elección correcta sobre su carrera.

Tu llamado a ser maestra(o) está relacionado con las formas en las que el Señor te ha equipado. ¿Cómo hace el Señor esto? Menciono, por lo menos, cuatro formas en las que el Señor lleva a cabo todo esto: Primero, él te equipa con talentos.

Él te da dones. Entonces si eres un maestro prospecto o un maestro con mucha experiencia, debes preguntarte: ¿Cuáles son mis talentos? ¿Qué dones tengo? ¿Estos dones me califican para ser maestro  o para seguir siendo maestro? Estas preguntas son significantes para cualquiera que esté considerando alguna carrera o quiera seguir en la misma. Los plomeros, mecánicos, políticos o artistas necesitan preguntarse esto: ¿Cuáles son mis talentos? Si no nos hacemos esta clase de preguntas fácilmente caemos en el error de hacer malas decisiones. El no hacer esta clase de preguntas significa que no reconozcas tus talentos, y, consecuentemente, no sabes cuál es tu llamado.

Segundo, el Señor también te provee con intereses. Observa que talentos e intereses no son lo mismo. Yo tengo talentos, dice un pianista en un concierto, pero carezco de talento en la carpintería. O, viceversa, tal vez esté interesado en ser carpintero pero ni siquiera puedo pegarle a un clavo con el martillo entonces eso quiere decir que no tengo mucho talento para trabajar con madera. Ambos, prospectos y maestros practicantes, deben preguntarse: ¿estoy realmente interesado en niños? ¿Siento pasión por la materia que voy a enseñar? ¿Me gustaría estar en escuelas o salones? ¿O, preferiría trabajar en las construcciones, en los hospitales o en los bancos?

Algunos piensan que inquiriendo acerca de nuestros propios intereses no es apropiado. Ellos piensan que el poner mucha importancia en nuestros intereses personales es un acto de egocentrismo. Recuerdo a un estudiante que vino a mi oficia diciéndome que había decidido ser pastor, aun cuando su corazón estaba inclinado hacia el teatro. "Me encantaría ser actor," confesó, "pero creo que tengo que poner mi ego, de querer hacer lo que yo quiero a un lado, y así, poder servir a Dios. Si me hago actor, estaré sirviendo mi ego, pero si soy ministro entonces serviré a Dios las 24 horas al día." Hablamos por un rato sobre la diferencia entre lo sagrado y lo secular y entre lo llamado "tiempo completo" y "medio tiempo" para el servicio del reino de Dios. Estas son distinciones falsas porque por supuesto toda nuestra vida, las 24 horas del día son para que las vivamos en la presencia de Dios y para su servicio, ya sea como actores ministros, vendedores o estilistas. Los intereses, le expliqué al estudiante, son regalos de Dios. No tienes derecho a desestimarlos. No hacer caso de tus intereses es prácticamente decir: "Mira Señor, yo sé que me creaste de esta forma, pero creo que sólo voy a ignorar tu destreza y voy a tomar mis propias decisiones." Los intereses no pueden ser ignorados; ellos son poderosos indicadores de la dirección que el Señor te está indicando que sigas.

Por supuesto, puede ser que tus intereses se conviertan en intereses egocéntricos. En este caso no estás tomando tus intereses muy en serio. Si no ves otro propósito para tus intereses que servirte a ti mismo, entonces vas a distorsionar tu llamado sin haber sabido cual era tu llamado realmente. Por lo tanto, los intereses no son los únicos elementos que nos muestran por donde caminar. Los intereses tienen que venir con todo el paquete. Tu interés tiene que ser un interés informado. A veces, además, toma tiempo para desarrollar tus intereses. En resumen, toma tus intereses seriamente pero trátalos cuidadosamente.

En tercer lugar, el Señor te equipa para tu tarea dependiendo de la clase de personalidad que él te dio. Seamos realistas, reconocemos que hay gentes que fueron creadas para ser maestros. Otras veces decimos, "esta persona y esta otra nacieron para ser maestros: ella tiene la personalidad correcta." Nota que nuestra personalidad se distingue de entre los intereses y talentos. Sabemos de gente que ciertamente tienen el talento para ser maestros, y tal vez estén interesados, pero aun así, no los van a hacer buenos maestros sólo por la clase de persona que son. Por ejemplo, pueden ser buenos para explicar conceptos difíciles, pero a decir verdad, ellos disfrutan estar frente a la computadora que estar con gente.

Finalmente, el Señor te da oportunidades y te confronta con necesidades. El Señor abre puertas y cierra otras. Debes estar seguro de ser sensitivo a la guía de Dios, porque esa guía es otra forma en la que el Señor te equipa y te prepara. Debes estar seguro en preguntar: ¿Dónde puedo servir al Señor de la mejor manera, considerando mis talentos, intereses y personalidad? ¿En qué área del Reino de Dios veo la necesidad de la clase de servicio que puedo ofrecer? ¿Puede ser, Señor, que quieras que tome administración o consejería? ¿Dónde quieres ponerme? Preguntarnos esto constantemente y persistentemente da evidencia de la profunda fe y confianza en nuestro Señor que te caracteriza en tu caminar como maestro cristiano. Esta clase de fe y confianza, a su vez, sugiere que hayas comprendido la naturaleza *religiosa* de tu llamado y tu trabajo . Vamos a examinar este punto con más detalle.

La religión

¿Recuerdas tus libros seculares en la clase de historia? Estos libros hablan de los griegos y otras civilizaciones en términos de sus estructuras políticas, sociales, intelectuales y religiosas. Este tipo de orden hace ver que la religión es un componente separado, desconectado de todas las demás áreas de la vida, junto con otras dimensiones tales como política, economía, arte y otras parecidas. La distinción más común entre el estado e las iglesias es, por ejemplo, un reflejo de una distinción similar entre religión y la política. En contraste, con tales tradiciones tú y yo tenemos que mantener que toda la actividad humana, ciertamente, toda la vida es esencialmente religiosa en su naturaleza. La educación no es la excepción.

¿Pero qué significa esto? Para que no vayas concluyendo que nada más estoy tirando frases floreadas, déjame ser más específico. Al decir que nuestras vidas son religiosas es decir que nuestras actividades lo son también. (1) Son dirigidas por fe, (2) hacia una dirección específica y (3) hechas para adorar en servicio a Dios. Estos tres componentes se hacen claramente visibles en tu salón.

Primero, como enseñas es dirigido por lo que crees, por lo que consideras ser importante y valioso. Esto es verdad para la enseñanza ya sea que el que enseñe sea cristiano, ateo, islámico o lo que sea. La fe que nos dirige a ti y a mí, y a maestros cristianos, es la fe en Dios, no algo abstracto, lejos de aquí o un Dios teológicamente construido, sino un Padre celestial que nos ama y nos cuida, quien es constantemente presente en nosotros y quien nos invita a hacer visible el Reino de Dios en nuestras clases. Cuando somos niños, nuestra fe depende totalmente de Dios. No confiamos en nuestras propias fuerzas, experiencia, creatividad, carisma o habilidad de poder llevarnos bien con los alumnos, sino en el Señor, en quien ponemos nuestra confianza. Por lo consiguiente, vemos nuestro trabajo de enseñar como servicio al Señor, enseñamos con el Señor a nuestro lado, hombro a hombro, caminando con el Espíritu Santo.[2] En lugar de pensar, "hoy voy a enseñar," hemos aprendido a decir, "nosotros—el Señor y yo—vamos a enseñar el día de hoy." Juntos vamos a transformar nuestros salones en manifestaciones del amor, la justicia y el poder del Reino de Dios.

Segundo, toda la educación está dirigida hacia una dirección. La educación es una actividad completamente basada en propósitos. Tal vez la dirección apunta hacia un civismo ejemplar, o a una adquisición de un impresionante grupo de valores, o a la habilidad de tener éxito en este mundo. Los maestros cristianos deben equipar a sus alumnos para que sean instruidos y competentes en el discipulado.[3] Vamos a examinar este punto de una importancia crítica más detalladamente más adelante.

Y tercero, nuestra educación se lleva a cabo en servicio. La vida se vive en un servicio de adoración ya sea para la adoración del Rey de Reyes o para un ídolo. Ordenamos nuestras vidas conforme al dios que adoramos y servimos. Si por ejemplo, adoptamos al dios de juntar riquezas materiales como el mejor bien, entonces vamos a ordenar nuestras vidas y prioridades para nuestro propio beneficio. Tal ídolo va a controlar nuestras vidas. Un maestro escogería su trabajo conforme al salario que se le ofrece. El Señor, por supuesto, está molesto por nuestras actitudes en abrazar ídolos. Él quiere que esta actitud de abrazar ídolos se vaya de nuestras vidas, que desaparezca. Inexorablemente insiste en que lo aceptemos como nuestra fuente de todo valor y razón y ordenemos nuestras vidas (incluyendo nuestra enseñanza) conforme a él.

¿Por qué toda esta platica de religión? Bueno, mi punto es éste: tu llamado a ser maestro es un llamado religioso y tu trabajo de maestro también es una tarea religiosa. Lo mismo es para tu oficio, que como maestro cristiano, manejas.

El oficio

¿Te acuerdas cuando apenas estabas contemplando la posibilidad de ser maestro? Vamos a pasar esta película vieja. Tú sentiste el llamado del Señor a la tarea de ser maestro. Examinaste tus talentos y llegaste a la conclusión—¡correctamente, estoy seguro!—que ciertamente tienes muchas de las habilidades requeridas: tienes muy buena comunicación con los niños y adolescentes; eres inteligente, lo suficiente para entender la materia claramente; tienes muy buenas habilidades para mantener todo en orden y bien planeado y cosas por el estilo. También tomas tiempo para considerar algunos de tus intereses.

"Sí," te dices a ti mismo, "me emociono en pensar en el trabajo del salón. Me gusta sentarme y planear mi clase, transformar esos problemas de la lección en significativas experiencias de aprendizaje." Y sí, estabas confiando en que tenías la personalidad correcta para ser un maestro exitoso: amable, suave pero firme y diligente. Convencido de tu llamado te diriges hacia la universidad a tomar programas para maestros. Después de cuatro años arduos fuiste declarado candidato y subsecuentemente sobreviviste a las entrevistas.

Y después sucedió: ¡te ofrecieron un contrato! Pusiste en oración si debías tomar el trabajo o no. Hiciste una decisión y firmaste el contrato. ¿Qué paso en todo esto? Te diste cuanta del llamado del Señor para tu vida. Te diste cuenta de que el Señor te estaba llamando, invitando y equipando para la tarea de maestro. Haces caso al llamado y aceptas la invitación a trabajar en su Reino como maestro cristiano. Y finalmente, después de años de preparación aceptas una oferta oficial a servir como maestro en una escuela.

¿Qué fue exactamente lo que hiciste? ¿Por firmar un contrato simplemente aceptas la oferta de trabajo? A decir la verdad, la firma significa que estás de acuerdo en cambiar ciertas responsabilidades por un cierto salario. Más importante que eso, de cualquier forma, firmar el contrato simboliza que asumes un lugar específico, un oficio ordenado por Dios en el Reino de Dios, una estación, por así decirlo, del cual debes comprometerte a la actividad educacional redentora.

Entonces, ¿que es oficio? Desde abajo, oficio se refiere al lugar señalado de Dios. Es un concepto "de ubicación". Se refiere a una posición oficial, a un lugar dentro de la comunidad de la gente de Dios. Igual que los jugadores del equipo de fútbol todos tienen una diferente función cuando están en el campo de juego no todos pueden hacer lo mismo, así nosotros como maestros cristianos se nos asignó una posición específica en el cuadro del Señor. Cada una de estas posiciones representa un oficio.

Cada posición es ocupada por un encargado. Tú y yo, como maestros, somos "encargados."

A veces encontramos conceptos muy limitados de lo que el oficio representa. Por ejemplo, bajo la influencia de las distinciones medievales de naturaleza/gracia, laico/clero, secular/sagrado, a veces se cree que sólo los ancianos gobernantes, los diáconos y los ministros, en iglesias institucionales pueden ser encargados (personas que tienen oficio). Para reforzar esta idea usualmente ordenamos a estos "encargados" con actos especiales, con la imposición de las manos u otros ritos prescritos de iniciación. Aunque durante la Reforma mucho se hizo para quitar esta noción, tanto en el protestantismo como en el catolicismo, la idea de oficio ha permanecido limitada a los contextos eclesiásticos.

Tal restricción de la perspectiva de oficio se equivoca. El Señor llama a cada uno de nosotros a diferentes tareas. Cada una de esas tareas esta asociada con el oficio. La mayoría de nosotros tenemos más de un oficio porque tenemos múltiples tareas: por ejemplo, soy maestro, esposo y padre. Cada una de estas tareas—oficios realmente— implica un trabajo diferente, y cada una de estas tareas me está asignado por el Señor. Todos son trabajos religiosos, llevados por fe, dirigidos a cierta dirección, y presentados en el servicio de algún tipo.

Uno puede ser puesto en un oficio en muchas formas. Un maestro asume su oficio cuando firma un contrato. Un político es electo a un oficio. Un padre se hace encargado mediante el procedimiento biológico o adopción. Algunas veces, como era el caso del mundo antiguo, echando suertes determinaba quien iba a ocupar un oficio en particular.

Es importante también, reconocer el significado de un oficio. En la iglesia primitiva, por ejemplo, el oficio de anciano gobernante era señalado como el más significante. Por otro lado, el peso de la tarea que muchos llevan no es reconocido. Piensa, por ejemplo, en jóvenes quienes se hacen padres a su corta edad, jóvenes que no han madurado ni saben que es realmente una responsabilidad como para estar concientes de cual es su oficio. La importancia del maestro es especialmente importante, porque un maestro influye, ya sea para bien o para mal, las vidas de mucha gente joven. El apóstol Santiago nos recuerda de la gran responsabilidad puesta en los hombros del maestro.[4] Para que reconozcamos y afirmemos la importancia del oficio de enseñanza, no estaría fuera de lugar, creo yo, que una escuela cristiana organizara unas ceremonias especiales para maestros de nuevo ingreso. Imponiendo las manos e implorando al Señor que los bendiga, la cual sería totalmente apropiado para estos maestros que van a empezar su tarea. Algunas escuelas, de hecho, hacen de esto una práctica.

La conciencia de lo que es el oficio

Es muy importante que reconozcas tu oficio. Como maestro cristiano necesitas desarrollar el sentido de la conciencia de lo que es oficio. Tal conciencia de oficio garantiza que no se reduzca tu enseñanza a una tarea penosa o a una rutina por la cual recibes sueldo mensualmente. Teniendo la conciencia de lo que es oficio te ayudará a conectar tu trabajo al llamado de Dios  para ti, y, por lo tanto, al trabajo de Dios mismo. Teniendo conciencia del oficio te equipa para ver en cada mañana algo nuevo en el salón de clases y a ver que es un lugar donde el Reino de Dios es realmente manifestado. Teniendo conciencia de tu oficio te recuerda que, junto con más gente, tienes que intentar hacer la voluntad de Dios.

Llamado, tarea y oficio: hermosos conceptos que ponen nuestro trabajo, como maestros, en una perspectiva, inmensamente grande de lo que es el Reino de Dios. ¿Son conceptos que podemos recordar mientras exploramos qué significa enseñar cristianamente? ¡Sí—es esencial! Pero hablar solamente sobre que significa la conciencia de oficio no es suficiente. Ahora vamos a considerar que significa todo esto en la práctica en nuestro salón de clase.

¿Qué te autoriza a enseñar? Algunas aplicaciones de tu oficio de enseñanza

Lisa: ¡Hola Estefanía! ¿Cómo te va en la clase del Sr. Leeds? ¿Eres la misma estudiante modelo que eras en mi clase el año pasado?

Estefanía: ¡Hola Srta. Lisa! Lo estoy haciendo bien creo yo. Sabe, Srta. Lisa, el maestro Leeds es mucho más estricto que usted. Él no nos pregunta que pensamos tan seguido como usted lo hacía. Al Sr. Leeds le gusta decirnos que hacer, y si no lo hacemos en seguida, ¡se enoja! Yo pienso que de vez en cuando le gusta ser malo con nosotros.

Lisa: ¿De verdad? ¿O, es el Sr. Leeds estricto porque ustedes son muy traviesos?

Estefanía: No, Srta. Lisa, el Sr. Leeds puede molestarnos porque es mucho más grande que nosotros...algunas veces pienso que él debe ser un policía, no un maestro.

Un escenario

Es el primer día de clases de tu primer año como maestro. Algo nervioso e inseguro caminas a tu salón. Pero, para tu alivio, el día va bien. "Tal vez enseñar no es tan demandante como Van Dyk dijo que sería," así te confortas a ti mismo.

En el segundo día, sin embargo, sientes unos problemas que te estén amenazando. Keith, un jovencito medio alto para su edad, parece querer probar tu autoridad. Desde tu posición en el pizarrón puedes ver a Keith susurrar en secreto con los niños a su alrededor, y por sus risitas encubiertas deduces que el interés en aprender ya no está al principio de su agenda. Tan pronto que te volteas a escribir en el pizarrón, un clip para papel, disparado con una liga, viene zumbando por tu oreja y pega al pizarrón. Te volteas tan rápido que alcanzas a ver la liga desaparecer en el escritorio de Keith.

Un caso estudiado en un libro de "¿cómo manejar un salón de clases?" puede ser. Escenarios como este, algunos más inocentes y otros más graves, son todos reales a los maestros de todos los niveles. Felizmente, para muchos de nosotros, los trucos ingeniosos que los estudiantes juegan con los maestros principiantes, están lejos de ser serios y paradójicamente, a menudo, te llevan a unas positivas relaciones maestro-estudiantes. En muchos de estos casos, sin embargo, un punto central es el problema: la autoridad que tú vas a ejercitar en tu salón. La agenda escondida de los burladores parece ser: ¿qué clase de persona es la nueva maestra? ¿Se trastornará? ¿Será capaz de mantener el orden? ¿Podrá mantenerse ella misma como autoridad en el salón? Como los años pasan llegamos a ser mejores para trabajar con niños como "Keith". La pregunta de autoridad en el salón, sin embargo, sigue siendo un problema central, un problema que nos trae de nuevo a la idea y a la realidad de oficio.

Autoridad

¿Qué me permite ejercer autoridad en mi salón? ¿Es porque soy más grande y mas fuerte que muchos de los estudiantes? Bueno, supongo que algunas veces el tamaño y la fuerza pueden ayudar. Por ejemplo, entré a mi primer año a enseñar en la preparatoria, recién llegado de un campamento de tala de árboles en el oeste de la Colombia Británica. Aunque tenía que afeitar mi larga y descuidada barba, seguramente una reputación como un grande y fuerte leñador hizo que la relación del salón fuera más fácil para mí. Pero, ¿de veras me proveyó con la autoridad que necesitaba como maestro? Lo dudo mucho.

Entonces, ¿qué en verdad te autoriza a enseñar? ¿Es porque sabes más? ¿Es porque puedes estar seguro que el director te va a respaldar si niños como Keith se salen completamente de la mano? Sin duda estos factores, también, juegan un rol. Pero tampoco hacen legítima tu autoridad de enseñar. Mejor dicho, nuestra autoridad en el salón es una consecuencia de nuestro oficio. La habilidad de ejercer autoridad es la primera implicación del oficio de un maestro.

Ves, la autoridad está inseparablemente ligada al oficio. Esta realidad es verdad para todas las formas de oficio. Mi autoridad como padre, por ejemplo, es atribuido a mi oficio como padre, más que a mi tamaño, edad, o sabiduría acumulada. Si desconectamos la autoridad de oficio y la pegamos a nosotros mismos como personas, cambiamos la autoridad legítima a una autoridad de un poder imponente. La autoridad lleva poder con ella, claro. Toda autoridad posee poder. De hecho, la autoridad tiene que poseer el poder. En las escuelas se olvidan a veces que la autorización a enseñar requiere una entrega de poder para enseñar. Cuando la mesa directiva de una escuela emplea a una maestra y la pone en un salón lleno de niños difíciles, mientras al mismo tiempo, retiene recursos necesarios, o le detiene para ejercitar su tarea con libertad, la autoridad de su oficio se reduce severamente, o tal vez se anula.

Al mismo tiempo, es también obviamente verdad que no todo el poder es ejercitado con el mismo contexto de autoridad legítima. El poder sin autoridad—y sin conciencia de oficio—se deteriora en una fuerza bruta. La historia política de emperadores y dictadores está repleta de ejemplos. Para ti y para mí como maestros, la autoridad conlleva la necesidad de una conciencia de oficio. La pregunta de responsabilidad, entonces, nos trae a una segunda implicación de oficio.

Responsabilidad

La autoridad va con el oficio y el oficio es un lugar designado por Dios. Definido como llamamiento y tarea, la autoridad en el salón debe ser ejercitado con responsabilidad. Nosotros no podemos arbitraria o irresponsablemente imponernos con los en nuestro alrededor. Hay tal cosa como la irresponsabilidad que sobrepasa nuestros lineamientos de autoridad.

Toma el problema de Keith, por ejemplo. Se supone que tú has respondido a su truco de liga y clip del papel por medio de agarrarlo por la nuca, arrastrándolo al palacio de justicia y encerrándolo por veinticuatro horas con sólo pan y agua. Claramente como esta acción, aunque concebiblemente justificable, trascendería tu límite de autoridad. Después de todo, tu llamado y tu tarea son limitados a enseñar y al ordenar el salón. Estos no incluyen poderes para sentenciar a personas a la cárcel.

O, toma otro ejemplo, supón que desarrollas una aversión a Keith, pero que te caiga bien Juanita, con su pelo café claro y sus ojos medios tristes. Supón aún más que en un examen ambos hicieran igualmente bien, aunque tú dieras a Keith un siete y a Juanita un diez. Técnicamente tienes la autoridad de hacerlo. Después de todo, exámenes y calificaciones son componentes importantes de tu tarea como maestro. Para funcionar dentro de tu oficio como maestro, necesitas la libertad y autoridad para hacer los juicios necesarios. Aunque aquí otra vez, calificando a Keith y a Juanita de acuerdo con tus sentimientos personales, en vez de basarlo sobre el resultado de su empeño, claramente constituye un caso de ejercitar tu autoridad de una manera irresponsable.

Pero ¿a quién estamos responsables los que llevamos el oficio? En última instancia, por supuesto, al Señor, quien nos ha llamado, y sí, nos ha invitado y asignado a enseñar en primer lugar. Pero el Señor ha asignado a otros que llevan el oficio también, tales como al director de la escuela y a los miembros de la mesa directiva: los maestros son responsables a ellos también. Aún más, los maestros son responsables a los padres de los niños, a los niños mismos, y aun a la materia que ellos enseñan. Torciendo eventos históricos como propaganda para otros propósitos ilegítimos, por ejemplo, es enseñar de una manera irresponsable. Hay, entonces, una estructura de una responsabilidad compleja que rodea la tarea de enseñar. Lo que es importante para todos los maestros es que sepan exactamente cuales son las expectativas, deberes y responsabilidades. Las descripciones de trabajo que son claras y específicas ayudan a los maestros a ejercitar su autoridad responsablemente como personas de oficio.

La pregunta de la soberanía de las esferas

Una de las materias que enseñé como maestro en la preparatoria fue alemán. Una bonita tarde, después de que pensé que era un día de enseñanza bastante efectivo, recibí una llamada telefónica de parte del padre de uno de mis estudiantes. "Sr. Van Dyk", la voz del otro lado replicó, "¡estoy bastante molesto acerca de la excesiva cantidad de tarea que usted da en su clase de alemán! ¡Memo tiene otros cursos que estudiar, sabe, y los niños necesitan tiempo para jugar deportes, ganar dinero y mirar televisión! Se lo pondré a usted muy en claro: Hágalo más fácil en la clase de alemán, o usted tendrá que lidiar con la mesa directiva de la escuela!" ¡Bueno, hasta allí llegó mi bonita tarde y quieto atardecer! Por las buenas llegamos a resolver este problema, gracias en parte al apoyo del director.

El problema en esta disputa claramente fue uno de "la soberanía de las esferas." ¿Por qué es la soberanía de las esferas? La soberanía de las esferas—"la autoridad de las esferas" sería un mejor termino—explica que la autoridad y la responsabilidad de los varios oficios son directamente delegados a los que tienen el oficio, por el mismo Señor. Por ejemplo, mi autoridad como maestro, puesto en un oficio, es de Dios, y no del director, ni de mesa directiva, ni del padre de Memo. Toda autoridad es de Dios. Pablo nos dice en Romanos 13:1. Como un maestro, dotado con la competencia necesaria, interés, y personalidad, debidamente nombrado por las autoridades legales de la escuela, tengo la libertad de ejercitar mi autoridad con responsabilidad.

Por supuesto, como pasó en mi caso, a veces los conflictos entre padres y maestros ocurren. Padres, quienes sostienen escuelas cristianas, algunas veces buscan poner en orden conflictos como estos sobre las bases de un supuesto principio *in loco parentis* ("en lugar de los padres"). Presumiblemente el maestro simplemente toma el poder del padre y consecuentemente la autoridad del maestro es subordinada a la autoridad de los padres. La soberanía de las esferas, sin embargo, sugiere que el principio de *in loco parentis* es problemático. Mientras que es verdad que los padres tienen la responsabilidad de ver que sus niños sean alimentados en el Señor, ellos no necesariamente delegan la autoridad de la enseñanza al maestro, igual que los padres no *delegan* la autoridad a la profesión médica cuando sus niños requieren una cirugía. Un padre no tiene más autoridad sobre un plan de lección del maestro que la que tiene sobre una decisión de un cirujano de cual escalpelo va a usar. Competentes maestros y competentes cirujanos son personas de oficio en la educación y en las áreas médicas, y sus oficios vienen con su propia autoridad y responsabilidad asignadas por Dios. Claro, un padre puede retirar a un niño de la autoridad de un maestro o de un cirujano. Y, sí, la incompetencia o el uso de poder arbitrariamente de parte del maestro o del cirujano, debe ser enfrentado, pero mediante canales apropiados, no simplemente poniendo la autoridad de uno contra la de otro.

Irónicamente, cuando miramos a los maestros o a la escuela como *"in loco parentis,"* apoyamos el argumento del reclamo que las escuelas pueden y deben tomar todas los deberes de los padres. El principio de *"in loco parentis"* sugiere que la autoridad y responsabilidad de la escuela no son fundamentalmente diferentes de la autoridad y responsabilidad de la familia. Y, si no hay diferencia, las escuelas deben poder hacer todo lo que hacen los padres. Seguramente, estamos de acuerdo que mientras las escuelas están cada vez más tomando los deberes de los padres—debido a la creciente desintegración de la familia—no deben hacerlo. No están diseñadas ni son responsables para hacerlo.

Ser Siervo

Como persona de oficio, que tiene autoridad y responsabilidad, debes llevar a cabo tu trabajo de enseñanza en la forma de un humilde siervo. Otra vez la conciencia de oficio es de vital importancia. Sin tal conciencia, tal vez puedas creer que estás haciéndolo muy bien mientras que tu trabajo te dé un sentido de satisfacción personal. O, tal vez ves tu profesión como una oportunidad de expresar tu deseo de ser un líder, o de estar encargado de algo, o sentirte importante. Tales pensamientos son esencialmente egoístas. Más bien, el Gran Mandamiento, "Ama a Dios y a tu prójimo"—que según Pablo en Gálatas 5 se traduce en "Sirve a Dios y a tu prójimo"—tiene que ser la guía para ti y para mí como maestros cristianos. Por ende, todas las decisiones del maestro en el salón de clases tienen que formularse como respuesta a la pregunta: ¿Cómo le va a servir al Señor esto? Y, ¿cómo les va a servir a los jóvenes bajo mi cuidado lo que hago?

Todo esto no es un asunto fácil. Claro, es fácil decir, "yo enseño para servir al Señor," pero en realidad muchas veces enseñamos de una manera egoísta. Por ejemplo, piensa que tan defensivos tendemos a ser como maestros, que tan difícil es para que aceptemos y utilicemos una crítica legítima, y que tan pronto echamos la culpa a nuestros alumnos por sus fracasos más que por nuestras pobres técnicas de enseñanza. También piensa en las veces cuando te fue imposible amar a uno de tus alumnos, o cuando deseabas que niños como Keith fueran traslados a otra escuela. La práctica diaria de ser un siervo amoroso y sin egoísmo es una meta difícil de lograr. De hecho nunca logramos la meta. Pero tenemos que intentar lograrla todo el tiempo. Como maestros tenemos que tomar tiempo frecuentemente para reflexionar sobre el nivel de nuestro esfuerzo de ser siervos.

Tal vez te puede ayudar si piensas que el ser siervo en la enseñanza es un tipo de ministerio especial. ¿Qué quiere decir ministrar? Normalmente pensamos que es ayudar a los que están experimentando dolor, y por ende, reduce el ministerio a algo de curación. El ministerio de la enseñanza podría ser definido como un "ministerio de capacitación." Tal ministerio por supuesto incluye el alivio del dolor: como maestro tienes que atender las necesidades y sanar dolores; tienes que perdonar y animar. Pero también tienes que celebrar los dones de tus alumnos y capacitarlos para el servicio. Haciendo esto les estás ministrando. Es decir, atiendes sus necesidades y dones; los capacitas para que puedan reconocer su propio llamado, trabajo y oficio; y, por tanto, les ayudes a desarrollar su deseo y capacidad de funcionar como discípulos competentes del Señor.

La religión una vez más

El día de mañana estás planeando enseñar una lección emocionante acerca de la fotosíntesis. Has articulado unas metas y objetivos, y las actividades del aprendizaje están arregladas. Ahora, baja tu lápiz un momento, y estírate en tu silla. En un momento de reflexión reconoces otra vez los privilegios y alegrías de ser maestro. Estás consciente y agradecido que el Señor te haya llamado e invitado a ser maestro. Estás seguro de haber hecho la decisión correcta cuando, por medio de firmar tu contrato, aceptaste la oferta de la escuela de enseñar allí. En pocas palabras, estás consciente de tu oficio. Experimentas la conciencia de oficio. Sí, y además—como conciente del oficio, te ves como obrero del Reino, agresivamente confrontando las distorsiones y buscando la manera de llevar la sanidad de la redención de Cristo a tu salón, en tus lecciones y unidades, y en todo que tiene que ver con tus alumnos.

Estas reflexiones te vuelven a tu lección sobre la fotosíntesis. Consciente de tu oficio, te recuerdas de la importancia crítica de reconocer la base *religiosa* de tu lección de la fotosíntesis. Te recuerdas que la expresión "base religiosa" significa que la actividad de tu enseñanza se motiva por un compromiso a una fe direccional, y llevada a cabo en el servicio. Entonces te preguntas: ¿Cuál fe motiva mi lección sobre la fotosíntesis? ¿Es realmente mi fe en Dios como creador y sustentador del universo? O, ¿voy a permitir, sin saber, elementos de la fe en la ley natural y el análisis científico como los árbitros finales de la verdad? Y, ¿por cuál rumbo va mi lección? Te pones a revisar una vez más tus metas y objetivos. ¿Incluyen metas y objetivos del asombro y la admiración que los alumnos tendrían mientras profundizan su amor y compromiso hacia el Señor? O, ¿estarás satisfecho si tus alumnos pueden recordar los detalles técnicos de la fotosíntesis en su próximo examen? Y, finalmente, pregúntate: ¿realmente ministra a mis niños esta lección? ¿Reconoce las necesidades y celebra los dones de mis alumnos? ¿Les va a ayudar a crecer como siervos del Señor? ¿Estoy enseñando esta lección como "una obra de servicio"?[1]

Ahora, puedes pensar que estas reflexiones son nada más imaginaciones o una pérdida superflua de tu precioso tiempo. ¡No seas engañado! Son absolutamente esenciales para tu trabajo como maestro cristiano. La realidad es si no reconoces continuamente el carácter religioso de tu enseñanza, corres graves riesgos. Primero, arriesgas la pérdida de la visión de la fe cristiana que gobierna tu enseñanza, dejándote abierto a la

penetración de otras fes y perspectivas. Segundo, puedes perder tu sentido direccional. Desviado por influencias filosóficas no deseadas, puedes
terminar yendo a donde no quieres ir. Por ejemplo, tu lección sobre la
fotosíntesis puede terminar en un laberinto de datos científicos que previene que tus alumnos experimenten la presencia de Dios. Y, por último,
perdiendo el carácter religioso de tus lecciones puede cegarte a tu llamado de ser siervo, a tal grado que se te olvida ministrar a tus alumnos. Tu
lección puede terminar siendo un asunto egoísta o puede hacer poco más
que llenar unos requisitos de las pruebas estándares.

Una palabra final

Una consideración del oficio de enseñar cristianamente tiene que empezar con un entendimiento del papel de la religión y la idea de oficio. El
oficio, a su vez, siempre dirige nuestra atención al Reino de Dios. Estar
conscientes de nuestro oficio nos ayuda a mantener en mente que el enseñar cristianamente es una actividad del Reino. Esto significa que la enseñanza ocurre *dentro* del Reino. Después de todo, el Reino es el territorio
gobernado por el Rey. Por supuesto, esto incluye toda la creación, porque
no hay ninguna parte de la realidad en ningún lugar, donde el Señor no
tiene nada que decir o donde no tiene autoridad. Tu salón de clases es el
territorio del Rey.

No obstante, debido al pecado humano, el Reino de Dios ha sido
oscurecido. Es nuestra tarea hacerlo visible otra vez. Respondiendo a
la pregunta, ¿dónde está el Reino de Dios? Podemos decir que en todas
partes, pero que se hace visible cuando la voluntad de Dios se lleva a
cabo. Ahora, la voluntad de Dios se aplica a todos los aspectos de la vida,
incluso la vida en el aula. Por lo tanto, la conciencia del oficio nos va a
animar a ver nuestro trabajo como trabajo del Reino y animarnos a hacer
preguntas difíciles acerca de cada aspecto del trabajo en el aula: ¿cómo
refleja mi currículum la voluntad de Dios? ¿cómo refleja la voluntad de
Dios mi manejo del salón? ¿cómo responden a la voluntad del Señor mis
planes de lecciones, mis metas y objetivos, y mis técnicas de enseñanza?
La conciencia de oficio nos facilita buscar primeramente el Reino.

La voluntad de Dios es un Reino de justicia y amor, un lugar donde el
shalom, el gozo y la alegría reinan. Buscando primeramente este Reino
tiene que llegar a ser una expresión diaria en tu salón de clases. A través
del día escolar tienes que descubrir y exhibir este Reino. Empieces mar-
cando el ritmo con unos devocionales que se aplican a las actividades de

aprendizaje en el día. El Reino se hace visible a través de una relación de cuidado entre tú como maestro y los alumnos, y los alumnos entre sí. Cuando Marce está pasando por unos malos momentos y no se puede concentrar en la multiplicación de fracciones, el Reino se hace visible cuando le animas con paciencia, persistencia y comprensión. El Reino de Paz llega a ser visible en la clase de Estudios Sociales mientras observas como Julia, sin decirle, apoya quietamente a Jonatán con sus intentos de hacer el bosquejo que tú le has asignado. El Reino llega a ser más visible aún, cuando señales y reconozcas el servicio de Julia. El Reino de *Shalom* aparece cuando—después de haber descubierto una nota disgustosa de Ana a Kim dibujándola como un patito feo—resuelves el conflicto con una suave pero firme advertencia en vez de un castigo severo. Ofreces la oportunidad a Ana de sanar la ruptura poniéndola junta a Kim en una actividad de grupo.

En todas estas acciones—algunas parecen insignificantes o tratadas de una manera casual e incidental—el Reino de Dios surge y radia su poder en un mundo débil y sórdido. Todos los componentes de tu actividad de enseñanza deben apuntar hacia el Reino: "Mira, el Reino está aquí, y aquí." La enseñanza cristiana, en otras palabras, es un señalamiento del Reino. Esto es "una actividad de amontonar piedras." Así como los israelitas amontonaron piedras para recordarles del cruce del Jordán,[2] así es el trabajo del maestro cristiano, un recordatorio continuo de la redención de Dios.

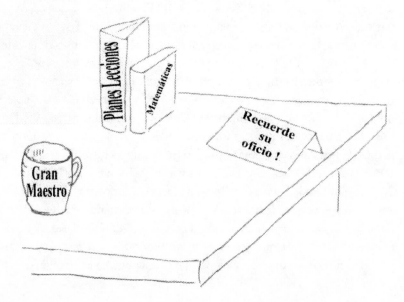

Los maestros cristianos tienen que estar en mucha oración. Cada día nuevo tienes que preguntar al Señor que te mantenga conciente de tu llamado, tarea y oficio especiales. La conciencia de oficio, de verdad, requiere un caminar cercano con Dios, un "manteniendo el paso del Espíritu."[3] Mientras que yo lo mencionaba más atrás, no puedo enfatizar suficientemente este punto, porque las realidades de la vida en el salón tienden a hacer el perfil de la conciencia del oficio. Las demandas y el estrés de enseñar rápidamente saca fuera la idea del oficio y sus implicaciones de nuestra conciencia. Recomiendo que los maestros cristianos se rodeen con recordatorios. Una nota pequeña puesta en tu escritorio con palabras como "¡recuerda tu oficio!" puede ser de ayuda. O, quizás, un montón de piedras, o algo por el estilo. Tales recordatorios deben ser cambiados con frecuencia para mantenerlos frescos y funcionales.

Pero, preguntas—quizás un poco frustrado—todavía no sé que quieres decir cuando hablas de enseñar cristianamente. Es verdad, no he ofrecido todavía una descripción completa. Pero, no importa cual sea la descripción final, un punto es muy claro: el enseñar cristianamente requiere una conciencia viva y vibrante del oficio. Un segundo ingrediente es un sentido claro del propósito. Te invito a seguir leyendo.

CAPITULO 5

¿Qué es lo que estás intentando hacer en el aula? El propósito de enseñar cristianamente

Clara: Pienso que esta escuela no pone suficiente énfasis en la excelencia académica. ¡Hay demasiados apapachos aquí! ¿Cómo van a tener éxito estos muchachos si no los preparamos para el mundo real?

Lisa: Bueno, creo que sí tenemos que preparar a nuestros alumnos para el mundo real. Pero, ¿no crees que haya más al mundo real que el lado académico?

Clara: ¡Por supuesto! Pero si no enfatizamos un estudio disciplinado de las materias claves, toda la plática elocuente del discipulado y servicio en el Reino no vale ni un cacahuate.

Una Cuestión Controversial

Imagínate una maestra entrando al aula de clases. Ella les dice a sus estudiantes: "Muy bien, alumnos de sexto grado, hurguen en sus libros de texto por un rato, o pueden hojear las revistas que están en el rincón de atrás, y vean si pueden encontrar algo para aprender. ¡Se pueden tomar todo el día si quieren!" ¿Cómo evaluarías tal enseñanza? Bueno, dirás, parece sospechosamente como el aula de clases abierta de antaño: no hay estructura, no hay metas específicas, no hay dirección clara.

Aparte de la pregunta de que si representa o no una filosofía de aula de clases abierta, hay algo claramente problemático con respecto a este enfoque de la enseñanza. Tu enseñanza, como todo lo demás que tú haces, no puede ser sin propósito. Tiene dirección. Va a algún lado. Se esfuerza por alcanzar ciertos resultados.

Puedo pensar en por lo menos tres razones, por las cuales tu enseñanza en el aula de clases siempre se dirige hacia metas específicas—aunque posiblemente no siempre especificadas con claridad. La primera es que la enseñanza es una actividad religiosa y, como vimos, toda actividad religiosa se dirige a algún lado. Una segunda razón es que lo que tú haces en tu aula de clases lo haces dentro de una escuela, y las escuelas tienen una misión, ya sea explícita o implícita. Como uno de sus maestros, tú debes traducir la misión institucional de la escuela en metas y objetivos específicos en el aula de clases. Normalmente tus programas de unidades y planes de lecciones articulan tales metas y objetivos. La tercera razón es que una enseñanza sin propósito es, por su misma naturaleza, un concepto contradictorio. La enseñanza siempre busca producir aprendizaje. Por supuesto, el *tipo* de aprendizaje que estamos buscando puede ser el tema de discusión. Pero la enseñanza que conduce a la nada no parece ser ningún tipo de enseñanza.

Incluso entre los educadores cristianos el consenso es tan fácil como encontrar un alga marina en el desierto de Arizona. El rigor académico y la excelencia que conducen a un alto desempeño es una meta comúnmente menciona-

da. Otra es la de preparar a los jóvenes para que puedan conseguir un buen empleo, o para que puedan experimentar la *buena* vida, o para que puedan ser buenos participantes en el sistema democrático, o etcétera, etcétera, etcétera.

Las metas y los objetivos

El debate acerca de qué es lo que las escuelas deben lograr obviamente no es un fenómeno nuevo. Durante el último medio siglo, los educadores han pasado mucho tiempo pensando en las metas y objetivos. Por ejemplo, el programa de lecciones estándar que usas hoy, todavía concuerda bastante con lo que Ralph Tyler propuso hace casi cincuenta años: primero declara lo que quieres lograr en tu aula de clases, luego planea cómo alcanzar las metas, y finalmente evalúa hasta dónde has logrado alcanzarlas.[1]

Pero, ¿Cómo vas a determinar tus metas y objetivos? ¿Qué debes tratar de lograr en tu aula de clases? Tyler mismo sugiere una cantidad de criterios útiles.[2] Por ejemplo, anima a los maestros a tomar en consideración el entorno social general. Si estuviera vivo hoy, Tyler sin duda señalaría la demanda actual de personas tecnológicamente preparadas. Él te diría: "Asegúrate de incluir metas tecnológicas en tus programas de lecciones."

También debes tomar en consideración los niveles de desarrollo de tus estudiantes mientras consideras tus objetivos. Entendiendo las raíces cuadradas, por ejemplo, sería una meta inapropiada en un plan de lecciones para una clase de segundo grado. También los recursos van a afectar el tipo de metas que puedas alcanzar. Sin un zoológico cercano sería difícil que los niños disfrutaran lo que es acariciar a un pingüino. Y, claro, hay metas institucionales. Éstas sólo pueden jugar un rol controlador en tus planes específicos de clases. En general, si tu escuela tiene como objetivo desarrollar habilidades de pensamiento crítico, tu director y los padres de familia no apreciarán los planes de clases que requieran solamente memorización y la repetición de datos específicos de una materia.

En los 50s y los 60s los conductistas hablaron a los educadores muy dulcemente y les llevaron a creer que el aprendizaje equivale un poco más que "los cambios observables y medidos de la conducta." Decían que sólo cuando tus estudiantes muestran un cambio deseado de conducta puedes estar seguro que el aprendizaje ha ocurrido. De manera que tus objetivos para el aula de clases deben ser formulados como "objetivos de conducta," u "objetivos de desempeño," para que puedan ser prescritos en detalle y rigurosamente probados. Las definiciones de los libros de texto de los objetivos conductistas dicen más o menos algo así: "Un objetivo conductista (o de desempeño) es una descripción de un resultado intencionado, medido u observable de una actividad de enseñanza/aprendizaje."[3] Por ejemplo, un maestro de ciencias podría escribir el siguiente objetivo de desempeño: "Dada una lista de 35 elementos químicos, los estudiantes serán capaces de recordar y escribir las valencias de al menos 30 de ellos." Los conductistas argumentaban que la enseñanza efectiva, con propósito y productiva, depende del uso de tales objetivos de desempeño.

Antes que aplaudas y tomes papel y lápiz para comenzar a escribir objetivos de desempeño para tus lecciones de mañana, escucha la voz de Eliot Eisner, un crítico ampliamente respetado. La dependencia excesiva en los objetivos de desempeño es una mala noticia, dice Eisner.[4] Por una cosa, tales objetivos enfatizan demasiado los resultados predecibles. Tú sabes por adelantado que todos tus estudiantes serán capaces de escribir las valencias de por lo menos 30 elementos. Así que vas a enseñar de manera estricta para asegurar este resultado (medido). Pero, ¿dónde dejará esto los momentos *enseñables*, las tangentes no esperadas y la creatividad de los estudiantes, todo lo cual podría conducir a un aprendizaje valioso aunque no intencionado? Los objetivos de desempeño no van a dejar lugar para tales posibilidades.

Probablemente la crítica más seria que Eisner lanza es que la dependencia excesiva—o peor aún, exclusiva—en los objetivos de desempeño, ciega a los maestros a otros aspectos, no mensurables, de la enseñanza y el aprendizaje. Por su misma naturaleza los objetivos de desempeño excluyen a las metas sutiles tales como el disfrute, la apreciación, las actitudes y los compromisos. Dado que son difíciles de evaluar, los conductistas dirían que tales metas no deban jugar un rol significativo en tu plan de clases. Mejor todavía, evítalos por completo.

Nota que Eisner no rechaza totalmente los objetivos de desempeño. Más bien nos anima a poner más atención a lo que él llama "objetivos expresivos." Un "objetivo expresivo," a diferencia de un objetivo de desempeño, no especifica en particular un resultado de aprendizaje que debe ser medido. Más bien describe un "encuentro educativo," y así puede ser diferente para diferentes estudiantes. Por ejemplo, "Los estudiantes aprenderán a interpretar la obra de Mark Twain, *Huckleberry*

Finn," es un objetivo expresivo. Tal objetivo permite una variedad de interpretaciones. Estimula una diversidad de resultados, no una conformidad sofocante, como tienden a ser los objetivos de desempeño. Por lo tanto, los objetivos expresivos toman en cuenta la individualidad de los estudiantes, y ponen atención a los dones y a las necesidades diferentes. En contraste, los objetivos conductistas promueven el "igualitarismo educativo," un punto de vista que asume que todos los estudiantes son básicamente iguales, que deben ser capaces de cumplir objetivos similares, y que pueden ser evaluados por los mismos criterios. En resumen, una fuerte dosis de objetivos conductistas torpedea nuestra confesión de que los niños son portadores únicos de la imagen de Dios. De hecho, la dependencia en tales objetivos hace virtualmente imposible enseñar cristianamente como veremos.

Taxonomías para las metas

Entonces, dices, que Eisner me ayuda a ver que hay diferentes tipos de objetivos. Pero todavía no sé cuál debe ser su propósito. ¿Hacia cuáles resultados del aprendizaje deben dirigirse mis objetivos—ya sean de desempeño, expresivos o de cualquier índole? ¿Quién me ayudará a hacerlo?

Bueno, comencemos por volvernos hacia la celebrada "taxonomía de metas educativas," de Benjamín Bloom.[5] Bloom hizo tres preguntas: ¿Qué deben saber sus estudiantes? ¿Qué clase de sentimientos y creencias deben mantener? ¿Y qué deben ser capaces de realizar físicamente? Bloom tradujo estas tres preguntas en tres conjuntos de metas: metas en los campos "cognitivo," "afectivo" y "psicomotor." Bloom mismo elaboró el campo cognitivo, dejando a otros las especificaciones del campo afectivo y del psicomotor.

El campo cognoscitivo, propuso Bloom, consiste de una serie de niveles complejos progresivos de metas. El nivel básico es simplemente enseñar la habilidad de memorizar y recordar información relacionada con datos específicos. El siguiente es el nivel de la comprensión. Los estudiantes deben ser capaces no sólo de recordar, también, deben ser capaces de demostrar comprensión, por ejemplo, explicando o parafraseando un punto. El nivel más alto en el campo cognitivo describe la habilidad de aplicar, analizar, sintetizar y, finalmente, evaluar.

Sugiero que saques la taxonomía de Bloom del montón de notas de clases universitarias que indudablemente estarán guardadas en algún lugar de tus estantes. Mira nuevamente los seis niveles en el campo cognitivo. ¿Tus estrategias de enseñanza llevan a tus estudiantes a través de todos los seis niveles de este campo cognitivo? ¿Haces, de manera rutinaria, preguntas de alto nivel, no meramente preguntas sobre datos específicos? ¿Requieres que José aplique los conocimientos que enseñas a una variedad de situaciones? ¿Estimulas a Tomás al nivel que él analice un problema? ¿Invitas a Marcela a ofrecer algunos juicios bien razonados? ¿O eres tú el tipo de maestro que está satisfecho con la enseñanza y el aprendizaje sólo a nivel básico de la taxonomía de Bloom—datos, memorización, recordar y repetir?

Entonces, la taxonomía de Bloom puede ayudarte a reconsiderar lo que quieres lograr en tu aula de clases. Los niveles de su campo cognitivo proveen los comienzos de una lista práctica. Su taxonomía total nos recuerda tomar en cuenta los campos afectivos y psicomotor. Por lo tanto, Bloom ayuda a contrarrestar un intelectualismo reduccionista que mira las metas de la educación como algo limitado únicamente a las áreas académicas de estudio. Y, finalmente, la taxonomía de Bloom, especialmente su campo cognitivo, puede ayudarte a seguir una secuencia en tu instrucción. Podrías comenzar una unidad con información de hechos reales (los niveles básicos) y hacer un progreso ascendente, digamos, a través de la jerarquía a los niveles avanzados de síntesis y evaluación requiriendo a tus estudiantes a que se involucren en estudios cada vez más sofisticados. Por ejemplo, supón que enseñarás una unidad sobre Carlomagno. Te asegurarás, por supuesto, que tus estudiantes conozcan los detalles esenciales de su vida y sus logros. Ahora prepara tu camino "ascendente" por medio del campo cognitivo de Bloom. Pídeles a los estudiantes que parafraseen la historia para asegurar la comprensión. Invítalos a aplicar su entendimiento creando una parodia o escribiendo una obra. Haz preguntas del tipo "qué tal si …" sobre la carrera de Carlomagno para así proveer oportunidades para analizar y sintetizar. Y finalmente, solicita a tus estudiantes, basados en evidencia y en la sana argumentación, que evalúen las decisiones de Carlomagno.

A pesar de los aspectos positivos, la taxonomía de Bloom manifiesta serias deficiencias. Mencionaré cuatro de ellas. Primero, la taxonomía sugiere que los asuntos intelectuales son distintos de los asuntos "afectivos," como si el conocimiento no tuviera relación con la fe y los sentimientos. La separación entre lo cognitivo y lo afectivo sugiere que el conocimiento es un cuerpo independiente de contenido. De esta manera fomenta la antigua idea positivista de que el conocimiento es objetivo y que no está afectado por las presuposiciones, los prejuicios ni las creencias religiosas. La taxonomía de Bloom promueve un dualismo. Pero, desde nuestra perspectiva cristiana y *holística*,[6] no podemos relegar ni confinar los asuntos, creencias y compromisos religiosos, con el llamado de ser un cristiano íntegro, a un área nebulosa llamada "lo afectivo."

Segundo, el entendimiento de Bloom con respecto a lo "cognitivo" parece demasiado limitado. Por "cognitivo" parece querer decir lo que Howard Gardner llamaría "la inteligencia lógica lingual."[7] Pero hay mucho más en lo cognitivo que solamente lógica y lenguaje. Los seres humanos llegan al saber de muchas maneras diferentes. Este entendimiento más amplio del conocimiento es ignorado por Bloom.

Tercero, los campos propuestos por Bloom son muy difíciles de distinguir con claridad. Esta imprecisión hace que sea difícil escribir objetivos claramente. Y no es de sorprenderse: en realidad lo que Bloom llama cognitivo y afectivo, constituyen un tejido sin costuras. La vida es de una sola pieza. Nuestro pensar, saber, creer y sentir se hallan todos inseparablemente entretejidos.

Y finalmente, la taxonomía de Bloom, aunque va más allá de lo cognitivo, todavía es demasiado estrecha. No incluye las habilidades sociales o las de comunicación, y, en general, descuida la creatividad. No se dirige completamente al "niño total." Hay mucho más, en cuanto a un niño, que las tres dimensiones que Bloom propone. Tus metas, en cuanto a la enseñanza cristiana, deben ser considerablemente más amplias que aquellas sugeridas por Bloom.

La respuesta cristiana

Imagínate que eres el director o directora de una escuela cristiana. Quieres que tus maestros escriban metas y objetivos que reflejen una perspectiva cristiana básica. ¿Insistirías solamente en objetivos de desempeño sistematizados en categorías según la clasificación de Bloom? ¡Claro que no! Lo que harías primero es considerar las taxonomías de metas impulsadas por educadores cristianos. Podrías comenzar revisando, por ejemplo, lo que sugirió Henry Beversluis, trabajando a favor de Escuelas Cristianas Internacionales (CSI).[8]

Al igual que Bloom, Beversluis propuso una clasificación de tres categorías de metas: La intelectual, la de decisiones y la creativa. Sin duda vas a percibir pronto que la categoría "intelectual" de Beversluis se parece bastante al aspecto "cognitivo" de la taxonomía de Bloom. La categoría de las decisiones sugiere que los estudiantes deben ser confrontados con alternativas: deben ser enseñados a tomar las decisiones correctas, lo cual es en verdad una meta importante. Pero, lo que Beversluis quiso decir con la tercera categoría, la creativa, probablemente vaya a quedar como un rompecabezas para ti. Parece como si la intención fuera proveer oportunidades educativas que ayudaran a los estudiantes a alcanzar su potencial. Pero no es muy claro cómo tal potencial ha de distinguirse de las categorías intelectual y la de las decisiones. Más recientemente CSI ha añadido una cuarta categoría, a saber, la emocional, para asegurarse que factores tales como la autoestima y la auto confianza no sean descuidadas.

Luego, podrías echar una mirada a la obra de Donald Oppewal, profesor de educación desde hace bastante tiempo en la Universidad Calvino.[9] Oppewal nos provee una traducción interesante de la taxonomía del CSL. El propone una "taxonomía de CSC" en tres fases: el currículum y la instrucción deben conducir a los estudiantes (1) a considerar, (2) a seleccionar, y (3) a comprometerse. Oppewal explica, "La primera fase, la de considerar, se ajusta mejor a la dimensión intelectual, la fase de selección se acopla con la dimensión de las decisiones, mientras que la culminación en la fase de compromiso se ajusta a la dimensión creativa de las metas del aprendizaje."

Aún todavía no convencido, examinas aún otra taxonomía cristiana de metas, la que está sugerida por Nicolás Wolterstorff.[10] Las escuelas, dijo, deben apuntar hacia tres tipos de aprendizaje: el conocimiento, las competencias y las tendencias. Nuestros graduados, argumentaba él, deben estar familiarizados con una amplia gama de contenido (conocimiento), equipados con un amplio conjunto de habilidades (competencias), y firmemente establecidos en el camino hacia el discipulado (tendencias). Escribiendo el currículum en algunos distritos de CSI sigue la taxonomía de Wolterstorff.

Para completar tu investigación, revisa a Harro Van Brummelen.[11] Van Brumrnelen expresa su aprecio por los varios intentos de pronunciar metas específicas para las escuelas cristianas. Sin embargo, sigue siendo fundamentalmente crítico de las propuestas que acabamos de revisar. Como la taxonomía de Bloom, las taxonomías de CSI introducen una distinción demasiado aguda entre la categoría intelectual y las otras categorías. Tal distinción hace parecer como si el conocimiento fuera una categoría objetiva y separada, sin relación con la dimensión afectiva, o con las categorías de tendencias y decisiones. Van Brummelen cree que las taxonomías propuestas "se encuentran aún arraigadas en una visión dualista de la vida que asume que existe un cuerpo neutral de conocimiento, al cual le podemos añadir una dimensión moral, o afectiva o una relacionada con las decisiones."[12] Toma nota, que en respuesta a tal crítica el CSI ha hecho un esfuerzo para aclarar que la dimensión intelectual debe conducirse a la dimensión relacionada con las decisiones y a la dimensión creativa.

Van Brummelen va más allá, hasta sugerir una taxonomía más *holística* e integral. En lugar de trabajar con tres categorías distintas, diseñó una taxonomía jerárquica. Él dice que la meta última de la educación cristiana, es un discipulado responsable (más recientemente: responsivo). Pero tal discipulado no puede producirse sin la debida disposición (las tendencias de Wolterstorff) que conduzca al compromiso. Estas disposiciones, a su vez, tienen que fluir de las metas más básicas tanto curriculares como de instrucción Van Brummeien sugiere al menos tres tipos de metas en este nivel básico: conocimiento del qué (contenido), conocimiento del cómo (habilidades, capacidades), y metas creativas, de resolución de problemas.

Me parece que el modelo de Van Brunmielen constituye una contribución significativa. El discipulado responsable—al cual regresaré en un momento—debe ser claramente la meta última y abarcadora de nuestros esfuerzos educativos cristianos. Si entrenamos solamente para proveer habilidades comerciables en el mercado, para proveer excelencia académica y una buena conducta moral pero descuidamos el propósito más alto del discipulado cristiano, perdemos nuestro distintivo como educadores cristianos. Después de todo muchas escuelas públicas y universidades seculares enseñan habilidades comerciables y pericia académica, lo mismo que estimulan una buena conducta moral.

La meta última de la enseñanza cristiana

Pregunta: ¿En realidad necesitamos complicadas taxonomías de metas para evitar las trampas reduccionistas? Quizás no. Propongo—con más sencillez—que el propósito de tu actividad de enseñanza cristiana deba orientarse a dos niveles de metas: (1) una meta "última," y (2) un conjunto de "metas de áreas" que son intermedias y subordinadas. Ahora, unas palabras sobre cada uno de estos niveles.

La meta última de toda enseñanza cristiana debe existir para conducir a tus estudiantes hacia un discipulado bien informado y competente. Esta meta debe ser la meta central y dominante, no sólo para ti como una maestra individual, sino para toda la institución en la cual sirves. Para recordarte de esta meta, recomiendo que coloques una paráfrasis de Efesios 4:11-12 sobre tu escritorio: "Soy llamado a ser un maestro para equipar al pueblo de Dios para la obra del servicio."

Observa que la expresión de Pablo "obra del servicio' es una especie de abreviatura para un discipulado bien informado y competente. En un sentido, todas las instituciones cristianas, no sólo las escuelas cristianas, deben apuntar hacia el discipulado práctico. Sin embargo, el enfoque es diferente en instituciones diferentes. En el hogar, los niños están dirigidos hacia un tipo de discipulado de confianza, emocionalmente seguro. En la iglesia el foco recae sobre la adoración, la fe y el compañerismo. Sin embargo, la escuela cristiana apunta hacia el discipulado *bien informado y competente*. Piénsalo: para funcionar como un discípulo en el mundo tan complejo de hoy, se requiere una buena porción de conocimiento y una amplia gama de habilidades.

Tomo los adjetivos *bien informado* y *competente* para expresar en lenguaje contemporáneo de lo que los Antiguo y Nuevo Testamentos describen como "sabiduría." ¿Qué es sabiduría? El Salmo 111 nos lo resume: "El principio de la sabiduría es el temor de Jehová; buen entendimiento tienen todos los que practican sus mandamientos." La sabiduría, entonces, no puede entenderse aparte del deseo de hacer la voluntad de Dios. El conocimiento abstracto, desconectado y sin relación no es, en ninguna manera, el conocimiento en sí. En última instancia tal conocimiento es necedad.[13]

La sabiduría y el discipulado van juntos como las dos alas de un ave: Pierde una y la otra se vuelve inútil. Pero, ¿qué exactamente es el discipulado? Simplemente dicho el discipulado es la correlación entre oír y hacer. Las Escrituras en realidad presentan toda la vida humana en estos términos: hemos de escuchar la Palabra de Dios y ponerla por obra. Oír sin hacer no significa nada.[14]

Nota que la correlación entre oír y hacer difiere de la tradicional distinción griega entre saber y hacer. Para los griegos, como eran entregados a la adoración del intelecto, el conocer es la dimensión dominante y superior. Esta visión condujo al elitismo: aquéllos que trabajan con sus mentes se consideran más nobles que aquellos que trabajan con sus manos. Pero la Escritura no sabe nada de tal distinción. En la perspectiva Bíblica el conocer es en sí mismo una forma de hacer, una respuesta de oír. Juntos, el oír y el hacer, forman la esencia de la sabiduría.[15]

El discipulado, entonces, requiere que oigamos, en primer lugar, la voluntad de Dios. "Oír" no significa que meramente entendemos el lenguaje de los mandamientos de Dios. Implica nada menos que experimentemos la presencia de Dios en nuestras vidas. A menudo, en nuestras escuelas, debido al intelectualismo, nuestros estudiantes aprenden mucho *acerca de* Dios, sin realmente experimentar un encuentro personal con Él. Cuando enfocamos en el discipulado como una meta educativa, tenemos el propósito de crear situaciones en nuestra aula de clases en las que nuestros estudiantes realmente experimentan la presencia autoritativa, y aún así confortadora, de Dios.

En respuesta a tal *oír* debes enseñar a tus estudiantes a *hacer*. ¿De qué tipo de hacer estoy hablando? El hacer aquí se refiere al servicio con amor. Amar a Dios y al prójimo significa servir a Dios y al prójimo.[16] Fuera de este mandamiento central nada es realmente significativo. Aparte de este resumen de la ley todo estará distorsionado. Si tu enseñanza va a ser enseñanza cristiana, lo que sea la asignatura y las habilidades con las que trabajas, tiene que contribuir, en última instancia, a la habilidad de los niños de servir.

Una nota sobre el servicio: el servicio consta de dos dimensiones. La primera es la mayordomía o el cuidado de las cosas. Hemos de cuidar de nosotros mismos, los unos de los otros, y de toda la creación alrededor de nosotros. Tu aula de clases debe ser un lugar donde tal mayordomía esté demostrada, ejemplificada y practicada.
La mayordomía en realidad está incorporada a la creación, pero ha sido deformada por el pecado. Fuimos creados para ser mayordomos. Si no hubiésemos pecado todavía funcionaríamos como mayordomos buenos y productivos, respondiendo de manera normativa al gran mandamiento: "Labrad y guardad

el huerto." Pero ahora que el pecado ha entrado al mundo se hace necesaria una dimensión adicional del servicio: la sanidad, la reconciliación y la pacificación. La distorsión y el quebranto se hallan por todas partes: en nuestras vidas personales, en nuestras relaciones unos con otros, y en la misma creación. El discipulado ahora requiere que nos dispongamos a sanar tales quebrantos, dondequiera que los encontremos. Pregúntate a ti mismo: ¿Es tu aula de clases un lugar donde tal actitud de servicio es demostrada y practicada?

Por medio de "áreas de meta"

Estoy persuadido que esta meta global de discipulado bien informado y competente debe establecer el escenario para todas tus otras metas y objetivos. En lugar de regresar a las taxonomías tradicionales, considera una cantidad de "áreas de meta." Sugiero que trabajes con las siguientes áreas de meta, las cuales, si se toman juntas, impulsarán tus esfuerzos educativos en la dirección correcta y te ayudarán a cumplir la meta global.

- *Contenido/habilidades*: Esta área de meta comprende lo que tradicionalmente llamados los requerimientos académicos del currículo estándar. Obviamente esta área constituye una parte muy grande de sus declaraciones de metas. Tus estudiantes deben manejar muchas habilidades — incluyendo las habilidades así llamadas "básicas" — y desarrollar su percepción en una serie cada vez más amplia de asignaturas. Deben ser capaces de recordar, investigar, definir, describir, explicar y articular todo tipo de temas importantes.

- *Habilidades de pensamiento crítico*: Esta área de meta está íntimamente relacionada con la que acabamos de considerar puesto que se enfoca en una de las habilidades importantes que todos los estudiantes deben aprender, a saber, la habilidad del pensamiento crítico. Como cristianos viviendo en un mundo confuso tus estudiantes deben ser capaces de razonar lógicamente, de distinguir con agudeza, analizar a fondo y juzgar correctamente. Ahora, podrías incluir fácilmente esta área bajo el área previa, especialmente si estás dispuesto a incluir el pensamiento crítico entre las habilidades "básicas." No andas por mal camino singularizando esta área de meta y dándole un énfasis especial. Tu enseñanza no debe atascarse en una reducción miope de la educación a nada más que la transmisión del contenido. Así que no dudes en colocar la meta del pensamiento crítico como una de las prioridades en tu agenda de objetivos por alcanzar.

¿A qué se parecen los objetivos de pensamiento crítico? Echa otra mirada a tu plan de clases, luego escribe objetivos usando verbos tales como analizar, evaluar, comparar y contrastar, justificar. Por ejemplo, "Mis estudiantes serán capaces de comparar los estilos de vida del sureste de Asia y de México."

- *Las dimensiones psicomotora y física*: Enfrentémoslo: tú y yo como maestros tenemos la tendencia a limitar nuestra enseñanza a los asuntos del cerebro y el intelecto, descuidando así la necesidad de los estudiantes de involucrarse en el aprendizaje práctico. Necesitan oportunidades para edificar y construir y para estar físicamente activos, especialmente en las clases donde hay un fuerte énfasis en el "trabajo de pupitre." Así que considera objetivos corno los siguientes: "Mis estudiantes construirán, edificarán, manipularán, experimentarán, armarán o manufacturarán."

- *Creatividad*: Nuestra cuarta área se enfoca en las habilidades creativas. Todos nuestros estudiantes tienen dones creativos e imaginativos. Todos los maestros necesitamos incluir en nuestros programas de módulos metas y objetivos que apunten hacia el desarrollo de la imaginación de los niños y hacia sus poderes artísticos y dramáticos. Temo que con demasiado frecuencia la creatividad genuina es estimulada solamente en las clases de arte y de música.

- *Sentimientos/emociones*: Cómo los estudiantes se sienten tiene todo que ver con su aprendizaje. Los escritos recientes de Daniel Goleman subrayan poderosamente este punto.[17] Como cristianos confesamos una antropología *holística*: nuestros niños son seres integrales y unificados. Si tenemos el propósito, por ejemplo, de hacer que nuestras lecciones sean agradables, nuestros estudiantes van a aprender mejor. Así que asegúrese de incluir en su plan una meta como esta: los estudiantes van a disfrutar esta lección. Una vez que usted acepta la diversión en el aprendizaje como una meta legítima, prepara el escenario para una enseñanza más creativa y efectiva. Otros objetivos en esta área de meta podrían relacionarse con las emociones tales como la justa ira y la celebración gozosa. Al enseñar una unidad sobre los bosques lluviosos, por ejemplo, una meta debe ser despertar en los estudiantes una ira santa. Deben molestarse cuando se encuentren con la codicia, la explotación y la injusticia que la gente manifiesta en la destrucción nociva de la buena creación de Dios. Tal ira justa debe conducirse hacia una resolución de hacer algo con respecto al problema. Debe dirigirse a la acción.

- *Habilidades de discipulado*: Está área de meta está diseñada para promover las habilidades requeridas para cumplir la meta global de un discipulado bien informado y competente. Nuestras unidades y planes de clases deben incluir objetivos que se enfoquen al desarrollo de la paciencia, la disposición para escuchar y respetar los unos a los otros, y un entusiasmo para animar y ayudar. En resumen, tu planeamiento debe buscar la manera de equipar a tus estudiantes a manifestar el fruto del Espíritu. Como maestros cristianos tú y yo queremos que nuestros niños aprendan estas habilidades, pero raras veces las declaramos explícitamente como metas específicas.

No todas estas áreas de metas pueden ser buscadas de manera específica en cada lección. Pero a lo largo del curso de toda una unidad, todas las seis áreas de meta deben ser abordadas.

Algunos maestros pondrán objeciones a incluir todas estas áreas de meta en sus unidades justificándose con la idea de que, no siempre pueden evaluar si los estudiantes han alcanzado o no tales metas. ¿Cómo puedes evaluar si tus estudiantes realmente disfrutan o no tus lecciones? ¿Cómo sabes si se ha provocado realmente un sentimiento de ira justa? Peor aún, ¿cómo pones calificaciones para tales áreas? Pero tales objeciones reflejan un espíritu conductista. Asumen que debas enseñar sólo lo que puedas evaluar.

Los maestros cristianos deben rechazar tal conductismo. Y, de hecho, lo hacen. Por ejemplo, los maestros cristianos saben que ejemplificar un estilo cristiano de vida es importante porque los estudiantes aprenden de tales ejemplos. Los maestros pueden distinguir, fácilmente entre los estudiantes que están sacando provecho de tal ejemplo y aquéllos que no.

Aquí no son necesarios los procedimientos formales de evaluación. Y así es con mucha de nuestra enseñanza, como Eisner nos ha recordado.

Sugiero que mires nuevamente a tus actuales planes de unidades y te preguntes si se están abordando los objetivos que pertenecen a cada una de las seis áreas de meta en algún lugar a lo largo de todo el plan. Pregunta a ti mismo: además de planear para enseñar datos y desarrollar habilidades, ¿estoy enseñando a mis estudiantes a analizar, a evaluar y a explorar las relaciones de un día de aprendizaje al siguiente? ¿Proveo oportunidades para el aprendizaje práctico y para la actividad física en mis clases, incluso cuando a primera vista éstas puedan parecer inapropiadas—o, ¿he llegado a la conclusión que tal tipo de actividad tiene un lugar solamente en los primeros grados de primaria? ¿Estimulo la creatividad en mi aula? ¿Promuevo la auto-confianza, los buenos sentimientos, la ausencia de temor, y la risa apropiada, tanto como la indignación apropiada? ¿Estoy ocupado enseñando a mis estudiantes las habilidades de servicio necesarias para funcionar como discípulos del Señor bien informados y competentes?

La fluidez de estas metas debe ser rápidamente evidente. Ellas no representan campos distintos y separados. Más bien representan facetas de tu labor docente. Ni están cinceladas en piedra. De hecho, pueden ser reconfiguradas fácilmente de acuerdo con las prioridades institucionales y las necesidades locales. Sin duda también hay áreas de meta adicionales.

Las áreas de metas sugeridas te proveen una lista de verificación. Te ayudan a identificar lo que estás enfatizando y lo que estás descuidando. Te proveen un correctivo para tu visión, especialmente cuando dejan al descubierto que tu enseñanza se inclina fuertemente hacia una o dos de las áreas de meta.

¿Cuál es el propósito de la enseñanza cristiana? Equipar a nuestros estudiantes para las obras del servicio. Es decir, capacitarles para que funcionen como discípulos del Señor bien informados y competentes, realizando sus tareas del Reino al escuchar la voluntad del Señor e implementándola dondequiera que se encuentren. Tu meta es enseñar a tus estudiantes a caminar en los caminos de la sabiduría. ¡Manos a la obra![18]

Descubriendo tu metáfora: ¿Cuál es tu estilo de enseñar?

Lisa: Hola Estefanía, ¿todavía no te marchas a tu casa?

Estefanía: Todavía no, Srta. Lisa. Estoy pensando si estás ocupada ahorita. ¿Podría hablar contigo un momento?

Lisa: Por supuesto, Estefanía, ¿qué te está preocupando?

Estefanía: Es el Sr. Leeds. Estoy haciendo lo mejor que puedo en su clase, pero él sigue muy duro con nosotros. A lo mejor él piensa que está encargado de un ejército. No quiero que la gente me grite; ¡como quisiera tenerte como mi maestra otra vez!

Las metáforas para la enseñanza y para los salones de clase

Hace poco, que en mi clase de currículum e instrucción, les preguntaba a mis alumnos que describieran en pocas palabras a uno de sus maestros de primaria o secundaria. Las sugerencias no tardaron, "Mi maestro era un oso," un estudiante reportó. "No, el mío fue un payaso," declaró otro. Otros vieron a sus maestros como sargentos, comediantes, espías, predicadores, robots o jueces. Otros tuvieron opiniones más favorables como madres, amigos, hermanos o hermanas mayores.

Las metáforas de este tipo son atajos para describir estilos dominantes de enseñar. La metáfora captura una o dos características principales del estilo del maestro. Precisamente este punto hace que las metáforas de la enseñanza sean reduccionistas y no siempre muy acertadas. Una o dos palabras ni siquiera empiezan a describir la complejidad de tu estilo de enseñar. Sin embargo el uso de las metáforas es muy útil cuando se trata de comprender tu propio estilo. Motiva la autorreflexión. Pregúntate cómo quieres que tus alumnos vayan a pensar y a describirte en diez años. ¿Cómo quieres que se acuerden de ti?

Cada metáfora puede ser amplificada a una descripción más detallada. Por ejemplo la metáfora de un sargento sugiere que un maestro es autoritario, gritón, inflexible, sin sensitividad y agresivo. Por otro lado la metáfora de una madre señala a una maestra tierna, amorosa, cuidadosa, de sacrificio y a veces estricta y exigente. Una futura maestra en mi clase de currículum pensaba que era como un árbol: unas raíces profundas ancladas seguramente en el conocimiento de una perspectiva cristiana de la vida; extendiendo sus ramas para mantener la clase cómoda, con ramitas y hojas que escondían una multitud de animalitos interesantes de los cuales sus alumnos pudieran aprender muchas cosas. Amplificando la metáfora de esta manera es un ejercicio útil de reflexión. Tal vez puedas tomar un momento para encontrar una metáfora que identifique tu estilo de enseñar y luego ampliarla a una serie de ejercicios descriptivos, o si te atreves, pide que tus alumnos lo hagan.

No sólo tu estilo de enseñar, sino también el ambiente de tu salón de clases puede ser capturado por medio de una metáfora. Por ejemplo, si "sargento" describe tu estilo de enseñar es probable que tu salón parezca un campo militar de entrenamiento, si los alumnos te ven como un payaso, es probable que perciban el salón como un circo. Si tu metáfora es "entrenador deportista" entonces tu salón probablemente refleje el ambiente de los vestuarios o del campo de fútbol. He visitado salones que, sin ninguna duda, me recordaban de un zoológico. En otros casos pensé que me había metido en una olla exprés (de presión).

Por último, las metáforas pueden capturar como percibes a tus alumnos. ¿Son animales que tienen que ser domados? ¿Son vasos vacíos que tienen que ser llenados? ¿Son salvajes que tienen que ser civilizados? ¿Son objetos que tienen que ser manipulados? ¿Son barro que tiene que ser moldeado? ¿Son flores que tienen que ser cultivadas? ¿O que? Tal vez piensas en ellos como portadores de la imagen—otra metáfora. Si es así, ¿qué quiere decirte realmente "portadores de la imagen"? ¿Cómo afecta tu entendimiento de "imagen," a tu proceder en la enseñanza y el manejo de tu salón?

Las metáforas positivas y negativas

Como los ejemplos solicitados de los alumnos muestran, las metáforas pueden referirse tanto a los estilos de enseñanza positivos, como a los estilos de enseñanza negativos. Si te describen como un sargento o payaso y tu salón como un campo militar de entrenamiento o un circo, no es nada halagador.

Ésta y otras metáforas negativas describen estilos de enseñanza y ambiente de clases que deben evitarse, especialmente si consistentemente son aplicables. Por supuesto, estos estilos deben ser evitados si quieres enseñar cristianamente. Hay momentos en el salón cuando es apropiado aparecer como un sargento. Pero si los alumnos te ven casi siempre como un sargento, la metáfora llega a ser algo no deseable.

Las metáforas militares se usan, a menudo, para describir escuelas y salones de una manera presumiblemente realista, pero con frecuencia es algo sutilmente negativo. Presentan a las escuelas como "zonas de guerra" y el salón de clases como un "campo de batalla", los maestros están en "las trincheras," los estudiantes son "las tropas", y las relaciones de autoridad es "la cadena de comando". A veces se escucha este tipo de lenguaje en círculos cristianos de educación. Pregúntate: ¿Son apropiadas y útiles estas metáforas? Es cierto, hay ocasiones cuando aun las mejores escuelas parecen ser una zona de guerra. Pero cuando tales metáforas llegan a ser patrones, debemos preocuparnos. Una escuela cristiana no debe ser una zona de guerra sino un lugar donde el amor de Cristo lleva todas las actividades y relaciones, donde la paciencia, bondad y mansedumbre dominen. Las metáforas militares pasan por encima de lo que puede ser una distracción grave.

Es verdad que el apóstol Pablo utiliza unas metáforas militares para describir la vida cristiana. Él habla de corazas y yelmos y otros tipos de armamento.[1] Pero el lenguaje militar que usa la Biblia presume otro tipo de zona de guerra. Pablo habla acerca del conflicto cósmico entre el bien y el mal, entre el pecado y la redención. El apóstol nos anima a hacer la batalla con toda clase de maldad, dondequiera que la encontremos. Para enfrentar esta batalla requiere toda clase de armamento militar: la coraza de justicia, el escudo de la fe, el yelmo de salvación; y la espada del Espíritu.

Sin embargo, las metáforas militares que se aplican a la educación normalmente se refieren a una situación bastante diferente. Implican un conflicto y batalla dentro de los salones de clases y las comunidades escolares. Describen relaciones malsanas, adversas y llenas de tensiones entre alumnos y maestros y entre maestros y administradores. Tales discordias y falta de unidad no deben estar presentes en una escuela cristiana. Las clases y escuelas deben ser comunidades donde los educadores trabajen en armonía y concordia para enfrentar al enemigo. ¿Y quién es el enemigo? No los maestros, ni los alumnos, ni el director, ni los padres de familia, sino los espíritus de nuestra era que militan contra tus mejores esfuerzos de enseñar cristianamente.

Afortunadamente, hay metáforas positivas que se pueden cultivar. Las metáforas como amigo o hermano a menudo reflejan estilos muy compatibles para enseñar cristianamente: con frecuencia muestran varias metáforas bíblicas que se aplican a la totalidad de una vida cristiana. La amistad y fraternidad están en completa armonía con las metáforas bíblicas tales como "el fruto del Espíritu", "el cuerpo de Cristo" y "caminando en la verdad". Pregúntate: ¿Concuerdan estas metáforas positivas con mi estilo de enseñar? ¿Concuerdan con la totalidad de mi salón de clase?

Las metáforas seculares comunes

Una serie dominante de metáforas que se usan frecuentemente en los círculos de educadores profesionales, ven al maestro como el experto, el que toma decisiones, el gerente o un técnico científico. Estas metáforas han servido como las fuentes principales del llamado movimiento "enseñanza efectiva" que representa una manera de enseñanza que se ha fomentado y enseñado en programas universitarios de capacitación de maestros. "La enseñanza efectiva" llegó e ser el grito de batalla promovido por la investigación educacional, especialmente por los estudios que se realizaron en las décadas de los 50's y 60's. Los investigadores cuidadosamente documentaron las conductas de unos supuestos maestros expertos tratando de identificar las huellas, características, competencias y acciones que aparentemente llevaron a un proceso de aprendizaje exitoso.[2]

Últimamente el método de "enseñanza efectiva", junto con sus metáforas de experto, el que toma decisiones, el gerente y el técnico científico, ha recibido una crítica creciente.[3] Además de tu punto de vista cristiano, estas metáforas deben ser cuidadosamente evaluadas. ¿Puedes ver las aplicaciones negativas de cada una de estas metáforas? El maestro como experto sugiere que tus niños son tontos, al grado que sus experiencias y perspectivas no son tan importantes. El maestro como alguien que toma decisiones y es un gerente implica que los estudiantes puedan ser manipulados y no tienen que ser consultados. Y, si vemos al maestro como un técnico científico (alguien que basa sus enseñanzas sobre la aplicación de los resultados de las investigaciones), disminuimos los elementos personales humanos e impredecibles de la enseñanza.

Como reacción a los métodos científicos y de la "enseñanza efectiva", las filosofías que presumen una alternativa de educación, han salido.[4] Éstas tienden de ser muy orientadas hacia el niño y prefieren usar metáforas como jardinero o enfermera. El niño es como una planta, listo para crecer y florecer naturalmente, mientras que reciba la cantidad adecuada de luz, calor y agua. Entonces el maestro tiene que preparar un ambiente en el cual los niños puedan llegar a su pleno florecimiento, o se ve al niño como sano pero propicio a una u otra infección. Entonces, como una enfermera, el maestro tiene que proveer condiciones sanas y ocasionalmente un medicamento para ayudar al niño a recuperarse y florecer. Si el niño muestra un problema de enojo, una corrección amable puede ser necesaria.

Otros ejemplos de metáfora

Muchas filosofías de la educación proponen sus metáforas preferidas. Supón que fueras un perennialista cuya meta principal es transmitir la sabiduría clásica de todas las edades. ¿Cuál sería la metáfora más apropiada? Te verías poniendo cubetas de conocimiento en cabezas huecas (o depositando fondos en una cuenta bancaria que no tiene dinero, una metáfora que Pablo Freire usa).[5] Enamorado por este método de transmisión, tal vez te gustaría mucho la metáfora de sargento. Por otro lado, si fueras un progresista empedernido, te verías como un facilitador o entrenador deportista. Preguntando a los educadores que declaren sus metáforas favoritas de enseñanza a menudo revelan acertadamente su orientación filosófica.

También los cristianos usan varias metáforas. Por ejemplo, Henry Nouwen, habla de la educación como un proceso violento o redimido.[6] Ésta es una metáfora muy fuerte. Reconociendo que los maestros pueden enseñar de una manera violenta—a través de las estrategias del aula unilaterales, de alineación y de competencia—debe causar reflexión y dar más peso a la advertencia de Santiago, que los maestros serán juzgados más severamente que los demás. Parker Palmer sugiere que la enseñanza es para crear un espacio dentro del cual la verdad puede revelarse.[7] Tal metáfora está cargada de significado y nos motiva a ver a una clase muy distinta que un circo o un campamento de entrenamiento militar.

Otras metáforas también merecen discusión. Recientemente Alfonso Montouri describió el salón de clases ideal como análogo a un grupo de jazz.[8] Dice que una clase y un grupo de jazz son similares en cuanto a la creatividad, el aprendizaje, la colaboración y la organización social. En tal clase, los estudiantes y el maestro están afinados el uno con el otro, y por así decirlo, pueden improvisar en el camino a través del currículum. Kieran Egan propone que la enseñanza es como contar una historia.[9] El ha desarrollado diferentes maneras de transformar materiales curriculares en historias contadas completas, con su complot, suspenso y resolución. Alan Tom describe la enseñanza como un oficio moral.[10] Esta idea ha llevado a Harro VanBrummelen a ver la enseñanza como un oficio religioso.[11] La enseñanza es un oficio que involucra tanto el conocimiento como la intuición personal. Pero el oficio de enseñar no

es solamente moral sino también religioso como Harro VanBrummelen nos recuerda.

En su libro reciente, *The Courage to Teach* (La valentía de enseñar), Parker Palmer amplifica la metáfora aplicándola a su propio estilo de enseñanza. Después de explicar a lo que una buena clase debe parecer, "un espacio donde el maestro y los alumnos puedan inquirir comunalmente acerca de la verdad," describe su metáfora así:

> Puedo ilustrar tanto el riesgo como el beneficio a través de explorar mi propia metáfora. Me llegó hace más de veinte años en circunstancias ya olvidadas; cuando estoy enseñando soy como un perro pastor—no como los tipos grandes de pelo largo y muy cariñosos, sino como los colies, muy eficientes, trabajando en los pastizales de borregos.
>
> Una vez observé tales perros trabajando en los campos rocosos de Escocia y puede ser que sea allí donde esta imagen hizo huella en mí, aunque la enseñanza estuviera muy lejos de mi mente. Pero mientras desenvolví el significado de mi metáfora... empecé a comprender que la imagen de perro pastor ofrece unas huellas a mi identidad e integridad como maestro.
>
> En mi imaginación... el perro pastor tiene cuatro funciones vitales. Mantiene un espacio donde los borregos pueden pastar y alimentarse; mantiene a los borregos juntos dentro de ese espacio, constantemente juntando a los apartados; protege los límites del espacio corriendo a los invasores peligrosos; y cuando se acaba el pasto, mueve a los borregos a otro espacio donde puedan alimentarse adecuadamente.[12]

En suma las metáforas proveen un camino importante para que los maestros investiguen sus métodos de enseñanza.

Una metáfora para enseñar cristianamente

Introduzco el concepto de enseñar cristianamente usando metáforas, es decir, el maestro como artesano y el maestro como guía.

Artesano

Sobre este punto sigo a Alan Tom y a Harro VanBrummelen. ¿Qué es artesanía? Piensa acerca de los zapateros medievales. Ellos eran artesanos; hicieron zapatos normales pero pusieron su marca personal en cada zapato. Sé de un erudito que puede revisar un zapato medieval y decirte de que fue hecho y quien lo hizo. El zapato era como cualquier zapato, sin embargo podía ser identificado sin error como producto personal. Un cirujano también es un artesano. No hay dos cirujanos que hagan una incisión igual, sin embargo siguen las reglas establecidas científicamente.

Entonces un oficio o artesanía tiene dos dimensiones:
(1) Una dimensión universal,
compuesta de elementos comunes que todos los artesanos
adiestrados saben y practican;
y (2) una dimensión personal
que permite que los artesanos
muestren sus cualidades per-
sonales e intuitivas en el trabajo. 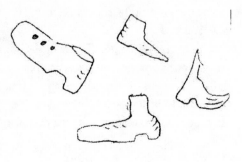 Así podemos considerar la enseñanza,
como el trabajo del zapatero y del cirujano, como un oficio: (1) hay un
elemento universal que todos los maestros adiestrados saben (con frecuencia descubierto a través de la investigación educacional); y (2) hay
elementos personales e intuitivos, como la personalidad y los dones del
maestro individual que hace que cada maestro sea exclusivo.

Si quieres enseñar cristianamente, mírate en ti mismo como un artesano. Tienes que saber, por un lado los adiestramientos básicos técnicos
que todos los buenos maestros practican. Probablemente estos fueron
enseñados en tu programa de preparación pedagógica. Estos conocimientos básicos incluyen el entendimiento de como los niños aprenden,
como traducir el material del currículum a conocimiento pedagógico,[13]
y las reglas básicas pare el manejo efectivo del salón de clases. Por otro
lado, tienes que reflejar detenidamente en los dones personales y especiales que quieres transmitir en tu práctica pedagógica. Tienes que reconocer y aprovechar tus áreas fuertes y minimizar tus áreas débiles. Desarrolla tu propia metáfora y estilo, y no imites apegadamente el modelo, por
decir algo, de tu maestra idealizada de segundo grado de primaria.

Sobre todo, siempre busca la imagen para sujetar tanto la dimensión
universal como la personal, de tu oficio de enseñar, a la voluntad de
Dios. ¿Cómo se hace esto? Se hace a través del estudio continuo, las
discusiones, la reflexión, la meditación, la lectura bíblica y la oración.
Debido al hecho de que la dimensión universal a menudo se determina
por medio de las investigaciones educacionales, tú y yo como maestros
profesionales, tenemos que saber acerca de tales investigaciones y poder
evaluarlas con una perspectiva cristiana. Tales análisis y evaluaciones requieren una articulación filosófica cristiana de la educación como base.

También nuestros elementos personales deben ser analizados a la luz
de la Palabra de Dios. La autorreflexión de este tipo no es tan fácil, no

es algo que podamos lograr dedicando unos cuantos minutos a la tarea, de vez en cuando. Tenemos que progresar y estimular un desarrollo significante del personal que ayude a los maestros a tomar muy en cuenta estos tipos, tan importantes, de evaluación. Urge a tu director y colegas a promover la autorreflexión, la observación mutua de las clases y el uso de las conferencias magistrales. Anima al liderazgo de tu escuela a proveer más tiempo para este tipo de actividades tan indispensables.

Guía

Como maestro cristiano no eres sólo un artesano, sino también un guía. Para clasificar ampliamente esta metáfora debemos extenderla para incluir la totalidad del salón de clase. ¿Cuál metáfora podemos utilizar para describir la situación de una clase cristiana? Sugiero que te mires a ti mismo y a tu clase como un conjunto de viajeros en un viaje de *viatores*, como las personas medievales pensaban de ellos mismos, como "compañeros de viaje."[14] A veces hablamos de la vida cristiana como un peregrinaje, y los cristianos como peregrinos. Supongo que "viajeros" puede ser un término mejor: los peregrinos se enfocaron demasiado en el destino más que en el via-je. En cambio los viajeros, si son como yo, tomaron en cuenta el terreno donde se encuentran; quieren parar a observar los pájaros e iden-tificar las flores silvestres en el camino.

Viendo el salón de clase como un conjunto de viajeros en un viaje de aventura implica una serie de temas importantes. Primero el viaje seguramente tiene un destino. Los "*viatores*" no están caminando sin un rumbo fijo. Aunque hay desviaciones y caminos secundarios al camino principal, los viajeros tienen fijado un destino. Por lo tanto, como maestro cristiano viajando con tus alumnos, tienes que pausar frecuentemente a preguntar: ¿Qué tan lejos hemos viajado hoy? ¿Estamos más cerca a nuestro destino que ayer? ¿Cómo podemos progresar mañana? ¿Tengo el destino correcto en mente? ¿Está funcionando correctamente mi compás? ¿Está yendo esta compañía de estudiantes hacia la adquisición de conocimiento y el discipulado competente?

En segundo lugar, el viaje va a través de un terreno. Para tus alumnos, este terreno está muy compuesto de curriculum. Hay que considerar el relieve del terreno. A veces el camino está en buenas condiciones, otras veces parece que estás viajando por una zona de construcción. No importa, lo que es claro es que para avanzar en el viaje alguien debe tener un mapa y saber como franquear el camino. Alguien tiene que saber exactamente a donde viajar y como atravesar y sobrepasar los diferentes obstáculos que inevitablemente se encuentran. Estas necesidades nos traen al tercer tema: alguien en la compañía de viajeros tiene que funcionar como el guía. Y ya lo adivinaste: tú eres el guía.

Como maestro tienes que funcionar como un guía de conocimiento (conociendo el mapa) y competente (sabiendo franquear el terreno). El conocimiento del mapa, implica además, que conozcas el destino. Si quiero ir de pesca en las áreas remotas de Ontario, empleo un guía que me pueda guiar al destino correcto: donde están los peces. Si después de unas horas de estar navegando por los ríos y lagos, el guía dijera: "¡Bueno, sugiero que lo intentemos aquí! No tengo la menor idea dónde están ni dónde se encuentran los peces grandes, pero me parece un buen lugar." Estaría justamente molesto con la tentación de despedir al guía, porque este guía no es guía: no sabe adonde guiarme.

Fíjate, entonces, que guiando, si es guiar verdaderamente, es un propósito. Tiene que tener rumbo. No puede subrayar este punto suficientemente. No puedes ser un maestro auténticamente cristiano, creo yo, si no te paras frecuentemente: ¿Estamos en el rumbo correcto? ¿Estamos yendo hacia el destino? ¿Estamos continuamente buscando el conocimiento y una disciplina competente?

Fíjate también que no estás con tus alumnos en un viaje de vida. Como maestro tenemos alumnos en nuestras clases por un poco de tiempo, tal vez un año y luego empezamos el viaje con otro grupo. Entonces el destino que queremos alcanzar no está a un futuro distante, sino relativamente cerca. Teniendo los alumnos por un corto periodo, subraya la importancia de que la escuela esté de acuerdo con el destino al cual cada maestro está guiando una parte del viaje. Los padres de familia también tienen que entender y acordarse del destino.

Una palabra final

Para relacionar las dos metáforas de artesano y guía, necesitamos regresar a lo que vimos hace un momento, es decir, que el guía tiene que saber y ser competente. De hecho, el acto de guiar en sí mismo, puede considerarse como un oficio. Se muestra las dos dimensiones universal y personal: hay cosas que todos los buenos guías tienen que saber y hacer, pero las hacen a su manera práctica y personal. El guiar, entonces, no es andar sin un rumbo fijo. Al contrario, tiene que ser conducida de manera de artesano, basadas sobre el conocimiento sólido, y gobernadas por una intuición inspirada y personal.

En los siguientes capítulos voy a relatar en esta metáfora, mediante una descripción más especifica, como son el guiar, el desarrollar y el capacitar. Como un maestro guías a tus alumnos hacía un destino, es decir, a lograr los propósitos educacionales que descubrimos en el capitulo anterior. Se hace a través de una comprensión del relieve del terreno sabiendo a dónde van a atravesar el terreno, el conocimiento de las diferentes habilidades y el contenido que van a aprender. A través del guiar y del descubrir, permites que tus alumnos puedan funcionar cómo discípulos del Señor, competentes y con el conocimiento adecuado. Veamos más detenidamente este cuadro.

Enseñando cristianamente: Dibujando el cuadro

Alex: ¡Caray, como tuve problemas hoy! ¡Parecía que los chamacos estaban resueltos a perder su tiempo! Es tan frustrante—me siento fuera de control.

Lisa: Pues, el principio de "tiempo dedicado a la tarea" no tiene siempre que empujar tus clases ¿verdad?

Alex: El principio de "tiempo dedicado a la tarea" es un principio cristiano, Lisa. LaEscritura nos enseña a redimir el tiempo. Trabajar sin descansar, digo yo. Es la única manera de que los chicos aprenden a ser productivos y eficientes.

Lisa: No estoy tan segura, Alex. ¿Y que acerca de Nicole? Es una alumna que necesita un ambiente más relajado si va a aprovechar el estudio al máximo. El principio de "tiempo dedicado a la tarea" podría paralizarla y apagar su curiosidad.

Enseñar: ¿Qué es?

¿Listo para hacer un pequeño examen? Aquí tienes tres preguntas. A ver si puedes contestarlas correctamente. ¡Asegúrate poder sostener tus respuestas con argumentos lógicos!

1. ¿Qué significa la palabra *enseñar*?

2. ¿Cuál es la diferencia esencial entre la actividad de enseñar y otros tipos de actividades humanas?

3. ¿Cuál es la diferencia entre enseñar y entrenar?

Para crédito extra añadamos otra tarea:

> Distingue claramente entre los siguientes términos: enseñar, instruir, informar, ser tutor, ejercitar, adoctrinar, amaestrar, y la educación en general.

Bueno, ¿qué tal tus respuestas? Es obvio que no es fácil, ¿verdad? Contestando preguntas como éstas no es fácil. Los educadores y filósofos las han discutido por siglos. Un payaso sugirió que si no puedes *hacer* algo, enséñalo.[1] Entre las definiciones más serias que han sido ofrecidas, hay dos que han aguantado la prueba del tiempo. Una de estas sugerencias fuertes mantiene que el enseñar, en su núcleo, significa "transmitir o impartir el conocimiento." El otro punto de vista es que el enseñar es equivalente a "entrenar a otros a realizar ciertas habilidades" (tales como leer, escribir, pensar críticamente y resolver problemas).

Hace sesenta años, empezó en serio la investigación científica de la pregunta ¿qué, exactamente, es enseñar? y esta investigación aun no está terminada.[2] Los intereses de la investigación oscilaron entre: definir la naturaleza esencial de la enseñanza hasta describir las características y capacidades del maestro, y el comportamiento en el salón de clase. En la investigación fueron incluidos asuntos como la relación entre enseñar y aprender. Por ejemplo,

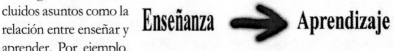

Enseñanza ➡ Aprendizaje

una cuestión importante fue: ¿Implica la enseñanza el aprendizaje? ¿Hemos realmente enseñado si nuestros alumnos no han aprendido? Es decir, ¿es posible definir la enseñanza en términos del resultado? Fue la meta de esta investigación de comprender que es lo que distingue a un maestro eficaz de un maestro ineficaz. Pero vamos a dejar a un lado estos rompecabezas fascinantes. Un libro que se trata de la historia de la pedagogía sería muy útil aquí. Tal vez lo escribiré algún día.

Tres Maneras

No importa tu definición, puedes enseñar, por lo menos, de tres maneras diferentes. Veamos primero al Sr. S. El Sr. S es un maestro que entra en su salón de clases en la mañana, enseña con confianza todo el día, y sale de la escuela a las 4:30. ¿Dices que es un maestro dedicado? Sí, pero hay un problema. Durante todo el día no hay ni siquiera una vez lo que el Sr. S piense en lo que el Señor Jesús dice acerca de lo que hace en su salón de clase. De hecho, el Sr. S cree que la cuestión del Señor Jesús y su voluntad no tienen que ver con la clase en absoluto. Su enseñanza secular es enseñanza que simplemente ignora al Señor y deja a un lado lo que el Señor quiere. Claro que esta manera de enseñar no es una opción para ti.

Ahora, imagina nuestra segunda maestra, la Sra. D. La Sra. D da clases a tercer año en una escuela secundaria cristiana. Ella empieza el día con su oración acostumbrada y un devocional. Aun pide peticiones de oración. Pero cuando la Biblia está cerrada y los libros de cantos guardados, la Sra. D vuelve a enseñar las materias de una manera virtualmente idéntica a una maestra en una escuela pública, que no es cristiana. Esta forma de enseñar la llamo "simplemente enseñar." Como vimos en un capítulo anterior, "simplemente enseñar" sugiere un planteamiento dualista. El aspecto "cristiano" de enseñar está reducido a un tiempo de una actividad devocional, usualmente reservado para el principio y el fin del día escolar. El resto del tiempo en la clase es simplemente normal

Pero hay una tercera manera. La manera de enseñar en una forma verdaderamente cristiana, el tipo de enseñanza que trata este libro. Esta es la manera de enseñar que surge de una filosofía de la educación fundada en una cosmovisión bíblica, integral, abarcando toda la vida. Por supuesto, no importa como la percibes, tu cosmovisión determina tu definición de enseñar y tu practica en el salón de clases. El Sr. S, por ejemplo, supone un mundo en el cual Dios es irrelevante. La Sra. D, por otra parte, probablemente es una cristiana que cree en la Biblia, pero abraza una filosofía que divide la vida en dos esferas claramente demarcadas: una esfera de lo sagrado, que debe ser practicada al principio y al fin del día escolar, y una esfera de lo secular, que consta de las materias que ella enseña.

La enseñanza y la cosmovisión

Tomemos un vistazo más detallado de como tu cosmovisión y perspectiva de la vida afectan tu definición de enseñar y tu entendimiento de cómo deberías enseñar. Recuerda que tu cosmovisión no está limitada a generalizaciones acerca de Dios y la humanidad, o una colección de verdades teológicas. Como maestro, tu cosmovisión controla lo que crees, no sólo acerca de la impresión general, pero también la materia, los niños y los propósitos de tus esfuerzos en el salón de clases.

Toma, como una ilustración, la Sra. P, una verdadera maestra perennialista. Alguna vez, en tu curso de educación para ser profesor, estoy seguro que has aprendido algo acerca del perennialismo, una filosofía de la educación con una tradición larga. Conforme al perennialismo la Sra. P ve al mundo como un lugar bastante estable. "Nada nuevo bajo el sol," es su lema. El cambio y desarrollo son sólo alteraciones de una situación perennal. De acuerdo con esta suposición, se entiende que las materias enseñadas en las escuelas deben reflejar la sabiduría inalterable de los escritores clásicos. La Sra. P aprueba un plan de estudios con mucho enfoque en los "grandes libros" de la tradición de las humanidades del occidente. Lo que era bueno para los antiguos, dice la Sra. P, es bueno para los jóvenes de hoy. ¿Y qué son los jóvenes? Según la Sra. P, vienen con las manos vacías (o, más bien, las cabezas vacías) al maestro, para ser llenados con la sabiduría de los siglos. Entonces, ¿cuál es el propósito de la educación? Es que nuestros alumnos adquieran esta sabiduría. Nota que estos temas determinan como debemos ver la enseñanza. Enseñar con esta perspectiva perennal puede ser definido como la transmisión de la información. Los maestros funcionan como intermediarios entre el pasado clásico y las cabezas vacías enfrente de ellos en el salón de clases.[3]

Obviamente, sí vamos a describir la enseñanza de una manera cristiana necesitamos ser explícitamente conscientes de nuestra cosmovisión fundamental, luego necesitamos revisar si nuestras propias definiciones de enseñar conectan con nuestra filosofía de la educación o no. Compara una cosmovisión auténticamente cristiana con la posición perennal de la Sra. P. Un punto de vista bíblico no resulta en nociones de un mundo de sabiduría clásica, que nunca cambia. Al contrario, iluminados por la Palabra y el Espíritu, empezamos con una visión de la creación de Dios, dinámica y maravillosamente compleja. Frente al telón de fondo

de la creación, brillante e imponente del Señor, las Escrituras describen el pecado humano que trajo a la existencia el sufrimiento y el gemir de la creación entera, esperando la redención. Las Escrituras abren nuestros ojos y oídos a la obra de Jesucristo por medio de contar la mejor historia de todas; una historia de la reconciliación de todas las cosas.[4] Las Escrituras nos aseguran que el conocimiento no es primeramente una cuestión de las humanidades o de la investigación científica, sino que es un entendimiento profundo de cómo es el mundo, a quien pertenecemos, y de lo que tenemos que hacer, como agentes de su reconciliación. Nuestros niños no son recipientes vacíos, como la Sra. P quisiera que creyéramos, sino que son únicos, dotados, y portadores de la imagen del Señor, preciosos a sus ojos, capaces de contribuir, y que deben ser tratados con el mayor respeto. Consecuentemente, el propósito de nuestros esfuerzos en la clase no puede ser simplemente la transmisión de perspicacia intelectual y clásica, sino, más bien, tiene que equipar a la totalidad de la persona en nuestros niños para que sean discípulos con conocimiento y competencia en un mundo de dolor.

La definición de enseñar en el salón de clases

De acuerdo con esta filosofía de la educación, brevemente explicada aquí, propongo definir la enseñanza así: Enseñar es una actividad multidimensional y formativa que consiste en guiar, desarrollar y capacitar. Fíjate que esta definición incluye tres conceptos claves: multidimensional, formativo, y guiar/desarollar/capacitar. Quiero examinar cada uno de estos temas en más detalle. Los primeros dos los voy a explorar en este capítulo, el tercero en el siguiente.

Multidimensional

La actividad de enseñar es extremadamente compleja. Sin embargo, con más reflexión podemos discernir una variedad de dimensiones.[5] Puedes pensar que estas dimensiones son como funciones. Cada una de estas funciones—como el resto de la vida—tiene un carácter normativo. Es decir, que cada una de estas dimensiones *debería* ser parte de tu actividad de enseñar en una forma normativa. Aquí, "normativo" significa, "conforme a la voluntad y la invitación del Señor." Claro que no es siempre fácil determinar cual es exactamente la voluntad del Señor en cada caso. Tal determinación requiere oración continua, un caminar cerca del Espíritu de Dios, y mucha reflexión y discusión comunales.

Como tal, cada función del acto de enseñar debe manifestar un carácter normativo, así es posible que se exprese de una forma desobediente, deformada y no normativa. Cuando observes tales distorsiones en el salón de clases, intuitivamente sientes que algo anda mal. Sientes que tal "antinormatividad" no es conforme a la voluntad del Señor, y que no es una reacción apropiada a como Dios diseñó su creación y a la manera en que él nos invita a vivir.

¡Pero basta de estas abstracciones! Examinemos algunas de estas funciones como ocurren en nuestra práctica cotidiana de dar clases e identifiquemos sus expresiones normativas y no normativas.

La Fe

Todas las enseñanzas llevan el mensaje de lo que cree el maestro. De hecho, este aspecto se puede entender como la función de establecer la dirección. Como notamos cuando hablamos del carácter cristiano de nuestra enseñanza, nuestra fe determina como ordenemos y conduzcamos nuestras vidas. Nuestra fe es una expresión directa del compromiso de nuestro corazón: lo que vive en nuestros corazones se expresa en todas las actividades de nuestras vidas. Como el anciano sabio declaró: "Sobre toda cosa guardada, guarda tu corazón; porque de él mana la vida."[6] Entonces, ¿cómo debería nuestra fe dirigirnos de una forma normativa? Sabes la respuesta igual que yo: Tenemos que estar comprometidos con el Señor como el Rey de reyes y el Señor de señores, que significa que no sólo debemos *reconocer* que Cristo es el Señor de todas las partes de nuestra practica de enseñar, sino que también realmente intentemos *alinear* la totalidad de nuestra práctica de enseñar con la voluntad de Dios. Lo que *creemos* acerca de Dios, el mundo y la humanidad influirá en nuestras decisiones de instrucción y planes de estudios.

Es fácil que este aspecto tome una dirección no normativa. Por ejemplo, piensa en el método dualista y en el "simplemente enseñando" de la Sra. D. Piensa en la fe de la Sra. P, en el valor irrebatible de la sabiduría clásica. O, como el Sr. S, podemos tomar un enfoque virtualmente secular de nuestra práctica de enseñar.

La confianza

Enseñar, de una manera cristiana, requiere la cultivación de las relaciones de confianza en nuestro salón de clases. Los alumnos no aprenden bien con maestros en los que no confían. El mantenimiento de relaciones de confianza es una reacción normativa a este aspecto. Tales relaciones de confianza deben existir entre alumno y maestro, alumno y director, y entre todos ellos y el Señor. Tal confianza implica que no fallaremos, ni nos abandonaremos los unos a los otros. Significa que podemos compartir nuestros problemas y dificultades con confianza.

Desgraciadamente, en algunos salones de clase este aspecto se expresa en formas no normativas. A veces encontramos situaciones en las cuales los alumnos no confían en el maestro—creyendo que el maestro los quiere traer abajo. Ocurre demasiado que los alumnos no confían los unos en los otros. A veces una clase entera refleja un ambiente de desconfianza y sospecha, resultando en problemas serios de disciplina. La disciplina severa puede parar estos problemas, pero tal tipo de actitud simplemente reafirma la antinormatividad de una situación esencialmente malsana, y poco cristiana.

La imparcialidad

Cuando pido a mis alumnos de preparatoria que hagan una lista de las características de sus mejores y peores maestros, la noción de imparcialidad entra a la discusión muy pronto. Este aspecto de tu enseñanza se manifiesta en una forma normativa cuando tratas con los alumnos de una manera justa en todos los aspectos. Es decir, debes ser justo en las tareas que les das para la evaluación de su trabajo, y en el ejercicio de la disciplina. Los alumnos usualmente están muy perceptivos en este aspecto. Cuando un maestro muestra favoritismo o es inconsistente, ellos lo sienten inmediatamente.

La imparcialidad no quiere decir que le das a cada alumno la misma cantidad de atención. Haciendo eso puede parecer justo, pero en realidad puede ser muy injusto. Unos alumnos necesitan más atención que otros. La imparcialidad no puede ser determinada con una formula de matemáticas. La justicia verdadera siempre es moderada por la misericordia y por una sensibilidad penetrante a las necesidades de los alumnos.

La creatividad y la imaginación

¿Es la enseñanza un arte o una ciencia? Esta cuestión refleja otro debate antiguo.[7] Podemos conectar este debate, quizás, más cerca de nuestra discusión anterior de la enseñanza como un arte. En un sentido, el carácter científico puede ser asociado con la dimensión de arte universal, y el aspecto artístico es esencialmente presente en el sabor personal que un maestro le pone a su trabajo.

Tu forma de enseñar debería reflejar un espíritu imaginativo y juguetón.[8] Tus lecciones deberían ser diseñadas creativamente. El mismo ambiente del salón de clase debería mostrar un carácter estéticamente agradable, y estimulante, con condiciones favorables para aprender. Es interesante, en general, que los maestros de la primaria ponen mucho mas atención al ambiente del salón de clase que los maestros de la secundaria. Aun diferentes materias parecen afectar la imaginación estética del maestro. Yo he visto clases de computación que se ven estériles, reflejando una tecnología insensible. También he visto tales salones decorados con plantas verdes y un acuario en la esquina, para recordar a los alumnos que la tecnología no puede estar divorciada de una creación viva, que respira.

Cuando nuestra enseñanza llegue a ser aburrida, o mecánica, respondemos anti-normativamente a nuestra llamado a ser maestros. Igualmente, cuando ignoramos el escenario del salón de clases fallamos en el intento de hacer justicia al aspecto estético de nuestro trabajo de enseñar.

Marcando el paso

Esta función se centra en la buena mayordomía en vez del desgaste de tiempo y recursos. ¿Diriges tus lecciones con eficiencia apropiada o gastas el tiempo nada más? ¿Provees tiempo suficiente para que los alumnos hagan su mejor trabajo, o les cortas el tiempo de alguna manera para que hagan sus trabajos de prisa, con la preocupación de no tener suficiente tiempo para "cubrir el material"?

Esta dimensión de enseñar nos puede confrontar con dificultades serias. Muchos maestros son responsables por demasiados alumnos. Enfrentándose con una clase de más de treinta alumnos, una maestra se siente a menudo que no tiene otra opción que enseñar al nivel promedio de habilidad, así puede aburrir a los de mayor aprovechamiento hasta la indiferencia, y perder a los de menos aprovechamiento por completo. Como veremos en el capítulo 16, hay modos apropiados de tratar con esta situación. Sin embargo, en general, en las clases grandes es difícil responder normativamente a la dimensión de mayordomía de nuestro trabajo.

Una cuestión importante es: ¿Qué, en verdad, significa malgastar el tiempo en la clase? Aquí, de nuevo, tu filosofía de la educación tendrá un impacto. El movimiento de "enseñanza eficaz," al cual me referí antes, adopta la metáfora del maestro como el gerente, dándole así un carácter de negocios al salón de clases. Según esta filosofía, el maestro debe empezar a enseñar puntualmente al principio de la hora y seguir enseñando hasta el último segundo. Los alumnos deben sacar sus libros y hacer su tarea de una manera eficiente, sensata, y seria. El principio del "tiempo dedicado a la tarea" es una prioridad en este planteamiento. Se considera todo comportamiento que no se trata de la tarea como un pecado serio.

Siendo un maestro cristiano, debe estar muy sospechoso de este enfoque. El salón de clases no es una organización de negocios. Muchos alumnos tienen estilos de aprendizaje que requieren un ambiente relajado y sin prisa para que puedan aprender. El principio del "tiempo dedicado a la tarea" puede ser para ellos lo peor, posiblemente el tratamiento más injusto que puedan recibir de un maestro. Parker Palmer, quien sostiene que la enseñanza es "proveer un espacio" sugiere que introduzcamos periodos extendidos de silencio en nuestras clases.[9] ¡Tal silencio—haciendo nada— puede ser, a veces, la forma más productiva de impartir una lección!

La práctica buena y normativa de marcar el paso requiere mucha experiencia y una sensibilidad a las necesidades de los alumnos. No aplica ninguna regla rígida o definitiva.

Relaciones Sociales

Esta dimensión de tu práctica de enseñar es especialmente importante porque provee uno de los bloques básicos de la construcción que es necesario para formar una comunidad en tu clase. La comunidad es un concepto grande y rico, el cual consideraremos más tarde. En el contexto presente me limito al comentario de las relaciones interpersonales.

Una reacción normativa al aspecto social de enseñar consiste en animar a tus alumnos a crecer juntos, a establecer amistades íntimas, y en general, tratar el uno con el otro de una manera positiva, útil, y alentadora. Los problemas emergen cuando notas que tus alumnos empiecen a excluir a algunos y formen grupos exclusivos y facciones. Una preocupación particular es la influencia negativa de la presión de los compañeros de clase que desempaña un papel tan signifíco en las vidas de tus alumnos. Siendo un maestro cristiano, debes estar completamente familiarizado con la sicología de niños y adolescentes, y entender las fuerzas sociales en tu clase. Intenta ampliar tu habilidad de cambiar la influencia negativa, de la presión de los compañeros, a relaciones interpersonales positivas. Por ejemplo, un maestro me contó la siguiente anécdota: "Un niño de seis años de edad recientemente me dijo que mostrar el dedo índice en la forma de una 'L' a alguien es decirle que es un fracasado. Tenía la oportunidad dorada de desafiar su pensamiento del valor de cada ser humano creado a la imagen del Creador, y de fomentar relaciones interpersonales positivas."

La comunicación

Mucha de nuestra enseñanza usa el lenguaje. No necesito recordarte que debemos usar el lenguaje con claridad y precisión. Como en todas las prácticas sociales, las relaciones se derrumban cuando la comunicación fracasa. Las frases oscuras y vagas deben ser evitadas.

Usando el lenguaje claro, preciso, gramaticalmente correcto y estilísticamente aceptable, provees un modelo bueno para tus alumnos. Cuando escribes incorrectamente en el pizarrón o dejas el buen uso del lenguaje, tus alumnos aprenderán que el lenguaje descuidado, aun equivocado, es aceptable. También modelas a los alumnos, haciéndoles ver, que las palabras tienen poder y connotaciones. Por ejemplo, usar el lenguaje que incluye a ambos sexos comunica que ambos, los hombres y las mujeres, *tienen valor* y que se toman a ambos en cuenta. En nuestro día el buen uso del lenguaje frecuentemente está bajo ataque, entonces es importante que tomes en serio este aspecto de tu enseñanza.

Planeando y evaluando

Este tema se expresa en la planeación cuidadosa de las unidades y lecciones, en la secuencia organizada de actividades de aprendizaje y en la exposición del pensamiento claro en nuestras clases. Improvisando y haciendo un análisis vago, se hace daño a nuestra eficacia como maestros cristianos.

Por supuesto, no todo lo que haces en tu clase debe ser planeado cuidadosamente con anterioridad. Tal suposición te da un empujón en la dirección de tecnicismo, un planteamiento que fomenta la creencia de que la ciencia y la tecnológica son las claves para ordenar nuestras vidas. Mucho del movimiento de "enseñanza eficaz" al cual nos referimos antes, ha estado construido sobre esta suposición. Cuando se reduce la enseñanza a los meros conocimientos prácticos tecnológicos con poco lugar para la espontaneidad, torpedeamos el significado lleno y rico de enseñar de una manera cristiana. Pero, ser flexibles no es un pretexto para planear descuidadamente. Necesitas invertir el tiempo y la energía para emparejar la mejor pedagogía con la materia que vas a enseñar. Y siempre toma tiempo para reflexionar en tu forma de enseñar. Considera usar un diario en el cual, al fin de cada día, puedes escribir algunos comentarios acerca de lo que estuvo bien, y lo que se puede mejorar. Sobre todo, reflexiona sobre el grado que has trabajado para alcanzar la meta de un discipulado competente y entendido.

Los sentimientos

A causa de una tradición del intelectualismo platónico, los sentimientos y las emociones frecuentemente están reprimidos en nuestras clases. No te detengas para promover la expresión de las emociones. En el salón de clases hay tiempos para estar gozosos, tristes, y tener indignación santurrona. Tales expresiones de emoción deben estar cultivadas cuidadosamente. El Señor nos creó como criaturas emocionales. Es una ofensa a él actuar como si este aspecto no importara, o peor, como si no existiera. Los maestros pueden ser modelos eficaces si demuestran juiciosamente cómo ellos mismos tratan sus propios sentimientos.

La dimensión emocional también se muestra normativamente o antinormativamente en la sensibilidad que los maestros exhiben hacia sus alumnos. Ni una conducta dura y fría, ni una actitud frívola de que todo se puede, tiene un lugar en la clase cristiana.

Finalmente, sentimos la importancia del aspecto emocional cuando reconocemos que los sentimientos afectan nuestra forma de enseñar. No conozco ninguna otra profesión en la cual te sientes afectado tan profundamente en tu trabajo como en el trabajo de enseñar. Por eso, es necesario que los maestros se mantengan saludables emocionalmente, y físicamente en forma. Si un maestro no tiene todo bien, los alumnos en su clase van a sufrir. Como una comunidad, la plantilla, el director, y los padres pueden animarse unos a otros y apoyarse unos a otros en los días difíciles.

Algunos otros aspectos

La vivacidad y la intensidad son cualidades que requieren tu atención. Tu salón de clases debería ser un lugar animado, no un corral aburrido y estéril. Cuando los alumnos se quejan que la clase es aburrida, no descartes simplemente sus criticas como tonterías ignorantes e irresponsables. En vez de eso, no dudes en hacerte unas preguntas difíciles: ¿Está viva mi enseñanza? ¿Presento mi material de la manera tan dinámica, entusiasta, y valerosa que se pueda? Por supuesto, es irrazonable esperar que cada día y todo el día vayas a estar en tu mejor nivel de energía y viveza. Sin embargo, creo que la viveza y el entusiasmo son cualidades que se pueden cultivar.

Finalmente, menciono lo que podemos describir como "dimensiones del contexto" de enseñar en un salón de clases. Estoy pensando no solamente en la ubicación en donde ocurre la enseñanza, es decir, los entornos apropiados e instalaciones adecuadas, sino también en el contexto institucional y de los programas apropiados. Enseñando de una manera cristiana requiere un programa compatible, colegas que apoyen, y una comunidad que compartan la misma visión de la escuela. Los contextos como estos no ocurren automáticamente. Necesitan estar alimentados a través de un liderazgo efectivo y de oración.

Lo formativo

El segundo componente clave en mi definición de enseñar es el concepto "formativo."[10] Podemos identificar algunas características esenciales que distinguen nuestra enseñanza de otras cosas multidimencionales que hacemos, como orar, pintar cuadros, dirigir una empresa, o jugar fútbol.

El uso del termino "formativo" resuena con la mayoría de los maestros, porque a menudo creemos que los maestros "forman" o "moldean" a sus alumnos—preferiblemente a la imagen del maestro—como si los maestros fueran alfareros, y los alumnos, arcilla. Sin embargo, tal metáfora es probablemente demasiado fuerte, porque en realidad no podemos formar o moldear a nadie. Solamente la Palabra y el Espíritu pueden hacer esto. Recuerda el comentario de Pablo acerca de él mismo plantando, y Apolo regando, pero Dios dando el crecimiento.[11] Lo formativo, entonces, no significa "formando," sino simplemente "ejercer una influencia formativa." Esta palabra sugiere la actividad intencionada de llevar a cabo el cambio y el desarrollo. Aunque lo "formativo" es una dimensión de todo tipo de actividad humana, la enseñanza toma un papel central. Indica el cambio esencial que estamos buscando lograr, por medio de nuestra enseñanza, es decir, el aprendizaje.

La idea de lo formativo no se puede entender aparte de su conexión al propósito de enseñar. Lo que tomamos para ser nuestra meta educativa determinará de qué tipo de formación estamos hablando. He aducido que la meta de la enseñanza cristiana es preparar para un discipulado entendido y competente. Lo formativo, entonces, en nuestro sentido de la palabra, significa ejercer una influencia que pone a los alumnos en el camino hacia el discipulado.

No quiero sugerir que lo "formativo" lleva a fines predeterminados. Debemos evitar la idea de que nuestros alumnos puedan estar manipulados, que son simplemente objetos para ser sujetados a la destreza de los maestros. Si hace algo, nuestro "formar" debería ser la preparación de nuestros alumnos para que sean auto-dirigidos, en acorde con la voluntad de Dios.

La naturaleza formativa de enseñar muestra de nuevo la responsabilidad sobrecogedora que tú y yo asumimos cuando entramos en nuestros salones de clases. El acto de enseñar nunca puede ser simplemente la diversión y los juegos, o el contar historias interesantes, o hacer a los alumnos practicar varias aptitudes. Claro, estos ciertamente son maneras legítimas de enseñar. Pero recuerda: todas las formas de enseñar ejercerán inevitablemente una influencia formativa sobre tus alumnos. La cuestión primordial que da mucho en que pensar es: *¿Qué tipo* de influencia formativa?

La actividad formativa se expresa en el tercer componente de enseñar, es decir, las funciones de guiar, desarrollar y capacitar. Ahora paso a estos temas.

Enseñando cristianamente: Enfocando la imagen

Ken: Entiendo que están hablando de traer un segundo maestro de Biblia a la escuela. ¡Tremendo!

Lisa: ¡Qué bien! Era hora. Podemos ocupar mucho estudio de la Biblia. Ken, ¿por qué crees que es una buena idea?

Ken: Sabes, como el director siempre nos insta a todos a convertir a todos nuestros alumnos en bonitos discipulitos cristianos. Pues, apenas tengo tiempo para cubrir lo que tengo que enseñar. Otro maestro de Biblia va a ayudar a quitar parte de la carga que tenemos de discipular a los alumnos.

Lisa: Temía que dijeras eso.

La metáfora otra vez

En un capítulo anterior describía la enseñanza en el aula como "un viaje juntos." Hablé de tres temas claves que salían de la metáfora: Primero, hay una función guiadora que dirige; segundo, "la vereda que atravesamos," como un camino angosto o ancho, desviaciones, etcétera; y tercero, el destino, el lugar donde quieres llegar. Ahora, imagínate en tu salón de clases. ¿Puedes verte como un guía? Quiero decir, ¿estás conciente del hecho que cada vez que entres a tu clase los alumnos vayan a ser animados a dirigirse a una cierta dirección? ¿Cuál dirección has escogido, como planeas llevar a tus alumnos al destino planeado? ¿Cuáles veredas vas a seguir? ¿Qué quisieras que vieran en el camino? Y, ¿dónde quieres que estén tus alumnos cuando se vayan al fin del año escolar?

Propongo que te veas como un guía, llevando a tus alumnos a través del territorio del currículum y capacitándolos a ser la clase de persona que el Señor quiere que sean. Estos tres temas se traducen en los conceptos de guiar, desarrollar y capacitar.

Guiando

Como maestro, tú guías el proceso de enseñanza y aprendizaje en tu aula. Prefiero el término "guiar" mejor que "dirigir" porque "guiar" permite más auto dirección y responsabilidad, unas cualidades que tenemos que cultivar en nuestros alumnos. "Dirigir" me recuerda demasiado de "llevar a un toro por su nariz," una situación que le da poca oportunidad de decidir, cuando, a menudo, clava sus pezuñas en la tierra protestando. Se puede traducir "guiando" como "codear ligeramente por un lado y no por el otro, por un lado y no por el otro." Consiste tanto en presionar ligeramente hacia una dirección como invitarle atractivamente a participar.

Entonces, guiando puede ser entendido como el aspecto direccional de la enseñanza. Señala y motiva a los alumnos hacia el destino, es decir, hacia la meta más importante del discipulado competente y bien informado. En tu salón de clases guiando ocurre a través de las siguientes maneras:

Modelando

Modelando (poniendo el ejemplo), es una función vitalmente importante para guiar. Cuando estás modelando un tipo de estilo de vida y comportamiento, estás diciendo realmente: "Sigue mi ejemplo, camina en las veredas donde estoy caminando." La investigación ha mostrado que tan efectivo es modelar.[1] Con frecuencia es la influencia formativa más importante que el maestro tiene con el alumno.

En las clases de verano que conduzco, a menudo pido que mis alumnos participen a través de escribir una historia acerca de sus éxitos (o fracasos), como maestros. Pueden compartir sus historias o mantenerlas confidenciales, como quieran. Me impresiona la cantidad de veces que el impacto positivo de modelando aparece como el tema de las historias de éxito. Me acuerdo de una historia conmovedora de un maestro de Colombia Británica, quien escribió de un muchacho que había sufrido maltrato e iba a terminar con una vida criminal. El punto de cambio llegó para el muchacho cuando le dijo a su maestro: "¡Yo quiero ser como tú!" Lo demás es historia. Muchos maestros pueden recordar experiencias similares, pero muchas veces son demasiado modestos para hablar acerca de ellas. Modelando es una manera sutil, pero poderosa de codear ligeramente a los alumnos hacia el rumbo correcto.

¿Qué es lo que se tiene que modelar? Un estilo de vida cristiano por supuesto, especialmente en el fruto del Espíritu Santo, descrito por Pablo en Gálatas 5. El amor, gozo, paz, paciencia, benignidad, templanza, fe, mansedumbre y voluntad propia son virtudes que se tienen que poner en práctica en el salón. Al mismo tiempo tú y yo reconocemos que somos humanos imperfectos y que luchamos contra el pecado en nuestras vidas. Esta realidad también, necesitamos, modelar. Nuestros estudiantes deben entender que nosotros también somos débiles y frágiles. Ellos necesitan ver como nosotros hacemos frente a los sentimientos de fracaso e insuficiencia. Por consiguiente, no deberíamos titubear a crear condiciones de salón en donde tenemos que compartir nuestro gozo o tristeza el uno con el otro. A veces, como maestros, queremos vernos como expertos balanceados y con mucho auto control. Pero tales intentos introducen una falsedad que la mayoría de los alumnos pueden ver con facilidad. Crean una separación nociva entre los maestros y alumnos. Ellos interfieren con la enseñanza autentica cristiana.

Ser modelo es el tipo de guía que juega un rol crucial muy especial en maestros cristianos que trabajan en escuelas públicas. A veces ser modelo es la única expresión de enseñar cristianamente legalmente permitida en los salones de escuelas publicas.

Motivación

En mis seminarios para estudiantes que quieren ser maestros, pregunto que problemas notan en su clase cuando enseñan. Invariablemente los "alumnos no motivados" es una de las razones principales de sus problemas que necesitan ser considerados. Entonces, juntos revisamos los factores que motivan al maestro y las estrategias que se pueden usar para motivar al alumno. Otra vez, estos son problemas para la sicología educacional, pero como el caso de la disciplina, puede ser de ayuda a ver la motivación como función que guía. La motivación es necesaria para guiar a los estudiantes en la dirección correcta. Es difícil guiar a alguien a donde tú quieres que vaya, si esa persona no quiere ir. Entonces el estudio de lo que motiva a los alumnos es importante.

Puedes ver porque llamas motivación a la forma que usamos para guiar al alumno. Cuando estoy motivando a un estudiante, estoy declarando que el alumno está en el camino donde puedo seguir guiando. La motivación, entonces, se refiere a los primeros pasos en el camino correcto.

Particularmente importantes son algunas de las aproximaciones enseñadas en los cursos para maestros. Términos como "el grupo de anticipación" y "el evento enfocado" tienen que ser regularmente revisados. De la manera en la que comienzo la lección del día puede tener mucho que ver con la forma en la que el día sigue su curso. El inicio de la primera lección de estudios del año escolar puede determinar, muchas veces, la forma en la que vas a guiar a tus alumnos el resto de ciclo escolar.

Disciplina

Éste no es el lugar donde se va a comprometer una extensa discusión sobre cómo los maestros cristianos deben ejercitar disciplina en sus salones de clase. Los cursos de la filosofía educacional usualmente investigan y evalúan las diferentes opciones disponibles a este caso. Es suficiente recordarnos que la disciplina debería de prevenir el mal comportamiento más que corregirlo, y restaurar a tus estudiantes más que castigarlos.

Puede ser útil ver el ejercicio de la disciplina como la función de guía. La disciplina siempre debería darnos un ligero codazo: me gustaría que fueras por este lado, y no de aquél. Las medidas de disciplina serán defectuosas si no redirigen al niño hasta el ultimo destino del discipulado. Está seguro de considerar cuidadosamente y con oración tus decisiones de manejo en el salón, sobre bases de una evaluación justa de la situación y con gran sensibilidad a las necesidades del niño involucrado.

No pases por alto la conexión entre ejercitar disciplina y ser ejemplo. La forma en la que disciplinas expresa muchísimo de lo que eres. Palabras de coraje, sarcasmo, castigos injustos e intenciones de regresar la ofensa al estudiante o estar al "mismo nivel" son contra producentes. Por ejemplo, todo esto enseña al niño que perder el control está bien. El problema de ser ejemplo juega un rol mayor en el debate sobre si a los maestros debiese ser permitido aplicar disciplina corporal. Los estudiantes podrían ser tentados a imitar tal acción y llegar a creer que la violencia es aceptada en situaciones de conflicto.

Devocionales

Muy seguido en el salón de clases los devocionales son meramente agregados a la tarea del día. Tienden a llegar a ser rutinarios y sin significado. Escucho a alumnos, como a maestros, murmurar sobre la efectividad, o falta de efectividad, de devocionales al inicio de clases. ¿Que podríamos hacer al respecto? Si los devocionales son importantes, como la mayor parte de nosotros creemos, deberíamos poner más atención en ellos y prepararlos de la mejor manera. Es un buen plan que un equipo de maestros creativos se reuna en el verano y planee estrategias frescas para los devocionales.

Para empezar, sugiero que los devocionales sean mejor considerados como una actividad de guía. Es una actividad recordatoria. Deberían ser diseñados para plantear el tono, de hecho, la dirección para el resto del día. Y para el final del día, cuando hay oportunidad para incluir un devocional, podría ser útil reflexionar en la pregunta clave inherente de toda enseñanza: ¿nos dirigimos hacia la dirección correcta el día de hoy? Aun cuando se ve que nos desviamos ¿aun podemos ver que estamos en el camino correcto?

Para funcionar como guía efectiva, los devocionales no deberían ser abstractos o de poca aplicación. Deberían relacionarse con las vidas de los niños y con el trabajo realizado. Su relación al currículum también debería ser considerado un importante criterio a considerar en la actividad de planeación de devocionales. Conozco de un maestro de cuarto año de primaria quien introdujo una unidad a los sentidos con una actividad en un devocional que requirió que el alumno asumiera que el Señor fuera sordo: ¿cómo podemos nosotros mostrar que amamos al Señor si él no nos puede escuchar? El estudiante sugirió hincarse, levantar las manos y hacer gestos. Uno de los estudiantes propuso gritar muy fuerte en esperanza de poder hacer llegar el ruido hasta los tímpanos de Dios. Relacionando los devocionales a las vidas no siempre tiene que ser complicado o dramático. En un tema que nos hable de vecinos, por ejemplo, el maestro simplemente podría usar la historia del buen samaritano.

Ánimo

El apóstol Pablo frecuentemente exhortaba a los primeros cristianos a animarse unos a otros. Todos nosotros necesitamos que nos animen. Si no recibimos palabras de afirmación, rápido empezamos a hacernos preguntas sobre el valor de nuestro trabajo, si no de nuestras vidas. Los maestros, también tienen que poner mucha atención en esta necesidad en los niños. Pregúntate a ti mismo, "¿estoy animando a mis alumnos?"

Animar es una función clara en la enseñanza porque es una forma de codear a nuestros alumnos. Esto demuestra que los alumnos están en el camino correcto. Cuando animo a un alumno, estoy en esencia diciendo: "¡Estás en el camino correcto! ¡Sigue caminando hacia la misma dirección!" Tal ánimo puede ser dado en dos diferentes situaciones: por tareas realizadas ("¡bien pensado, Ana!"), y por tareas que necesitan ser terminadas ("¡Vamos Esteban, tu puedes hacerlo!")

Para que el ánimo ofrecido sea efectivo necesita ser genuino y merecido. Es fácil que el maestro use expresiones como "¡buen trabajo!" o "¡así se hace!" *ad nauseam*, al grado que pierden todo su sentido, y por lo tanto, se le hace más difícil que el alumno experimente el verdadero ánimo. Está seguro de animar a tus alumnos lo más específico que sea posible, para que ellos sepan exactamente que es lo que estás tratando de promover. Por ejemplo, en lugar de decir "cuanta atención pones, José" guías más efectivamente si dices, "José, cuando miras a Kyra mientras ella habla, muestras que realmente te interesa lo que ella está diciendo."

Facilitando y estructurando

Estos términos se refieren a las diferentes formas en las que organizamos y presentamos nuestras lecciones. Voy a mencionar este tópico cuando volteemos nuestra atención a estrategias específicas del maestro, esto es, a formas de estructura específicas para el aprendizaje en el salón de clase. Pero por ahora tenemos que reconocer la estructura como una función importante para guiar.[2]

Cuando estructuras el salón de clases para aprender, estás poniendo el escenario para que tus estudiantes puedan dirigirse hacia una cierta dirección y así los empujas un poquito en el camino. Pregúntate a ti mismo: "¿están moviendo mis estrategias de enseñanza, no importando el nivel de educación o la materia que esté enseñando, a mis alumnos hacia la meta principal y hacia las diversas áreas de meta discutidas en el capitulo 5?" O, ¿están quedándose cortos en sus expectativas, apuntando sólo a conocimientos básicos, alejados del interés sobre el significado de enseñar cristianamente?

El conocimiento de tu rol como guía es indispensable en la enseñanza cristiana. Toma tiempo, o haz tiempo, para cultivar este conocimiento. Rodéate con recordatorios. Usa fotos de un guía abriendo veredas para unos pioneros, o flechas apuntando en diferentes direcciones, o simplemente escribe la palabra "**Guía**" sobre tu escritorio.

Desarrollando

Podemos definir este termino de esta manera: "dejar que los niños descubran lo que no saben o lo que no pueden hacer." Usando la metáfora del viaje otra vez, el desarrollar se refiere a un terreno que se tiene que cruzar, entender y navegar. Todo esto requiere conocimiento y habilidades. Requiere un currículum.

Desarrollando un currículum es como desenvolver un mapa. Al principio lo que vemos es una pequeña parte del mapa. Pero conforme vamos desenvolviendo el mapa vamos viendo más y más hasta que finalmente podemos ver los continentes completos, la gran foto en su totalidad. Entonces, esto es con el contenido curricular. En los primeros años de educación los niños empiezan a aprender algunos de los conocimientos básicos de las matemáticas, idiomas y ciencias sociales. Conforme van avanzando de nivel van aprendiendo más y más. Los maestros continuamente van abriendo el panorama de la vista del mapa lo cual anima al alumno a percibir más detallada y entendiblemente, aumentando su complejidad.

Un componente clave del desarrollo es la revelación. El maestro revela las formas para que el alumno pueda caminar a través del terreno. Como podemos ver, hay una tendencia a conectar revelación a instrucción directa, con el maestro haciendo todo el trabajo. Por esa razón, es importante ver que enseñar cristianamente describe los tipos de enseñanza donde el maestro y los alumnos, entren en actividades comunales de desarrollo, es decir, que tanto maestros como alumnos abran juntos el material del currículum. Explicaré este proceso en capítulos más adelante. Desarrollar, entonces, incluye la revelación, pero va más allá de sólo revelar.

¿Qué significa ser desarrollado? Haciéndonos esta pregunta nos aterriza en medio de una tierra donde nos encontramos con un debate curricular sin fin: ¿Qué conocimiento conviene enseñar? ¿Qué habilidades convienen aprender? Podremos contestar estas preguntas si sólo nos hacemos una pregunta más: ¿Qué necesitan aprender nuestros hijos y qué deben poder hacer si su función es ser discípulos competentes y bien informados del Señor en nuestro complejo mundo? O, para relacionar esta pregunta a nuestro capitulo anterior: ¿Qué contenido curricular podrá cubrir mejor nuestras metas y las varias áreas de la enseñanza cristiana?

Sin duda nuestros alumnos deberán aprender a entender y evaluar el mundo y al ser humano en él. El gran tema de la Biblia sobre la creación, caída, y redención inmediatamente debería jugar el rol que gobierne. Nuestros alumnos deben estar conscientes del arreglo e intenciones de Dios para este mundo. También deben ver como el pecado ha distorsionado la buena creación de Dios y oscurecido el Reino del Señor. Siguiendo adelante con tal idea, nuestros niños están en la escuela para ser enseñadas en las formas para estar redimidamente ocupados, ejercitando su discipulado en el servicio, administración y pacificación.

Poniéndolo de esta manera nuevamente nos muestra la insuficiencia, de la preocupación todavía muy común, con un contenido de datos reales. Los hechos de aprendizaje sin el contexto de la creación, caída, y redención, rinde un hueco muy grande a la enseñanza y no tiene significado. Enseñando datos sin perspectiva es, en gran parte, sólo una pérdida de tiempo.

Otra vez la perspectiva

Cuando hablamos de desarrollar, entonces, estamos hablando de la perspectiva cristiana en los temas de la materia. Muchas escuelas cristianas enfatizan esta perspectiva y lo clasifican como el rasgo que los distingue. Sin embargo, no necesitamos estar preocupados sobre el "perspectivismo", el punto de vista que dice que impartiendo una perspectiva cristiana hace que nuestra educación sea plenamente cristiana. Es cierto, es difícil ver como podemos enseñar cristianamente sin ser provistos de una perspectiva cristiana. Esta asociación es precisamente lo que hace que la enseñanza sea tan problemática en una escuela pública. El desarrollo genuino, en términos de creación, caída y redención, es prohibido por la ley en las escuelas publicas, y, por lo tanto, limita la forma de enseñar cristianamente a modelar y otras formas de guía.

No obstante, creo que enseñar por perspectiva, aunque indispensable, no es suficiente. Es muy posible que los estudiantes puedan articular una perspectiva correcta y aun vivir vidas desobedientes. Desarrollarse tiene que ir más allá e incluir el deseo de servir al Señor. Por esa razón, maestros en escuelas cristianas tienen que hacer lo posible para proveer oportunidades a los estudiantes a que pongan sus perspectivas en práctica. Estamos tratando con la persistente molestia del intelectualismo una vez más. Sabiendo sin hacer no es realmente saber. Todo conocimiento, para ser verdadero conocimiento, debe guiar hacia una acción de compromiso. Entonces, está seguro de incluir en tu actividad de desarrollo mucha oportunidad para diseñar "pasos de acción redentores." Una vez que tus alumnos reconozcan algo cuando está mal, rétales: ¿Qué es lo que piensan hacer sobre el asunto?

Curiosamente, una actividad significativa de desarrollo lleva a los niños mismos a desenvolverse. Esto les anima a los niños a florecer como verdaderos discípulos, equipados para hacer la voluntad de Dios. En este punto el desarrollo empieza a juntarse con la capacitación, una dimensión de la educación cristiana a la cual regresaremos momentáneamente.

Relevancia

Desarrollando el contenido curricular obviamente debería ser dirigido hacia un apropiado nivel de crecimiento. Actualmente el término "apropiado conforme al desarrollo" ha venido a ser una frase que se usa de moda. Aprecio este termino. Por demasiado tiempo un tipo de educación perenne centrado en la materia ha negada a hacer preguntas sobre los niños en quienes todo este contenido está encomendado.

En las observaciones de mi clase puedo ver todavía a maestros perdiendo a sus niños porque las cosas que enseñan no concuerdan con el lugar donde los niños están desarrollándose.

Sugiero que añadamos a "apropiado conforme al desarrollo" la noción de "apropiado conforme a la experiencia." Ocasionalmente paso tiempo entrevistando a alumnos de preparatoria. Recuerdo a un joven que acababa de salir de su clase que química. Claramente vi que el muchacho no estaba súper emocionado por lo que había aprendido ahí. Le pregunté: "dime, ¿por qué estás aprendiendo estas cosas?" Suspiró y me dijo: "¡honestamente, no tengo idea, y te apuesto a que el maestro no sabe tampoco!" Pocos maestros no han escuchado a sus alumnos preguntar "¿Por qué tenemos que aprender esto?" ¿Cómo contestas a esta pregunta?

Abajo hay algunas respuestas comunes. Checa las que has usado:

__¡Lo necesitarás para entrar a la universidad!

__¡Estas cosas son importantes!

__Algún día entenderás...

__¡Toda persona educada debe saber esto!

__¡Porque estará en el examen!

__¡Porque yo digo!

__¡No hagas preguntas tontas!

Creo que nosotros los maestros muy fácilmente descartamos preguntas relevantes. Te animo a que tomes esta pregunta "¿por qué tengo que aprender esto?" muy, pero muy seriamente. Si no puedes contestar a la pregunta, o si tú has usado algunas de las respuestas de arriba, tienes que revisar tus actividades de desarrollo. Tu contenido de desarrollo y habilidades deberían ser "apropiado conforme a la experiencia." Eso es, el crecimiento debería ser caracterizado por conectar las cosas que enseñamos; debería estar relacionado a la experiencia anterior de los niños, a su situación presente y a sus futuras vidas. Si no puedes hacer tal conexión, empieza a dudar sobre lo que necesita el contenido de tu lección.

Algunas áreas de las materias son más difíciles de conectar que otras. La literatura se ve fácil, porque trata de experiencias que comúnmente muchos de nosotros hemos pasado. Pero, ¿qué de matemáticas? Aun, las matemáticas pueden ser hechas de una forma mucho más experimental de lo que son en muchos de los casos. Las operaciones matemáticas deberían ser relacionadas a las experiencias concretas de los niños, a lo que ellos ya saben, a lo que ya pueden hacer y específicamente a como lo están aprendiendo, todo esto puede hacer una diferencia en sus vidas. Las manipulaciones y ejemplos de la vida real son obviamente indispensables para establecer una conexión. Tampoco un amplio panorama debería ser ignorado: las matemáticas deberían ser enseñadas como una actividad del hombre que puede ser usada par el bien o para el mal. Las matemáticas pueden ser enseñadas para hacer medicina o para crear bombas. La conexión va a reducir agudamente el número de los casos de "ansiedad de las matemáticas."

Capacitando

Finalmente, miro hacia el tercer componente del trío de guiar/desarrollar/capacitar. ¿Qué significa capacitar?[3] En esencia significa "preparar al niño para obras de servicio." Se refiere al último resultado de enseñar cristianamente.

Capacitando puede ser mejor vista como una característica de desarrollándose y guiando. Nuestro guiar y desarrollar, por su naturaleza, son para capacitar, no para incapacitar. Capacitando, por lo tanto, no es una función aparte, algo que hacemos además de desarrollar y guiar. Capacitando, tiene que estar presente en nuestras actividades de desarrollo y guianza. La cuestión que se necesita estar continuamente preguntada es ésta: ¿Serán mi desarrollar y mi guiar, para capacitar o no capacitar a mis alumnos para el discipulado?

Puedes ver porque el concepto de capacitación es para ser explícitamente notado como un componente clave para enseñar cristianamente. Frecuentemente nuestra enseñanza puede dirigirse hacia otros propósitos diferentes que a guiar a nuestros alumnos hacia el discipulado. Muchas veces nuestra enseñanza capacita pero no hacia el terreno del discipulado. Piensa en las diferentes formas en las que enseñamos a servir a nuestro yo, en el dinero, el éxito y cosas por el estilo. Tal enseñanza ocurre bajo el pretexto de virtud cristiana, a través del uso de listas de los alumnos de más aprovechamiento, la competencia malsana, las enseñanzas en grupos inmensos, evaluaciones y prácticas de calificaciones estandarizadas, y salones de clases individualistas.

Aquí estamos tratando con un problema mayor en las escuelas cristianas: el carácter contradictorio de mucha de nuestra enseñanza. Por un lado predicamos el amor y la generosidad, pero a la vez promovemos una mentalidad "que el mejor hombre gane." Decimos que estamos para valorar a otros más que a nosotros mismos, y fomentamos competencia que fácilmente se guía hacia la exaltación de nosotros mismos. Confesamos que cada uno de nuestros alumnos son portadores únicos de la imagen de Dios, pero aun seguimos estructurando nuestras escuelas y salones de clases con una conformidad ahogante. Mientras hablamos de capacitación, continuamos con prácticas de *descapacitación*. Reconozco que estas palabras pueden ser interpretadas como una fuerte crítica. Mi preocupación es ésta, cuándo decimos que todo lo que queremos hacer es para la gloria de Dios ¿lo decimos con conciencia?

Para enfatizar la función de la capacitación de enseñar cristianamente no es una plática religiosa de lujo ni de ociosidad. Está en el nivel de capacitación donde alcanzamos el corazón de lo que significa enseñar cristianamente. Una vez que ignoremos este componente, o si sólo nos sirve de dientes para fuera, nos dejamos abiertos a toda clase de filosofía que contradice, restringe y derrumba la meta de enseñar cristianamente.

La capacitación debe de ser el interés de cada maestro en cada salón. A veces escucho a maestros decir: "yo enseño matemáticas y no tengo tiempo para capacitar: tengo que cubrir las lecciones del libro. Aparte, tenemos maestros que enseñan de la Biblia y consejeros quienes toman la responsabilidad de asuntos religiosos de la escuela." Pero este tipo de pláticas no debe existir en escuelas cristianas. Es la responsabilidad de cada uno de los maestros, no importa la materia o el grado, que puedan guiar y desarrollar en una forma que capacite.

La capacitación debería ser también el pendiente de cada día, no algo que se tenga que relegar a un programa de largo plazo. Tus estudiantes están para ser discípulos hoy, no para un día en el futuro en "el mundo real." El salón de clase es el mundo real. Hoy es el día para servir. Recuerda también, que el alumno que tienes hoy en tu clase puede que no esté ahí mañana. Si en un accidente la vida de uno de tus estudiantes es tomada, podrías decir: "¿hice lo mejor que pude para capacitar a ese niño en su corta vida?"

Finalmente, necesitamos reconocer que realmente no podemos capacitar a alguien en su totalidad. Capacitando es el trabajo del Espíritu Santo y la Palabra de Dios. A veces algunos maestros piensan que por esa razón no deberíamos preocuparnos por capacitar a nuestros alumnos. Después de todo, puedes guiar el caballo al agua pero no lo puedes obligar a tomar. "¿Pero esto es cierto?" ¡Pienso que podemos hacer que el caballo tenga sed haciéndolo correr varias veces alrededor del agua! Así podemos hacer con nuestros alumnos en el salón de clase. Podemos hacer mucho para motivar un ambiente de capacitación. Tenemos que crear condiciones en el salón de clases que atrae al Espíritu Santo. Hacemos esto, en parte, por respuestas normativas a las varias dimensiones de enseñanza, como está descrito en el capítulo anterior. En un salón donde existe miedo, tensión, enojo, duda o injusticia no puede haber lugar para la capacitación. Ninguna guía y desarrollo, del tipo que capacite, pueden existir en ese lugar. Es un lugar donde el Espíritu Santo no es bienvenido.

La capacitación, entonces, requiere que invites al Espíritu de Dios a que esté presente en tu salón de clase. Considera una bandera afuera de tu salón que diga: "Santo Espíritu, eres bienvenido a este salón. Por favor entra y haz tu trabajo de capacitación. Esperamos que encuentres las condiciones en nuestro salón a tu gusto." Tal bandera te ayudará a pensar las cosas dos veces antes de tomar una decisión, y para llevar a cabo tus prácticas de enseñanza. Te pondrá en el camino de enseñar cristianamente.

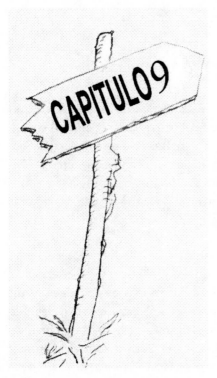

¿En que parte del mundo estás enseñando? El contexto de enseñar cristianamente

Jim: Sé que nuestros salones no debieran ser invadidos, pero esto es ridículo. Nada más esta misma tarde desde el medio día, mi clase fue interrumpida—conté—siete veces. Cuatro veces el mensaje del intercom, ni una para mí o para mi clase. Dos veces personas entraron sin ser invitadas y comenzaron a divagar y, poco después, un simulacro de incendios. ¿Sabes cuánto tiempo perdimos, Lisa?

Lisa: Esto nada más es para explicarte, que tu clase no es un cubículo herméticamente esterilizado y sellado flotando en el espacio exterior. Pero estoy de acuerdo, en que con todo hay demasiadas interrupciones innecesarias. Lo que sí me molesta es que estas interrupciones tienen una costumbre precisa de aparecer en el momento de enseñanza o el punto cuando Keith por fin esta poniendo atención.

Jim: Entonces, ¿Qué podemos hacer para mantener algo de la semblanza de privacidad en la clase, para que podamos enseñar y protegernos de todas aquellas cosas que entran e interfieren en nuestra clase?

Lisa: Pues, para empezar, podríamos sugerirlo en la próxima junta de maestros.

La red

Guiando, desarrollando y capacitando no ocurren en un vacío, como si estuvieran suspendidos en el espacio. Por lo contrario, enseñar cristianamente procede desde un contexto entrelazado y complicado. Las actividades de la clase no son algo apartado, auto contenido y una entidad despegado, sino que es una red mucho más grande, conectada y entrelazada. ¿Qué clase de red? Vamos a ver si podemos desenredar algunos nudos.

Tres mundos

Como maestro trabajas en tres mundos simultáneamente. Lo más cerca de ti es el mundo de tu clase: tu escritorio cómodamente organizado, los estudiantes, incluyendo niños como Keith quien, sin tratar de hacer algo, demandan mucho de tu atención y energía; tus programas, cuidadosamente elaborados por supuesto, el periódico mural, el proyector de acetatos, el librero de la esquina, etcétera. Yo enseñaré este "mundo" para un examen más detallado en un momento.

Tu clase existe en un mundo más grande, el mundo que es llamado la escuela. Yo pienso en el edificio mismo, sus pasillos, el patio, la oficina del director, el cuarto de maestros etcétera. Este mundo directamente afecta lo que haces en tu clase. Considera, por ejemplo, las metas institucionales de la escuela en que trabajas. Su misión asentará el tono y dirección por todo lo que hagas en tu clase. O también piensa en los horarios y campanas, o de las numerosas interrupciones como las que Jim se quejaba.

El mundo de la escuela, abarcando el mundo del salón, es por sí mismo muy impactado por el mundo más grande que todos, el mundo que abarca la escuela. Este mundo constituye el más grande ambiente, el contexto más amplio en el cual impartes tu clase de enseñanza. Este mundo más grande incluye a los padres y sus expectativas, las regulaciones gubernamentales, la tele, los videos, la cultura pop, al igual que el trasfondo social que afecta a tus estudiantes, su comportamiento y su habilidad para aprender. Mientras, no se pueden pasar por alto, los muchos espíritus filosóficos que acechan nuestra sociedad, listos para infiltrar y si-

lenciosamente apoderarse de
tu clase. Estos espíritus son
especialmente seductivos y
efectivos cuando el aspecto de
capacitar en tu clase se ignora.
Más adelante tomaremos más
tiempo para desenmascarar lo
más pernicioso de estos espíritus malignos.

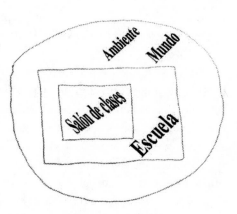

Trabajando en tres mun-
dos entrelazados a la vez, obviamente complica tu trabajo:
como no puedes divorciar, sin consecuencias, lo que está sucediendo
en tu salón de lo que está ocurriendo en tu escuela y en la sociedad en
general, tus reflexiones no pueden quedar restringidas nada más al trabajo de tu clase. También necesitas pensar en el juego interactivo entre
tu enseñanza, la escuela en la que enseñas, y el gran mundo más allá del
área de juegos y el estacionamiento. Tu antena cristiana tiene que estar
sintonizando a un rango amplio de temas que afecten tus esfuerzos para
enseñar cristianamente.

Estoy consciente de que estoy sugiriendo una excepcional tarea. Puedo escucharte preguntar, con una cantidad de molestia controlada, ¿En
qué parte del mundo voy a encontrar el tiempo y la energía para examinar y analizar lo que está pasando y lo que debería de pasar, no sólo en mi
salón de clases, sino también en el resto de la creación? La tentación, por
supuesto, es ignorar el cuadro grande y quedarte detrás de tu escritorio.
¿Cómo previenes para no caer en tal tentación? La respuesta es, necesitas
tomarte de las manos con tus compañeros, el director, los trabajadores
de enseñanza y los padres de familia. Bendecida con una profusa abun-
dancia de regalos y perspectivas, la totalidad de la sociedad escolar tiene
que seguir honesta y vigorosamente en toda oración, la voluntad de Dios
para la educación. Para lograrlo debemos de animarnos diariamente los
unos a los otros, así como la Escritura repetidamente nos lo dice. [1]

Los componentes del salón de clase

El entrelazamiento de estos tres mundos no quiere decir, por supuesto, que una concentrada y enfocada investigación del salón de clases
como salón de clases sea descartada. Así como podemos examinar los

motores de los jets Boeing 747 por separado de sus alas y fuselaje, así podemos mirar adentro del salón de clases y preguntar qué está pasando ahí adentro.

Mi preocupación especifica hasta este punto, entonces, no es la escuela como una institución ni los problemas de este mundo en general. Más bien, quiero enfocar tu atención al salón de clases mismo, que es el espacio en donde has de impartir cristianamente.

Sólo un vistazo al salón de clases y a sus habitantes revela un numero de componentes distinguibles. Podríamos designarlos a ellos como el quién, el a quién, el qué, el por qué, el dónde y el cómo de la enseñanza. Algunos de estos elementos ya los hemos discutido en algunos capitulo anteriores. Especialmente el por qué hemos considerado el detalle. Así que me limito a un panorama corto.

El *quién de la enseñanza*

Cuando visito un salón de clase, una de las primeras cosas que atrae mi atención es el maestro como persona. No puede haber una enseñanza significativa y sustentada en el aula sin una presencia viva y física de un maestro. Ya hemos investigado la importancia de mirar al maestro como un portador de talentos, personalidad, autoridad y responsabilidad. Quién soy como maestro, y hasta que punto poseo una medida de conciencia de oficio, tendrá mucho que ver con mi habilidad para enseñar cristianamente.

Para llegar al *quién* de la enseñanza, tengo que hacerme unas preguntas difíciles: ¿Reflejo yo, un maestro cristiano, la imagen de Dios expuesta en las Escrituras? ¿Soy una persona amorosa y de oración, paciente y gentil que muestra todos los demás frutos del Espíritu? ¿Soy apasionado y devoto de Cristo, ansioso por hacer su voluntad y promover su Reino? ¿Demuestro las habilidades del liderazgo, coordinación y las diferentes competencias requeridas para una buena enseñanza, como los son el conocimiento de los temas de la materia y la habilidad para preparar e implementar lecciones efectivas? Una evaluación auto-personal continua de todos estos puntos es indispensable, si verdaderamente quiero enseñar cristianamente.

El *"a quién" de la enseñanza*

La segunda cosa que noto cuando entro a un salón de clases son los estudiantes. A menudo hay demasiado de ellos para el espacio disponible. Sin embargo, componen un elemento indispensable del salón: si no hubiera estudiantes en tu salón, ¿qué harías?

Acuérdate de las metáforas del salón que consideramos. Como yo veo a los alumnos tendrá todo que ver con como enseño. Entonces, más preguntas difíciles me llegan con una persistencia inevitable: ¿Veo a los niños—aún a los más traviesos—como portadores de la imagen? ¿Veo a Jesús en ellos? ¿Los veo como compañeros de viaje, gozosamente caminando por el terreno curricular hacia el discipulado bien informado y competente?

Para aumentar nuestro entendimiento de los niños que enseñamos, el conocimiento de la sicología educacional es indispensable. La sicología educacional es un campo de investigación muy preocupado con la naturaleza de los estudiantes, 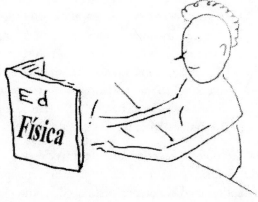 como se desarrollan y crecen, y más importante, como aprendan. Mientras que esta es un área de mucho debate y de investigaciones conflictivas, no cabe duda que los maestros cristianos deben estar al tanto de las últimas teorías acerca de los estilos de aprendizaje. Sugiero que por lo menos estemos al tanto de las siguientes áreas de investigación:

- *Desarrollo infantil:* ¿Qué podemos esperar de los niños en sus diferentes etapas de crecimiento? Nuestro interés no debe limitarse al desarrollo intelectual; el desarrollo físico, emocional, social, moral y de fe, todos estos son aspectos importantes que deben ser considerados.

- *Las teorías más tradicionales de los estilos de aprendizaje:* Ha habido un buen trabajo sobre la identificación de diferentes estilos y características de los estilos de aprendizaje. Aunque lejos de la perfección, las conclusiones sugeridas por expertos tales como Berenice McCarthy y Antonio Gregore son valiosas.[2] Harro Van Brummelen ha adoptado el trabajo de McCarthy en sus propios procedimientos hacia su plan de lecciones de cuatro etapas.[3] Además, las investigaciones sobre los factores de ambiente, tales como las realizadas por Rita y Kenneth Dunn, ayudan a entender que el ambiente del aprendizaje es mucho más importante de lo que antes habían pensado.[4] Los factores como la luz, el calor y el sonido, por ejemplo, pueden marcar una diferencia importante en el aprendizaje de nuestros alumnos. Un cambio en la iluminación puede afectar significativamente la habilidad del niño a leer.

- *La teoría de múltiples inteligencias de Howard Gardner:* El Sr. Gardner ha propuesto que los alumnos son listos en, por lo menos, ocho maneras distintas.[5] Sospecho que haya muchas más. De cualquier manera, su acercamiento ofrece un conjunto de categorías más diversas que los modelos cuadrantes de McCarthy y Gregore. La literatura sobre esta teoría va en aumento. Mientras que no podamos leer todo, debemos estar familiarizados, por lo menos, con los puntos básicos de este material.

No quiero promover un método ecléctico, picando aquí y allí en teorías diversas o aun contradictorias. Obviamente lo que necesitamos es un entendimiento coherente cristiano de cómo el aprendizaje ocurre. Mas, en la ausencia de un marco general y aceptable, lo mejor que podemos hacer es examinar lo que la investigación ofrece y hacer todo el esfuerzo de reinterpretar sus resultados dentro de un explícitamente articulado marco cristiano. Sobre este punto hay mucho trabajo para la comunidad cristiana de educación.

El qué de la enseñanza

Este componente nos regresa a los asuntos curriculares. Un maestro siempre enseña a alguien algo. Pero lo que es ese "algo" debe ser un tema de debate. Como contestamos la pregunta depende de nuestra filosofía de educación, nuestras prioridades y sistemas de valores, nuestro entendimiento de contenidos y habilidades y del conoci-

miento mismo, y lo que consideramos ser las metas de la educación. No importa el contenido que tienes que enseñar, trata de desarrollarlo conforme a la manera que fue sugerida en un capítulo anterior: muestra como este desarrollo refleja las normas de Dios, como los humanos lo han pervertido, y cuales pasos redentores son necesarios para corregirlo. ¡No te olvides de "lo conectado"! Acuérdate, si no puedes contestar la pregunta "¿por qué tenemos que aprender estas cosas?" es hora de una reflexión disciplinada, y, además, unas revisiones extensivas.

El dónde de la enseñanza

El dónde y el cómo de la enseñanza ocuparán nuestro interés en lo que resta de este libro. Ambos temas se dirigen concretamente al ambiente en donde trabajas y a las estrategias que usas para enseñar cristianamente. Empezamos nuestra exploración con el "dónde" de la enseñanza.

¿Qué clase de ambiente y entorno te permiten enseñar cristianamente? Para poder contestar significativamente esta pregunta, tienes que considerar, por lo menos, cuatro maneras en las cuales puedes organizar tu salón de clases.[6]

El salón individualista

Este es el tipo de salón de clases común en Norteamérica, un continente dedicado al individualismo. En tales clases cada alumno es responsable directamente al maestro y a nadie más. Los estudiantes están preocupados sólo acerca de su propio aprendizaje, no acerca del aprendizaje de los demás de la clase. En breve, en un salón de clases individualista el aprendizaje de un alumno no afecta el aprendizaje de nadie más. Por ejemplo, los problemas de Marisa no significan nada a ninguno de los otros alumnos. ¿Reprobó Marisa? ¡Qué lastima! Pero es medio atrasada de cualquier manera, ¿verdad? Entonces, de que reprobara es de esperarse, y no debe de molestar a ninguno de los demás alumnos del salón. Igualmente, si Esteban logra algo de éxito después de varios intentos, bueno, pues, ¿qué diferencia hace a los otros alumnos del salón? ¡Absolutamente nada! Cada estudiante se tiene que valer por sí mismo.

Anota, en tal salón de clases individualista, "la comunidad" sólo puede ser un decir sin consecuencia. No hay ningún lugar para un cuidado mutuo y comunal. El aula individualista es un lugar donde no hay posibilidades de desarrollar habilidades de discipulado tales como ayudando, cuidando, animando y la mutua tristeza, aguante y regocijo. Tales habilidades simplemente son irrelevantes. No tienen nada que ver con la situación de enseñanza/aprendizaje del salón.

El salón competitivo

En éste segundo tipo de salón de clases, el aprendizaje de un alumno sí afecta el aprendizaje de los demás, pero en un sentido negativo. Es decir, el éxito de Esteban depende del fracaso de Marisa. Mientras más fracasa Marisa, más éxito experimentará Esteban. Calificando a través de los mejores alumnos en comparación con los peores es un ejemplo de este tipo de competencia.[7] Tal tipo de calificación determina por adelantado que unos tienen éxito, sólo si otros fracasan.

¡Cuidado! Este tipo de competencia puede manifestarse en formas sutiles. Imagina a un maestro que regularmente practica la técnica de preguntas—una técnica que consideraremos en un capítulo más adelante. Cuando el maestro hace una pregunta, todos los alumnos (especialmente en los primeros niveles de primaria) compiten vigorosamente los unos  con los otros para recibir el reconocimiento y aprobación. Tanto Marisa como Esteban, por ejemplo, levantan sus manos, ansiosos de responder correctamente a la pregunta del maestro. Pero Esteban, internamente espera que Marisa conteste equivocadamente; una respuesta incorrecta le va a dar a él una oportunidad de dar la respuesta correcta, y por ende, una mejor oportunidad de lucirse. El trabajo en grupo en tal salón de clases competitivo fracasará: los alumnos individualistas, especialmente los que tienen tendencias agresivas o ambiciosas, no quieren arriesgar que su trabajo sea identificado con compañeros que supuestamente logran menos que ellos.

El salón competitivo se suma sobre el salón individualista. De hecho, el salón competitivo es imposible sin la fundación del salón individualista. Por esta razón, siempre tienes que monitorear el nivel al cual inadvertidamente fomentes el individualismo en tu salón. Hay sólo un pequeño paso entre un salón individualista y uno competitivo. Un salón competitivo hace que sea doblemente difícil que enseñes cristianamente.

"Simplemente trabajo en grupo"

Cuando llego a una escuela con el propósito de observar una clase, por lo regular pregunto al director si hay maestros que practican un auténtico método cooperativo de aprendizaje. Normalmente el director responde señalando a varios maestros que presumiblemente usan este método regular y efectivamente. Al entrar sus salones, ¿qué veo? Por supuesto, veo estudiantes en grupos, sentados alrededor de las mesas, cooperando diligentemente en sus tareas. Pero, ¿realmente están haciendo esto? Una mirada más atinada, a menudo, revela que en cada grupo hay un alumno que hace todo el trabajo, mientras que los demás sólo se pegan a esa persona. O, veo a estudiantes individuales sentados al lado, haciendo su trabajo independientemente, con muy poca interacción con sus compañeros. A esta situación le nombro, "simplemente trabajo en grupo." Las tareas son estructuradas de tal manera que, a pesar de su apariencia, no requieren una cooperación real.

"Simplemente trabajo en grupo" ocurre más a menudo como un cambio de ritmo en clases normalmente individualistas o competitivas. Es una estrategia engañosa, porque pretende aparecer, a veces, que hay una comunidad real en el salón de clases. De hecho, "simplemente trabajo en grupo" esconde el individualismo o competencia bajo un manto de colaboración.

La clase colaboradora

La cuarta manera es la correcta. Creo que el salón de clases colaborador es el contexto requerido para enseñar cristianamente. En otras palabras, es el tipo de estructura que nosotros, como maestros cristianos, debemos intentar establecer y mantener. El tema de comunidad es fuerte, aun dominante, en las Escrituras. En ambos testamentos, el viejo y el nuevo, el pueblo de Dios está presentado como una unión, unido en un servicio mutuo al Señor y a ellos mismos. En el Antiguo Testamento la nación hebrea representaba tal comunidad. En el Nuevo Testamento esta comunidad se extiende a los gentiles también, llegando a una nueva comunidad más grande y universal llamada el Cuerpo de Cristo.

Hay muchas cosas en las Escrituras que nos confunden. Por el otro lado otros temas son más claros que los cristales de un par de lentes nuevos. Uno de los aspectos sobreentendidos de la Biblia es el llamado a ser un solo cuerpo, ser una comunidad, ser miembros los unos con los otros, servir los unos a los otros, ser colaboradores con Cristo.[8] Lamentablemente, el Cuerpo de Cristo con frecuencia se reserva sólo para las estructuras eclesiásticas. A menudo se cree que la comunidad y el compañerismo pertenecen solamente a la iglesia institucional. La comunidad se hace visible sólo cuando los miembros de la iglesia se juntan en el santuario los domingos. Tan pronto que se salgan de la iglesia, pueden entrar, otra vez, a sus caminos individualistas. Este tipo de dualismo todavía se pega a muchos creyentes cristianos. Me acuerdo de un alumno que visitó mi oficina hace poco. Él describió su vida de hogar e iglesia. Explicó, "Mi padre es un hombre de negocios. Los domingos está en la iglesia dando la mano a sus hermanos y hermanas en Cristo, cantando 'Bendito sea el lazo que nos une,' y luego el lunes sigue su camino, buscando las riquezas en su mundo de competencia salvaje."

La palabra neotestamentaria para "iglesia" (*ekklesia*) significa literalmente "aquellos que son llamados fuera." La *ekklesia* de los primeros siglos no se refería a un grupo de personas que se juntaban para cantar cantos sagrados los domingos, sino a una sociedad dentro de una mayor sociedad pagana greco-romana. La iglesia se refiere en primer lugar a la gente de Dios, trabajando comunalmente y sirviendo en *todas* las áreas de la vida: en la iglesia cristiana institucional, en el hogar cristiana, en la educación cristiana, y también en las áreas de la política y de lo económico. Lamentablemente, el individualismo ha llegado a controlar la mayoría de las áreas fuera de la iglesia de los domingos.[9]

Estoy persaudido que nuestros salones de clases tienen que ser expresiones del Cuerpo de Cristo. No hay ninguna razón de suponer que el Cuerpo de Cristo excluya a los niños de nuestros salones.[10] Al contrario, nuestros salones deben respirar la presencia del Espíritu Santo quien nos llama a todos, jóvenes y ancianos, para ser Su gente, unidos en un propósito y el amor, sea en la iglesia, el hogar, o la escuela. Nuestros salones de clases son para ser tallers comunales y redentores a través de una preparación recíproca y mutua.

Las características de la clase colaboradora

¿Qué caracteriza el salón de clases colaborador? ¿Cómo puedes distinguirlo de un aula individualista o competitiva, o de una situación de "simplemente trabajando en grupo"? Lo siguiente menciona algunas de las características principales:

- El aprendizaje de un alumno *se relaciona* al aprendizaje de todos los alumnos. Si Marisa fracasa, todos los alumnos sienten el dolor. Si ella tiene éxito, especialmente después de varios intentos honestos, todos comparten el gozo. En un salón colaborador, los alumnos se esfuerzan para estar al tanto de los éxitos y luchas de sus compañeros. Juntos celebran los logros, juntos aguantan el dolor. Se ríen juntos y cargan las penas juntos.[11]

- Los alumnos son *responsables* por el aprendizaje de cada uno. Cuando Marisa fracasa, no sólo hay un dolor común, sino también un esfuerzo comunal de ayudarla a lograr la meta. Si Marisa fracasa, de una manera, todos los compañeros de ella también fracasan. Es decir, Marisa no está sola en su lucha, con sólo el maestro para apoyarla.

- Hay un sentido palpable de "nuestro salón" en el cual todos los alumnos se sienten aceptados. Con demasiada frecuencia el salón de clases es realmente el dominio del maestro, al cual los alumnos entran como invitados para aprender durante un tiempo. El salón colaborador emite una invitación diferente: ven a estar con nosotros, porque todos pertenecemos aquí a este salón. Al nivel medio superior, donde se fragmenta el currículum y los estudiantes se mueven de aula en aula, tal clase de pertenencia es difícil lograr. Sin embargo, se puede lograr mucho si hay suficiente tiempo y espacio adecuado en su salón "de base". Tenemos que motivar un cambio en la estructura de las escuelas secundarias y de nivel medio superior. (¡Es hora! Las escuelas secundarias y preparatorias de hoy no han cambiado mucho de lo que eran desde hace 100 años.) Los períodos más largos de clases y un currículum más integrado serían de mucha ayuda para el desarrollo del salón de clases de la preparatoria y secundaria. No olvidemos: si los alumnos en una clase no desarrollan un sentido de aceptación, van a formar bandas hostiles y grupos destructivos donde se sienten aceptados.

- El salón colaborador provee un ambiente seguro, de cuidado, de aceptación y de apoyo. Los salones individualistas y competitivos generalmente emiten varios temores: el temor de fracasar, el temor del maestro y el temor de los compañeros.[12] Pero el amor desecha el temor. En el salón lleno de temor, el Espíritu Santo no puede funcionar. La seguridad, por supuesto, ha llegado a ser la principal preocupación de muchas escuelas. La violencia, armas, drogas ilegales y otras formas de criminalidad han introducido un temor, sin precedente, en el salón de clases. Sin embargo, en muchas de nuestras escuelas, tal violencia física no es el problema. El problema principal son alumnos que no respetan ni a sus compañeros, ni a sus maestros, ni a los maestros que convierten sus salones en bastiones de temor y competencia. Tal violencia, no percibida por detectores de metal, puede ser más preocupante que el riesgo de armas de fuego y navajas.

- Los dones, talentos, intereses y diferencias están motivados y celebrados. Otra vez vemos el contraste muy marcado entre el salón colaborador y el salón individualista y competitivo. En los salones competitivos las diferencias se interpretan como retos, no como razones de animarse mutuamente ni celebrar juntos en grupo. Por el otro lado, en el salón colaborador la diversidad cultural, diferentes estilos de aprendizaje y diferencias de talentos se tratan como dones y no como problemas.

- El salón colaborador provee un contexto para desarrollar y practicar habilidades del discipulado. Anima a la práctica de las habilidades que se requieren de los alumnos para que puedan ser siervos bien informados y competentes para funcionar en el mundo. Específicamente, pienso en las habilidades tales como escuchar los unos a los otros, animándose los unos a los otros, estimando más al compañero que a uno mismo, etcétera.

- Finalmente, el salón colaborador muestra el Cuerpo de Cristo. Los maestros y alumnos forman una comunidad que visiblemente pertenece al Señor, que son animados para servirle como discípulos. Como tal, el salón colaborador cristiano es un testimonio de la gracia de Dios. Esta clase de salón representa el montón de piedras en la ribera del Jordán, un símbolo de la confiabilidad de la guía del Señor.

Los prerrequisitos

Si has estado entrenado en una tradición individualista, el establecimiento de un salón colaborador puede parecer como una tarea bastante
difícil. Y, por supuesto, haciéndolo requiere un cambio fundamental en
la actitud hacia el salón de clases. Este cambio toca, por lo menos, las
siguientes cuatro áreas:

- *Cambio de paradigma.* El paradigma actual requiere que el maestro
  enseñe y que el alumno aprenda. El salón colaborador nos invita
  a ver al maestro como a alguien que pueda aprender y al alumno
  como a alguien que pueda enseñar también. Enseñar y aprender
  llegan a ser actividades colaboradoras en vez de actividades unilaterales. Por supuesto, esto no quiere decir que haya un regreso
  a una recalentada democracia de Dewey. El maestro sigue siendo
  el maestro, un portador espe-
  cial del oficio, dotado con   **Maestro** ⇄ **Estudiante**
  autoridad y responsabilidad,
  como hemos visto. El maestro permanece como el guía. Es importante recordar aquí, la diferencia entre "dirigir" y "guiar." El
  guiar motiva mucho más la auto-dirección y responsabilidad personal que el dirigir.

- *Cambio de metáfora.* Muy relacionado al punto anterior, es que el
  cambio de la metáfora específicamente involucra el cambio de
  nuestros estilos de enseñar en el aula. En el aula colaboradora
  descartamos las metáforas—como sargento, o comandante y
  jefe—que sostienen las relaciones unilaterales y autoritarias de
  maestros y estudiantes, y cultivamos, en vez de esto, una visión
  de la enseñanza como un viaje, donde estamos viajando juntos a
  través del mundo de nuestro Padre.

- *El reconocimiento de las limitaciones del maestro.* Los puntos de vista
  tradicionales de enseñanza efectiva promueven la metáfora del
  maestro como el experto de sabelotodo y del juez sin errores. Se
  supone que los niños tienen sus cabezas huecas. El maestro sabe
  todo. Esta actitud es tan arraigada que a veces los maestros se ti-
  tubean ante la clase cuando no saben la respuesta a una pregunta
  de un alumno. Para que confiesen ignorancia es una experiencia
  de demasiado dolor y vergüenza para el maestro. Pero, ¿por qué

es así? Piensa otra vez en modelar: tenemos que modelar como tratamos nuestras debilidades y fracasos. Para hacer esto, requiere que reconozcamos públicamente nuestras limitaciones y faltas. Además, algunas investigaciones muestran que los maestros que reconocen inmediatamente que no saben todo crean un ambiente de aula mucho más sano que los que pretenden ser magos o adivinos.[13]

- *Un deseo renovado y un compromiso de celebrar el valor, los dones, el conocimiento y la experiencia de los que están aprendiendo.* He dicho que el salón colaborador es un lugar donde todos tratan de identificar, trabajar y celebrar todos los talentos y experiencias que los alumnos tienen. Pero haciendo esto no es siempre una tarea tan fácil. Requiere dedicado esfuerzo y perseverancia, pero la recompensa es bastante. Por ejemplo, muchos maestros de primer grado están asombrados de la sabiduría de estos pequeños. Los maestros que se abren para aprender de estos niños a menudo se sorprenden gratamente con las perspectivas de ellos. Tales experiencias renuevan nuestro compromiso de tomar en cuenta las experiencias de los estudiantes mientras que ambos, maestros y estudiantes, trabajamos juntos sobre la construcción de una situación efectiva de enseñanza/aprendizaje.

Una distinción importante

Asegúrate de distinguir entre el salón colaborador y el aprendizaje cooperativo. El salón colaborador es el contexto mayor en el cual el aprendizaje cooperativo puede ser útil. El aprendizaje cooperativo—una estrategia que examinaremos más a detalle en un capítulo posterior—es sólo uno de los métodos de instrucción que puedes utilizar en un salón colaborador. Un salón colaborador no requiere continuas estrategias cooperativas de aprendizaje. La instrucción directa es tan importante como es el aprendizaje cooperativo o como cualquier otro método de enseñanza.

Una palabra final

En este capítulo hemos considerado el contexto de enseñar cristianamente. Hemos revisado tres mundos, identificado los elementos que componen una situación del salón de clases y explorado la idea de un salón colaborador. Ahora, voy a seguir considerando una pregunta: ¿Cómo puedes empezar a establecer un salón de este tipo? Vamos a ver.

Llegando a donde quieres estar: Estableciendo el salón de clases colaborador

Randy: ¡Estoy asustado me voy a rendir en todo estas cosas del aula colaboradora, Lisa! Ayer les envié una carta a las casas de los chicos explicando mis planes para dar a los estudiantes algunas opciones de la cantidad de tarea que podrían hacer, y para compartir más en la forma que estamos llevando la clase. Bueno, algo sucedió, Lisa y te dejaré adivinar que fue.

Lisa: ¿Por qué, qué sucedió Randy? Pienso que tú solo sugeriste que los chicos compartieran contigo sus obligaciones del hogar, así tú podrías diseñar las asignaturas más razonablemente. Lo que estabas proponiendo me parecía bastante inocente. Y aparte, de darles a los estudiantes más voz en el salón de clases les ayudaría a enseñarles responsabilidad, ¿no era así?

Randy: Bueno, sí, así lo pensé. Una madre me llamó y muy bien terminó mi carrera de enseñanza, o eso me pareció. ¿No se les paga a los maestros para que enseñen? Ella deseaba saber. ¿No son ustedes los expertos, mientras los más jóvenes son inexpertos, inocentes, e ignorantes? ¿No deberían los estudiantes practicar habilidades básicas? ¡Estas cosas colaboradoras sin carácter son la razón por las cuales muchos chicos no están aprendiendo hoy en día! Y así cosas por el estilo.

Lisa: ¡Vaya! tal vez debemos ser más diplomáticos en nuestras comunicaciones, ¿no?

Una preocupación

La historia de Randy sugiere que el salón de clases colaborador, como el aprender a hablar una lengua nativa en una tierra extranjera, puede ser aterrador e incomodo, aún intimidante, para padres y maestros. Después de todo, ¿no se les paga a los maestros para que enseñen, como el padre lo dijo en el escenario anterior? ¿No deberían los niños obedientemente escuchar al maestro y hacer como ellos dijeron

Estas preguntas son importantes y necesitan ser abordadas. Los padres tienen una preocupación legítima acerca de si están o no aprendiendo sus niños, para estos luce como si los sistemas escolares actuales–al menos en Norteamérica–se están quebrantando. Escuchamos los reportes de los medios interminables lamentando las fallas de la educación pública: muchos estudiantes no están aprendiendo (especialmente en comparación con otros países) y muchos graduados de escuelas secundarias y preparatorias, de manera sombría, son desinformados y analfabetas. La pregunta es, ¿cuál es el problema? ¿Los salones de clases colaboradores son culpables? Esta causa parece improbable, porque honestamente ahora, por los últimos veinte años, o algo así, las escuelas han difícilmente visto modelos brillantes de colaboración significativa.[1]

Una percepción de la educación que pone primero la disciplina severa, hace mucha práctica en lo básico, y un currículum básico académico rígido, requiere una evaluación crítica. Con frecuencia esta clase de enfoque falla para reconocer la riqueza de experiencia y conocimiento que traen nuestros niños al salón de clases. Éste asume que los maestros saben todo y que los estudiantes no saben nada–o, al menos, no mucho. Tal punto de vista previene a nuestros niños de aprender para tomar responsabilidades para sus propias vidas, y cierra posibilidades para una colaboración genuina.

Estableciendo un salón de clases colaborador

¿Qué clase de magia requiere para llevar a un salón de clases colaborador a la realidad? ¿Éste es una genuina posibilidad alcanzable, o un sueño idealista imposible, promovido por educadores idealistas que han perdido contacto con el mundo real?

La respuesta es simple y sencilla: ¡por supuesto esto es posible! ¿Cómo lo sé? Porque he visto tales salones de clase con mis propios ojos. Los he visto en los Estados Unidos, en Canadá, en Australia, y en Corea. Es verdad, aunque ninguno de estos salones, sospecho yo, reúne el criterio completamente, pero luego, ¿puede la perfección ser encontrada en el mundo? El punto importante en esto: no le permita a los escépticos disuadirlo de alcanzar su ideal.

Algunos principios básicos

Obviamente, para establecer un salón de clases colaborador depende mucho de la calidad de persona que eres tú y la clase de relaciones que tú puedes construir. Si por naturaleza eres un profesor inseguro y piensa que los chicos son furtivos y que quieren estar lejos de ti, o si eres muy centrado y decidido a proyectar una imagen de poder o experiencia en tu salón, el salón de clases colaborador rápidamente desaparecerá como una opción. Si no estás en dispuesto a escuchar a tus estudiantes, o asume que realmente no vale la pena escucharlos, cierra este libro ahora y mejor lea una novela de Louis L'Amour. Revise los requisitos articulados al final del artículo anterior. ¿Estás realmente dispuesto a cambiar el paradigma del salón de clases?

Asumiendo que tú eres la clase de maestro quien realmente tiene el bienestar de sus alumnos en primer lugar, y asumiendo que realmente deseas ver a Jesús en todos ellos, ¿qué clase de cosas puedes hacer para poner en funcionamiento el salón de clases colaborador? Yo comienzo con la consideración del "enfoque del primer paso."

El Primer paso

¿Qué es el enfoque del primer paso? Yo uso este término de manera corta para "invitar a los estudiantes para establecer y mantener el salón de clases colaborador." Quizás la manera fácil de entender el término es contrastarlo con el enfoque más comúnmente usado "manos a la obra, ya". Con esta "manos a la obra," un maestro típicamente empieza su clase al principio del semestre anunciando: "muy bien chicos aquí está el material que voy a enseñarles, y esto es lo que tendrán que aprender este semestre—¡les guste o no! Aquí está la escala de calificaciones que usaré. Y hasta para los que están interesados en las reglas, estarán puestas en la pared. ¿Ustedes las ven? Obedézcanlas y seguiremos adelante. ¡Rómpanlas y ustedes estarán en serios problemas!" Así es el enfoque "manos a la obra". Es

un brinco, porque esto es un primer paso—extendiendo una invitación para participar—el cual no había sido tomado. El enfoque manos-a-la-obra previene, al principio, el establecimiento de un salón colaborador. Ya que los estudiantes desde el principio están en silencio. De ese punto en adelante, sólo hay espacio para una instrucción unilateral controlada por el profesor. Los estudiantes sólo pueden funcionar como recipientes y quienes contestan. No hay espacio para iniciativas de estudiantes, y poca o ninguna oportunidad para aprender responsabilidad. El enfoque "manos a la obra" establece los cimientos para un salón de clases equipado para adoptar la pasividad, aburrimiento, y un aprendizaje sólo para sacar las calificaciones.

Para muchos de los maestros, el "primer paso" no es nada nuevo. He visto maestros de primaria nombrar auxiliares en el salón de clases, maestros de secundaria pedir ayuda a los estudiantes para evaluar y mejorar composiciones de los otros alumnos, y maestros de preparatoria invitar a sus estudiantes a ayudar a escribir preguntas de exámenes. Todas estas prácticas reflejan el enfoque de "primer paso".

Algunos componentes

Randy es un maestro quien ha aprendido—a pesar de preocupaciones ocasionales expresadas por algunos padres—enmarcar un salón colaborador. Para hacerlo así, él básicamente implementa un plan bifurcado. Primero, él decide—cada año nuevamente—comprometerse a abordar un trabajo de inventario extensivo al principio del semestre, para descubrir quienes son realmente sus estudiantes. Él desea aprender tanto como él pueda acerca de ellos. Él desea saber que los hace funcionar. Lo más que sepa acerca de sus estudiantes, lo mejor que él es capaz de diseñar apropiadamente actividades para el salón de clases. La segunda parte del plan de Randy es darle a sus estudiantes, tanto como sea posible, una opinión en la forma que el salón de clases será conducido. Vamos a examinar el enfoque de Randy más cerca.

Inventario

La primera parte del "primer paso" es abordar un trabajo de inventario extensivo al principio del semestre. ¿Quiénes son tus estudiantes? ¿Qué clase de personas son? ¿Cuáles son sus dones? ¿Cuáles son sus necesidades? ¿Sus intereses? ¿Sus experiencias? Por supuesto, esto no significa que trato de decir que es posible encontrar que todo lo que necesita en el primer par de semanas después de que se abrió la escuela. Sus estudiantes, como el resto de nosotros, son criaturas increíblemente complejas. Ni siquiera una vida podría ser suficiente para realmente conocerlos. Solamente el Señor nos conoce completamente. Sin embargo, esto hace una diferencia si concientemente decides acerca de un programa de trabajo de inventario o no. Si tu aptitud es simplemente una de "cubriendo el tema de la materia" o asegurándote que los resultados de un grado específico se logren, el objetivo de salón de clases colaborador se desvanecerá en la irrealidad. Comprometiéndote tú mismo en el conocimiento de tus estudiantes, no importa que tan imperfecto, hará el salón de clases colaborador una posibilidad.

Debido de que Randy es un profesor de escuela primaria, él tiene mejor probabilidades en el trabajo de un inventario exitoso que sus colegas, que trabajan en las escuelas secundarias y preparatorias. No hay duda, que el trabajo de inventario extensivo es una tarea difícil en el nivel secundario, donde los profesores enseñan cinco o seis diferentes clases por día, y así trabajan con más de 100 estudiantes. Sin embargo, ahí puede haber soluciones al problema de conducir un inventario significativo en la escuela secundaria o preparatoria. Por ejemplo, a los estudiantes se les puede asignar una clase de maestros quienes serán responsables para un grupo de estudiantes durante sus cuatro años de carrera.[2] Adoptando un sistema de bloques con períodos más largos o con menos períodos por día puede ofrecer otra alternativa.

¿Qué debería ser inventariado?, y ¿cómo podrías continuarlo? Yo sugiero que explore las siguientes categorías generales, preliminares (que de alguna manera se traslapan):

- *Experiencias de vida antes de entrar al salón de clase:* Nosotros ya no vivimos en tiempos de escuelas de un solo salón, donde el maestro conocía todas las familias de la comunidad. Los maestros ahora tienen que hacer un esfuerzo para llegar a ser más sensibles a los antecedentes de cada estudiante. Algunas sugerencias: visite los hogares, cuestionarios para los padres (para ayudar a evaluar los valores y prioridades del hogar, como los objetivos y expectativas de los padres de familia), cuestionarios para los estudiantes, diarios, conferencias y conversaciones, etcétera. Las escuelas deberían estimular tanto el requerimiento que los maestros hagan esta clase de trabajo de inventario, como proporcionar oportunidades para hacerlo (por ejemplo, organizando días de campo familiares o actividades de verano antes del periodo de clases). Una palabra de precaución aquí: cuando utilices encuestas y cuestionarios, sea consiente de las leyes de derecho a la privacidad. Siempre haz que el llenado de la encuesta sea una actividad voluntaria. Siempre ponga al tanto a los padres de su intento. Evite cualquier apariencia de entrometimiento o de meterse en la privacidad de una persona.

- *Personalidad/carácter:* Trate de familiarizarte lo más que puedas con cada uno de tus estudiantes como persona. ¿Qué interés tiene ella? ¿Qué prioridades establecidas tiene él? En pocas palabras, ¿qué clase de personas son ellos? ¿Cómo reaccionas como maestro a cada uno de tus estudiantes? ¿A cuáles eres atraído? ¿Por cuáles eres rechazado? ¿Por qué? Aquí necesitarás algunas habilidades de observación agudas, también la habilidad para dibujar a los estudiantes y participar en una autorreflexión crítica.

- *Dones y necesidades:* Para identificar dones y necesidades requiere los dos pasos anteriores como prerrequisitos. Sólo cuando tú ves a un estudiante como una persona, completamente desarrollada, tendrá significado el hablar de dones y necesidades. En un capítulo posterior, cuando exploraremos las formas de celebrar los dones y reunir las necesidades de todos nuestros estudiantes, podremos examinar este punto en más detalles. Por ahora, sugiero que incluyas en tu trabajo de inventario las siguientes preguntas:

  - ¿Cuál es la relación entre el estudiante y el Señor? ¿Hay necesidades de fe?

  - ¿Como se relacionan los estudiantes con sus padres, hermanos, y sus semejantes? ¿Qué problemas sociales traen al salón de clases? ¿Qué habilidades sociales poseen? ¿O carecen?

- ¿Qué fortalezas físicas o debilidades juegan un rol? ¿Hay deficiencia de la vista, oído, o del habla?

- ¿Qué auto-concepto tienen los estudiantes? ¿Qué miedos y esperanzas gobiernan la vida de los estudiantes? ¿Qué dones o necesidades de auto-confianza ves?

- ¿Qué clase de aprendiz es el estudiante? ¿Qué factores ambientales afectan el aprendizaje del alumno? ¿Qué áreas de fortaleza o debilidades en el aprendizaje muestran los alumnos?

- ¿Qué dones académicos o necesidades muestran los alumnos? ¿Cuáles son sus habilidades de lectura, escritura, pensamiento o de computación?

¿Cómo determinas tales dones o necesidades? Quizás tú podrías devotar al menos dos semanas al principio de cada semestre involucrándote con los alumnos en una variedad de actividades diseñadas para determinar donde se encuentran ellos en cada uno de estas categorías. Estas actividades podrían incluir que los estudiantes escribieran ensayos, respondieran a cierto tipo de literatura, construyeran trabajos de arte y otros trabajos manuales, jugaran juegos, simularan situaciones, demostraran habilidades, evaluaran música, y cosas por el estilo. Podrías acomodar, o por lo menos colateralmente utilizar, estas actividades dentro del currículum estándar. Además, busca la manera de interactuar, lo más que puedas, con sus estudiantes en juegos, días de campo, campos de juego, y en situaciones fuera 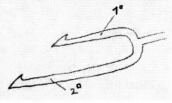 de la escuela para poder observar e interpretar pistas importantes.

Sé cuidadoso con los archivos acumulados. Mientras ellos pueden proporcionarte la información esencial, ellos también pueden perjudicarte. Algunos estudiantes son etiquetados—o malamente etiquetados—como deshabilitados para el aprendizaje estancados con problemas de comportamiento, condenados a fallar desde el jardín de niños en adelante. Escapando de tales etiquetas frecuentemente llega a ser una tarea imposible.

Involucrando a los estudiantes en los procedimientos del aula

El primer diente del plan de dos dientes de Randy es hacer el trabajo de inventario. Pero, por supuesto, él no estará satisfecho simplemente siendo capaz de reportar cuáles son los pasatiempos de sus estudiantes. El apunta por una meta más grande, el segundo diente: construir una comunidad en la cual los estudiantes tomarán responsabilidades por ellos mismos y por cada uno de sus aprendizajes. Para hacer esto, será necesario para él llevar a los estudiantes que se conozcan unos a otros también. Por supuesto, muchos de ellos lo hacen. Todavía, en muchos salones de clases algunos estudiantes permanecen como extraños unos con otros, o se relacionan sólo de forma superficial y externa. Para asegurarse que los estudiantes lleguen a conocer uno con otro, Randy planea usar un número de estrategias de aprendizaje cooperativo. Pero ya que el aprendizaje cooperativo es una estrategia de enseñanza específica, quiero posponer la descripción de las formas de usarlas a un capítulo posterior

Además de que los chicos se hayan conocido unos con otros, Randy planea invitarlos a participar en la determinación de ¿como debería de lucir un salón de clases colaborador? Desde el principio él desea que sus estudiantes conozcan que un salón de clases es como deberían de ser las expectativas. Pero él presentará tales expectativas en un primer paso, no en la manera de manos-a-la-obra-ya. Randy invita a sus estudiantes a contribuir a la descripción del salón. Él pide a sus estudiantes decidir, junto con él, la clase de expectativas que debería de establecer.

Randy usualmente hace el trabajo por la vía de discusiones de clase o en un sesión de lluvia de ideas. ¿Qué clase de comportamientos harán de esto una buena clase? ¿Cuáles deberían de ser evitados? ¿Qué podemos esperar de los demás? ¿Qué pueden esperar los estudiantes del maestro? ¿Qué puede esperar el maestro de los estudiantes? ¿Qué clase de reglas necesitamos para funcionar de una clase de manera segura, útil, motiva y divertida?

Algunas veces Randy encuentra que sus estudiantes no toman su ofrecimiento seriamente. Tales estudiantes están preparados para esperar que el maestro tome las decisiones. Ellos están programados para seguir órdenes. En tales casos, Randy ejercita la paciencia. Gentil, pero persistentemente él trata de persuadirlos de que él realmente desea que ellos tengan voz en la manera en como se llevará el salón de clases. Por supuesto, Randy tiene la opción de tomar la autoridad.

El también puede decir siempre "muy bien, si ustedes no desean tomar mi invitación seriamente ustedes me dan la opción de tomar mi decisión." Sin embargo, antes de llegar a ese punto, Randy hace todo lo posible para convencer a los estudiantes de sus obligaciones de participar. En algunos casos él encuentra que el tiempo tiene que pasar antes de que las relaciones de confianza entre él y los niños sean suficientemente fuertes para permitir la clase de participación que él está buscando.

Randy también invita a sus estudiantes a participar en la determinación de los asientos en el salón, tales como arreglos de asientos y medio ambiente. Él sabe que algunos maestros de primaria colorean pizarrones de boletines en su salón de clases antes del primer día de clases en los argumentos de que ellos desean hacer sus salones de clases una invitación tan amistosa como sean posible. Randy siempre deja espacio sustancial en los pizarrones de boletines para participación de los estudiantes. Un salón de clases colaborador, él cree, es un salón que exuda un sentido de "nuestro salón" no sólo el salón del maestro.

Randy está en la fila de la correcta. El habitual y persistentemente trabaja en mantener a sus chicos involucrados. Él les da a ellos voz. El les proporciona un sentido de pertenencia y responsabilidad para ellos mismos y con sus compañeros. Él inculta un sentimiento de "no deseamos dejar a nadie atrás" entre sus estudiantes.[3]

Sugerencias adicionales

Ya me había referido a la practica de señalar "ayudantes del maestro." Aquí las responsabilidades son limitadas sólo por su imaginación. Sé de maestros quienes encuentran un trabajo para cada uno de sus estudiantes. Tales tareas van desde juntar dinero para leche, mantener atención, borrar el pizarrón, cambiar el calendario, revisar el suministro de papel, y mantener ciertas secciones del salón aseadas, hasta alimentar al pez en el acuario y preparar el equipo de video casetera.

Otras áreas para la participación del "primer paso" están el currículum y la evaluación. Dándole a los estudiantes opciones del currículum, también como libertad para seguir con los intereses, son buenas maneras para alentar un genuino aprendizaje. Un maestro de primer grado ofrece a los chicos una opción entre aprender primero a contar dinero o aprender a decir el tiempo. Un estudiante de tercer grado sugiere un viaje relevante al campo sigue con esa sugerencia. En una unidad de clima, los estudiantes escuchan el reporte del clima cada mañana en una estación de radio local. Un estudiante dice, "gustaría conocer al anunciador y preguntarle

¿cómo sabe que decir?." La clase junta planea un viaje breve a la estación, lluvia de ideas para preguntas y seleccionando las mejores. Un maestro de una escuela secundaria con el cual trabajé ofrece a los estudiantes una opción en la secuencia de los tópicos de vida, y en ciencias.

La evaluación de procedimientos, también, debería de involucrarse a los estudiantes. Solicite entrar a los estudiantes en la construcción de rúbricas, o diseño de portafolios, y en lo que constituye procedimientos de acreditación y reprobación o procedimientos de evaluación justos. Invítelos a una revisión de cuadros, pruebas, e instrumentos de evaluación. Estas actividades contribuyen a un buen salón de clases colaborador.

Un maestro de inglés con el cual trabajé por un semestre en un secundaria de Iowa decidió usar el enfoque de primer paso. Nosotros utilizamos varios periodos de clases teniendo a los estudiantes discutiendo procedimientos de acreditación. Era el tiempo de la crisis más grande de las granjas, cuando los valores de la tierra había sido desechados y muchas granjas estaban en peligro de ser cerradas por la hipoteca. Un número de estudiantes en la clase venían de tales granjas: ellos tenían que trabajar día y noche para ayudar a mantener la operación a flote. Ellos tenía poco o ningún tiempo para hacer tarea fuera de la clase. En vista de esta situación, los estudiantes venían para estar de acuerdo que esto podría estar bien para algunos estudiantes obtener una A por leer sólo cinco libros, mientras podría obtener sólo una B por leer tantos como diez. En otras palabras, los estudiantes entendieron que ellos eran diferentes y que encontraban en diferentes circunstancias, así que la distribución de grados o criterios de clase para evaluación no eran necesariamente apropiados.

Enfoque de "primer paso": su carácter cristiano

El enfoque de primer paso es completamente compatible con la educación cristiana. Las siguientes características deberían de ayudar a hacer claro esto:

- *Este trata a los estudiantes como virtuosos y responsables portadores de la imagen de Dios.* Los estudiantes no son simplemente cabezas huecas tontas o marionetas mecánicas. Ellos son criaturas especiales del Señor, llamados para desenvolver sus dones y traer a expresión sus percepciones. Además, tratando a los estudiantes de esta forma, el maestro reconoce que él o ella, también, son seres humanos falibles con limitaciones.

- *El enfoque de primer paso toma el pecado seriamente en las vidas individuales.* El trabajo de inventario trae a luz problemas y distorsiones en las vidas de los estudiantes para ser reconsiderados con los maestros y estudiantes embarcados en el viaje juntos. Tomando el pecado seriamente en esta forma es más significativo que simplemente reafirmado el principio de depravación total. El pecado es realmente una tragedia y realidad poderosa. Hay una gran diferencia, sin embargo, entre simplemente declarar a los niños como pecadores (y, consecuentemente, introducir un código penal severo en el salón de clases) y tratar de descubrir como los estragos del pecado los afectan. Simplemente opinando acerca del pecado nos previene de reconocerlo plenamente, de luchare directamente con él, de comprometernos en actividades auténticamente redentoras. Frecuentemente me sorprendo por nuestra buena voluntad para aceptar el *status quo* pecaminoso en nuestro mundo. Escucho decir a maestros, "mis estudiantes deben aprender como ser buenos competidores o buenos ganadores o perdedores porque esto es lo que encontraran en el mundo real." Para mí esto es como decir, "es mejor que los chicos estén familiarizados con la pornografía, porque, después de todo, ellos probablemente se la encontrarán en el mundo real. Como dijo una vez Alfie Kohn, "sólo porque hay carcinógenos en el mundo, ¿es correcto exponer a nuestros estudiantes en nuestras escuelas a ellos?"[4]

- *El enfoque de primer paso proporciona una oportunidad para ejemplificar el Cuerpo de Cristo:* los estudiantes trabajan juntos en las responsabilidades de su salón de clases. De tal colaboración emerge un sentido de solidaridad que reemplaza la mentalidad de "yo solo contra el mundo."

- *Enseña responsabilidad:* a los estudiantes se les da responsabilidad para tales procedimientos como reglas del salón estableciendo convenios y para decisiones curriculares. Por supuesto, como se indica, el maestro tiene la autoridad para asumir el control si los niños son incapaces de manejar la responsabilidad.

- *Alienta las habilidades del discipulado, del mutuo amor estima y cuidado.* Los estudiantes van a tener que escuchar y cuidar los unos a los otros mientras participen en la determinación de los procedimientos del salón. El ejemplo anterior de los niños de las granjas de Iowa ayuda a aclarar este punto.

- *Finalmente, el método de primer-paso da a los alumnos la propiedad de su propio aprendizaje.* Tal propiedad motiva la responsabilidad y aumenta el deseo de desenvolver los dones y enfrentar las debilidades.

El método de primer-paso: ¿Es realista?

Una pregunta persistente permanece: ¿Es toda esta actividad colaboradora realista? Traté de responder a esta primera pregunta en el capítulo cuando reporte que con mis propios ojos había observado lo que seguramente llamaría salones de clases colaboradores exitosos. Sé que nuestros salones de clases son frecuentemente llenos con niños difíciles. Algunas veces sólo un niño puede destruir nuestras mejores intenciones. Algunas veces nosotros tenemos una clase que virtualmente nos conduce a la desesperación. Así debemos encarar la realidad: ya que nuestros salones son diferentes y que la dinámica de las clases difiere de un año a otro y de un grado a otro, las posibilidades de establecer lo que realmente deseamos en nuestra clase será variable de un año a otro y de un grado a otro. No obstante, yo continúo ofreciendo el siguiente consejo: no se rinda, ni en ninguno de sus estúdiantes, ni en ninguna de sus clases. Recuerda las diferencias entre "lo que debería ser el caso" (un salón de clase realmente colaborador) y "lo que frecuentemente es el caso" (una clase difícil). No acepte "lo que es el caso" como un inevitable, una situación inmutable. Continúa tratando de cambiar "lo que es" por "lo que debería de ser." En ocasiones vas a ser agradablemente sorprendido.

Como siempre, está mucho en oración, no sólo para cada uno de sus estudiantes, también para su clase como un todo. Recuerde y crea las palabras del Salmo 133: "¡mirad cuán bueno y cuán delicioso es habitar los hermanos juntos en armonía! ¡Allí el Señor mandará su bendición!"

CAPITULO 11

¿Qué es eso llamado "estrategia de enseñanza"? Vamos a mirar más de cerca de cómo enseñar

Jim: ¡No estoy muy seguro de todo esto que hemos hablado sobre "estrategias de enseñanza" sean de ayuda, Lisa! Yo creo que mientras tú sepas lo que quieres que tus alumnos aprendan y tengas una buena perspectiva en las cosas que enseñas, no importa demasiado como enseñes.

Lisa: Oh, yo creo que sí importa. ¿No crees que los niños aprendan diferente, por decir, si ellos nada más toman notas que les dicta el maestro y no discuten el tema entre ellos? ¿Qué, no has estado en una clase donde te das cuenta que cuando hablas con uno de tus compañeros de clase sobre el tema, de repente empiezas a entender más claramente el tema que el maestro está intentando enseñar? ¿Qué me dices de los proyectos cuando los alumnos están activamente involucrados? ¿No dicen siempre los maestros de matemáticas y ciencias que los niños no aprenden nada sobre el tema hasta que no lo ponen en practica?

Jim: mmm... creo que necesito ser convencido al respecto. Vamos a ver que tiene que decir Van Dyk sobre esto.

Una primera revisada

En tus días universitarios aprendiste que una unidad de alto grado o en la planeación de una lección se debe incluir varios componentes importantes para llevarse a cabo. Así como un avión necesita de varios componentes para poder volar, así como dos alas, una cola y varios ingenieros para poder hacerlo volar. De la misma manera tus lecciones necesitan objetivos, contenidos para ser enseñados, actividades de enseñanza y aprendizaje y procesos de evaluación. Los componentes como estos nunca están fuera de moda no importando el formato de enseñanza que termines usando. Tus alumnos necesitan de tu atención profesional continua—sea o no si tu director pide ver tus planes que tienes para las lecciones semanales.

Pero una cosa graciosa pasa en el camino al salón de clases: las estrategias que habías preparado para tu clase se resbalaron del vagón donde venían y bueno, no se le dio mucha atención una vez más. Por ejemplo, yo todavía veo unidades curriculares empaquetadas en las cuales estrategias de enseñanza y actividades de aprendizaje son tratadas como algo marginado, etiquetados como "sugerencias" o "tips" o aun como "una canasta de trucos." Típicamente, las unidades de libros de texto ponen el contenido que va a ser enseñado—usualmente sin ser discutidos los métodos de enseñanza apropiados—y después de esto agregan "sugerencias para actividades." Normalmente estas sugerencias simplemente señalan un seguimiento de practicas, aplicación o actividades enriquecedoras. Como si fuera al azar, así como se encuentra mercancía que se quiere vender sobre el piso para que la gente escoja lo que quiere comprar, así, todas estos tips de enseñanza, por lo regular, se presentan como una colección desconectada y ecléctica de actividades, divorciada de un marco coherente y consistente.

Paradójicamente, las actividades y tips de enseñanza, aunque sugeridos al azar, tienen algo en común: ¡Todos ellos son prácticos! El común denominador que subraya casi todas las sugerencias se resumen a un solo criterio: ¡funciona! Las actividades sugeridas ayudan al estudiante a digerir el contenido o a aprender la técnica que estás tratando de enseñarle.

La necesidad de ser práctico

A la siguiente convención de maestros que asistas toma algo de tiempo para ver libros que publican las campañas de editores. Pero en lugar de revisar los libros, observa a los que compran. Observa como los maestros husmean entre los montones de material atractivamente expuesto para ellos. ¿Qué es lo que los maestros están buscando? Bueno, ellos están buscando recursos, por supuesto. Pero, ¿qué hacen estos recursos? Ellos proveen nuevas ideas y nuevos tips que funcionan. Ellos suplen cosas prácticas que hacen la educación más efectiva e interesante. Los maestros buscan cosas útiles que pueden llevar a sus salones para animar lo que a veces amenaza en convertirse en una rutina.

Similarmente, en los talleres de maestros, los docentes rápidamente rechacen el material si perciben lo que está presentado tiene poca o ninguna aplicación a lo que están tratando de hacer en sus salones. Los maestros quieren escuchar "sugerencias prácticas," indicadores que los ayudaran para enseñar. Están buscando estrategias de enseñanza útiles que sirvan.

¿Cómo podemos juzgar esta actitud? ¿Sonreímos, despreciamos y le llamamos "búsqueda de una receta utilitaria"? ¿Debemos apuntar con el dedo y descartar, como un pragmatismo exagerado, el deseo de un maestro por unos tips prácticos?

Obviamente, estrategias de enseñanza y actividades de aprendizaje deben servir. Supón que alguien te dice: "¡mira, aquí tengo un maravilloso y divertido método de enseñanza para ti—desafortunadamente no sirve!" ¿Cómo responderías? Tal vez como respondería un vegetariano a un pedazo de carne de puerco grasoso. El punto parece claro: Lo qué haces en el salón es intensamente práctico. Tus métodos de enseñanza y actividades de aprendizaje tienen que servir. Conclusión: estás perfectamente justificado en buscar material práctico en las convenciones de maestros y en las sesiones de desarrollo del personal docente, ¿verdad?

Un problema

La pregunta, ¿esta estrategia servirá? en verdad es una pregunta clave. Pero no puede ser la única pregunta y ciertamente no puede ser la pregunta *fundamental*. Puedo pensar, por lo menos, en cuatro razones para esta afirmación. Primero, cuando escoges una cierta estrategia o actividad de aprendizaje simplemente en base de su funcionalidad, puedes perder fácilmente las mayores demandas de la voluntad de Dios. La verdad es que, no siempre lo que sirve es correcto. Si por ejemplo un estudiante en tu salón llega a ser un serio problema, una solución que funcionara podría ser encerrarlo en un closet oscuro y sucio. Segundo, lo que funciona hoy no necesariamente funcionará mañana. Entonces, lo que es correcto hoy puede ser incorrecto el día de mañana. Por lo tanto, el principio de la funcionalidad fácilmente se puede acercar al relativismo.

Tercero, juzgando los métodos de enseñanza, simplemente sobre bases si sirven o no evita una pregunta aun más grande: ¿Sirven para qué? ¿Qué resultados de aprendizaje alcanzarán? ¿Las actividades prácticas solamente satisfacen los objetivos establecidos en el libro de texto o deletreados en el manual del maestro? O, ¿realmente contribuyen a la tarea principal de guiar, desarrollar y capacitar? Algunas estrategias de enseñanza—tales como algunos juegos, por ejemplo—hacen un excelente trabajo promoviendo el deseo de servir a uno mismo, por acabar con la competencia. Realmente esas estrategias funcionan si quieres enseñar a tus alumnos a ser agresivos, ambiciosos e individuos que sólo busquen su propio éxito. Sin embargo, esas estrategias podrán ser totalmente inútiles para cultivar un sentido de servicio cristiano.

Finalmente, cuando la única pregunta que te haces sobre los métodos de enseñanza o actividades de aprendizaje es ¿ésta servirá? Estás mal entendiendo, aun distorsionando, la mera naturaleza de la estrategia de enseñanza. Para clarificar esta afirmación, debemos enfocar nuestro telescopio y ampliar la imagen.

Una definición

¿Qué es una estrategia de enseñanza? Una definición que sirve puede ser como la siguiente: una estrategia de enseñanza es una manera intencional para ordenar y organizar el salón de clases y los procedimientos del salón de clases para que los alumnos aprendan. Varios elementos claves en esta definición requieren discusión.

En primer lugar, un método de enseñanza o estrategia de enseñanza es un camino. Es un camino por el cual tú viajas a través del terreno curricular hacia un destino. ¿Qué destino? "Para ayudar a los alumnos a aprender," es lo que nuestra definición declara. El aprendizaje del alumno es el resultado de la estrategia. Ten cuidado de no quitarle importancia al significado del termino *resultado*. Recuerda que *resultado* incluye no sólo las varias áreas de metas que examinamos antes en los capítulos anteriores—dominando el contenido, las habilidades de pensar críticamente, el desarrollo de la creatividad etcétera—pero también la más importante meta de equipar para un discipulado bien informado y competente.

Pero una estrategia es más que sólo un camino a través de un terreno curricular. En lugar de solamente ser un tiro al azar o un tiro equivocado, o "vamos a ver si sirve," la estrategia de enseñanza es un camino *intencional*, un camino de tu propio diseño cuidadoso. Tú construyes el camino a través del proceso de *ordenar* y *organizar* el salón y el procedimiento del salón. ¿Cuál es la diferencia entre "ordenar" y "organizar"? *Ordenar* significa poner las piezas como van, en la secuencia apropiada. Así como construirías un camino, nivelando la superficie, luego raspando suavemente y finalmente poniendo el concreto, también así empieza la estrategia de enseñanza, con perspectivas filosóficas, considerado metas y objetivos y termina con resultados de aprendizaje. *Organizar,* por otro lado, significa integrar esta secuencia ordenada con otros factores relevantes en un todo coherente. Para construir un camino necesitas considerar no solamente la pancha y el cemento, también el equipo requerido, el tiempo que se va a llevar, y la energía requerida. Entonces una estrategia de enseñanza debe de organizar, dentro de un todo coherente, las varias piezas relevantes: el ambiente deseado en el salón de clases, el contenido de la lección, la cantidad y la naturaleza de los estudiantes, los recursos, el equipo requerido, etcétera. Cuando tomas en cuenta todos estos elementos en tu planeación, ordenas y los organizas, estas estructurando el salón de clases para el aprendizaje.

Como fue sugerido en uno de los capítulos anteriores, debes considerar el proceso intencional de ordenar y organizar en tu salón de clases así como los procedimientos en el salón como una expresión de la función de *guiar* en la enseñanza. La metáfora del "camino" que usé, hace un momento, sugirió este punto. Cuando construyes un "camino" tú estás, por lo tanto, imaginando o construyendo un "camino para seguir," una dirección para seguir. No vas a construir un camino que no llega a ningún lugar. En el mero acto de estructurar el salón, para aprender, estás guiando—dando ligeros codazos—a los estudiantes hacia la meta de un discipulado cristiano.

¿Podemos distinguir entre estrategias de enseñanza y actividades de aprendizaje? Yo creo que sí. ¡Pero no los separes! La enseñanza siempre debe de evocar aprendizaje. El salón de enseñanza y el salón de aprendizaje van de la mano. No vas a estar muy lejos de la verdad si ves la actividad de enseñanza y la actividad de aprendizaje como los dos lados de la misma chuleta de puerco: estrictamente hablando, no puedes tener uno sin el otro, por lo menos, no en tu plato ni tampoco en tu salón de clases.

Por supuesto, puedes enseñar de tal forma que los estudiantes no aprendan. Recientemente eché un vistazo a un salón de clases donde el maestro estaba mostrando un video. Aproximadamente 75% de los estudiantes—¡los conté!—estaban bien dormidos. ¿Estaba ocurriendo enseñanza en ese lugar? Sí. ¿Aprendizaje? No. En el salón las actividades de enseñanza y las apropiadas actividades de aprendizaje, como el aire y el viento, deben ser íntimamente conectadas.

Un panorama de la estrategia de enseñanza

¿Son los métodos "neutrales,?" significa, ¿pueden ser usados por cualquier maestro de la misma manera? O, ¿necesitamos diferenciar entre los métodos que usan los maestros cristianos de los no cristianos? ¿Algunos de los métodos de enseñanza son cristianos inherentemente y otros no?

En más de una ocasión he escuchado que los métodos de la enseñanza son ciertamente neutrales. Si lo crees o no, hay gente que me ha dicho que no existe tal forma de enseñar cristianamente. Como prueba de este aserción fue sugerido que los maestros cristianos y los maestros de escuelas seculares pudieran usar cualquier método dado, tal como la lectura o aprendizaje cooperativo, en la mismísima forma. El método, presumiblemente, es idéntico tanto para los maestros cristianos como para los que no lo son.

Pero tal punto de vista es claramente reduccionista. Hace ver el método de enseñanza como meramente un procedimiento técnico, instrumentado, sin importar la situación y el contexto. Tal aproximación es bastante compatible con la "enseñanza efectiva" mentalidad, una filosofía que hemos ocasionalmente criticado antes. Las investigaciones de la "enseñanza efectiva" busca la forma de identificar y describir un número de claves universales de "comportamientos de maestros," garantizando producir los resultados deseados del aprendizaje, no importa la situación. Tal aproximación voltea la enseñanza a un conjunto de técnicas científicamente comprobadas y universalmente aplicables. Es un método altamente técnico. Para ponerlo más simple, esta método transforma un repertorio de estrategias de enseñanza en una caja de recetas.

Actualmente, como nuestra definición propuesta sugiere, el método de enseñanza no puede ser meramente una técnica o procedimiento, sino siempre es una parte del gran red de la realidad en el salón de clases.

Cada estrategia de enseñanza es controlada por una visión religiosa, conducida por una perspectiva filosófica, guiada por metas y objetivos, trae actividades de aprendizaje, apunta hacia ciertos resultados de aprendizaje y es implementada por increíbles entidades complejas llamados maestros. Aparte de filosofías, metas primordiales, situaciones multifacéticos en el salón de clases, y gente viva de una variedad infinita, las estrategias de enseñanza no existen.

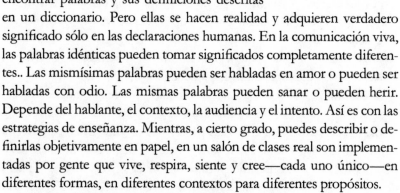

Las estrategias de enseñanza son en cierta forma como las palabras. Es cierto que puedes encontrar palabras y sus definiciones descritas en un diccionario. Pero ellas se hacen realidad y adquieren verdadero significado sólo en las declaraciones humanas. En la comunicación viva, las palabras idénticas pueden tomar significados completamente diferentes.. Las mismísimas palabras pueden ser habladas en amor o pueden ser habladas con odio. Las mismas palabras pueden sanar o pueden herir. Depende del hablante, el contexto, la audiencia y el intento. Así es con las estrategias de enseñanza. Mientras, a cierto grado, puedes describir o definirlas objetivamente en papel, en un salón de clases real son implementadas por gente que vive, respira, siente y cree—cada uno único—en diferentes formas, en diferentes contextos para diferentes propósitos.

¿Cómo podemos describir en términos generales la estrategia de la enseñanza y al mismo tiempo mantener sus distinciones únicas? La clave en esto es recordar que el enseñar es un arte. Cada estrategia de enseñanza consiste en dos dimensiones: un toque individual y personal, y una técnica universal y estándar. Aquellos que reclaman que las estrategias de enseñanza sean esencialmente neutrales, ven sólo el lado universal y técnico, el conocimiento técnico que compone los procedimientos estándares que nos permiten describir o definir una estrategia de enseñar. Ellos ignoran el otra ingrediente igualmente importante: el "toque personal" que traes a tu enseñanza, y, por lo tanto, haces que la estrategia sea tu propia posesión personal, mientras vas buscando el cumplimiento de ciertas metas. Este toque personal se refiere a los factores individuales tales como tu perspectiva en lo que crees que es importante en la vida y en la educación, tu estilo único, tu creatividad, el entorno específico de tu lecciones y los resultados del aprendizaje que estás intentando lograr. Tal vez un diagrama puede resumir nuestra discusión hasta aquí:

Este diagrama señala la realidad que las estrategias de enseñanza no son métodos objetivos o neutrales que no están afectados por el lugar de donde vienes o a donde quieres ir. Muestra que la enseñanza no es sólo la implementación técnica de un barril de trucos. Al contrario, el diagrama muestra que el carácter de cada método o estrategia de enseñanza es determinado, por lo menos, por cinco o seis variantes.

Vamos a ver algunos ejemplos para ilustrar el punto. Por ejemplo, toma el discurso. ¿Es el método del discurso simplemente una técnica neutral de enseñanza iguales para todos? No lo creo. Por una cosa, el estilo personal jugará un papel determinante. Y, desde que los estilos personales son diferentes, las estrategias del discurso también serán diferentes. La verdad es, mientras que no podamos hablar abstractamente de una categoría general llamada "discurso," no existen dos tipos de discurso exactamente iguales.

Vengo de una iglesia tradicional en donde el sermón es central en un servicio de adoración. En los cincuentas, muchas comunidades de iglesias inmigrantes se dispersaron en Canadá. No había suficientes pastores para servirles a todos. Entonces la tradición del "sermón leído" se dispersó. Cuando no había un pastor disponible, un anciano leería el sermón escrito y publicado por ministro ordenado. Era interesante notar como un lector pésimo podía destruir efectivamente el impacto de lo que pudiera haber sido un sermón excelente. Entonces así es con los discursos.

¿Discursando es discursando es discursando? Fíjate en ello de otra manera: el discurso en un salón individualista funcionará diferente que en un salón colaborador. En un salón individualista el discurso va a reforzar el individualismo: no contacto de estudiante a estudiante, apuntes privados y "cada quien por sí mismo." Por otro lado, en un salón colaborador, el discurso servirá como preparación para una colaboración futura. En este contexto la técnica del discurso se dará una apariencia completamente diferente. Con toda probabilidad llegará a ser interactivo, con oportunidades frecuentes para las respuestas de los estudiantes, o incluirá pausas para la reflexión o escritos de los alumnos.

O, toma el aprendizaje cooperativo como segunda ilustración. ¿Es una técnica neutral, libre de valores? Claro que no. En un salón individualista el aprendizaje cooperativo será usado para enseñar a los estudiantes la habilidad de cooperación, una habilidad que ellos van a necesitar, como *individuos*, cuando salgan al gran mundo malo. Este método difiere radicalmente de un aprendizaje cooperativo que intenta promover un salón colaborador y enseñar las habilidades del discipulado y el servicio. Lo que puede aparecer exteriormente ser la misma estrategia, en realidad funciona fundamentalmente en diferentes maneras.

Comentarios generales

Las estrategias de la enseñanza vienen en una variedad de colores y formas. Antes de seguir a considerar algunas maneras de categorizar esta variedad, quiero recordarte de unas verdades generales.

- *Las estrategias de enseñanza deben tener un lugar clave en cada uno de tus planes de lecciones individuales y de unidades.* Debes pensarlos con mucho cuidado, mucho antes de llegar a tu salón. Tienes que planearlos con mucha atención, todo el tiempo preguntándote: ¿Qué ayudará mejor para que los alumnos aprendan? ¿Cuáles problemas crea la estrategia? ¿Cuáles decisiones no esperadas puede provocar? Tienes que presentar estas preguntas si vas a involucrarte en una reflexión productiva acerca de tu enseñanza. Por supuesto, tal reflexión nunca puede ser ignorada. Sólo si analizamos y evaluamos nuestro trabajo, sin descansar, de nuestros salones de clases, podemos crecer como maestros *cristianos.*

- *No hay una sola "estrategia mejor."* El mundo educativo está repleto con voces persuasivas que dicen que su estilo de trabajo en el salón es la panacea que los maestros habían buscado a través de los siglos. Tan pronto que escuches que la solución perfecta está a la mano, toma una actitud muy escéptica. La "más mejor estrategia" es siempre reduccionista: la enseñanza no se puede reducir a una sola estrategia mejor. Por esta razón, las afirmaciones acerca de la fonética, de todo lenguaje, del aprendizaje cooperativo, etcétera, tienen que ver con una actitud muy crítica. He encontrado que conferencias sobre estos temas, con frecuencia, toman un carác-

ter religioso, aun totalitario: el método educativo aprobado en tales conferencias llega a ser un tirano—úsalo o van a ser excluido de los que *realmente* saben de lo que se trata la educación. Recuerdo las dificultades que he experimentado personalmente cuando decidí presentar un discurso en una conferencia  nacional acerca del aprendizaje cooperativo. El hecho que no usé una actividad en mi sesión llegó a ser un pecado imperdonable.

- *Cada estrategia puede ser exagerada.* Una vez escuché a alguien que sugirió que ninguna estrategia de enseñanza debiera ser usada más de 60% del tiempo disponible en el salón de clases. Tan pronto que lo usamos más que eso, encontramos problemas. Intuitivamente tiendo estar de acuerdo con este juicio. Ahora, tenemos que tomar en cuenta que los maestros tienen "zonas de confort." Conforme a nuestros propios estilos de aprendizaje, naturalmente nos inclinamos hacia ciertas maneras cómodas de enseñar, y tendemos de mantenerlas. Pero como es verdad en los estilos de aprendizaje, tenemos que cultivar la habilidad de ser flexible en los estilos de enseñanza, si por a caso usamos sólo una o dos estrategias todo el tiempo. Siendo flexible con nuestro estilo de enseñar involucra que tomemos riesgos. También, necesitamos el apoyo de los directores y colegas. Si puedes flexionar su estilo, asegurado que el fracaso no estará en tu contra, la puerta está abierta a una enseñanza más efectiva y creativa.

- *Los maestros efectivos utilizan una variedad amplia de estrategias.* Anota que esta generalización sigue la anterior. Los maestros efectivos evitan una rutina de sólo unos cuantos métodos conocidos y de confianza. Reconocen que los alumnos aprenden en muchas diferentes maneras y que se motivan en muchas diferentes maneras. En suma, las estrategias de enseñanza no pueden divorciarse de lo que sabemos acerca del desarrollo del niño y acerca de cómo los niños aprenden. ¿Cómo puedes hacer justicia a toda la diversidad que demuestran los niños? Una opción para hacerlo es engrandar tu repertorio de estrategias de enseñanza. Este esfuerzo extra y riesgo hacen que tu trabajo de enseñanza sea mucho más agradable, motivada y productiva en términos del aprendizaje de los estudiantes.

• *La mayoría de las estrategias pueden ser usadas en todas las áreas de materias y en todos los niveles.* Me puse al tanto de esta aseveración cuando empecé a escuchar unas objeciones a mis propuestas para nuevas estrategias. Por ejemplo, a menudo hago talleres acerca del aprendizaje cooperativo. Inevitablemente algunas de las respuestas serás como las siguientes: "¡Pero, tú debes ver a los niños que yo tengo que enseñar! No van a trabajar juntos. Además, tengo que enseñar (tal materia). El aprendizaje cooperativo no va a funcionar aquí ...," etcétera. Tales objeciones sólo esconden el temor de lo nuevo. Estamos cómodos con lo que siempre hemos hecho, especialmente si funciona lo que siempre hemos hecho. Sin embargo, si nos animamos unos a otros a dar flexibilidad a nuestros estilos de enseñanza, a estirarnos a diferentes maneras de alcanzar las necesidades diversas de nuestros alumnos, tenemos que rechazar tales objeciones e insistir que, de hecho, casi todas las estrategias de enseñanza mencionadas en los libros de textos comunes de enseñanza puedan ser usadas en toda clase de salón de clases con estudiantes de todos los niveles.

• *No todas las estrategias son claramente distinguibles: pueden traslaparse y "armonizarse."* Cualquiera que observa cuidadosamente la práctica de la enseñanza notará como los buenos maestros rápidamente alternan e integran una variedad de estrategias de enseñanza. Por ejemplo, un buen conferencista de repente dice a sus oyentes que identifiquen sus puntos principales, y pronto, toda la clase ha cambiado de unos oyentes pasivos a un grupo avivado, participante con una lluvia de ideas. Las estrategias de educación no son procedimientos estáticos. Son dinámicas y fácilmente adaptadas conforme a las respuestas de los alumnos y el ambiente cambiante del salón de clases. Esta realidad especialmente requiere una planeación cuidadosa. No solamente diseñamos y construimos estrategias de enseñanza, sino que también incluimos en nuestros planes de clase un número de alternativas que pueden ser utilizadas cuando sea apropiado. La harmonización y traslapo de las estrategias de enseñanza confirman el punto hecho anteriormente: no hay una sola estrategia mejor. Cada nombrada "mejor estrategia" es realmente una combinación de otras.

- *Al seleccionar las estrategias, las cuestiones del discipulado tienen que jugar un papel principal.* Guiando y desarrollando tienen que ser de un carácter de capacitación. La última cuestión que siempre da la base para tus decisiones en el salón es ésta: ¿Está capacitando esta estrategia al sentido máximo de la palabra? ¿Contribuye la estrategia al equipamiento de los santos—es decir, los niños de mi salón—para ser siervos?

Una taxonomía propuesta

¿Cómo podemos comprender la gran multitud, un poco confusa, de posibilidades? ¿Podemos categorizar una caja llena de "tips" al azar? ¿Podemos organizar las cosas desparramadas en un bazar de segunda? Varios autores han sugerido una variedad de categorías interesantes y, a veces, útiles.[1] Por supuesto, merecen nuestra atención.

Para clasificar métodos de enseñanza requiere criterio—principios sobre una base en la cual diferenciamos entre una categoría y otra. ¿Cuál criterio podemos utilizar para categorizar los métodos de enseñanza en el salón de clases? Sugiero que basemos nuestras distinciones en el juego entre dos temas, ambos críticos a nuestro entendimiento de enseñar cristianamente: la metáfora del maestro como guía, y la visión de un salón de clases colaborador. El maestro, como portador del oficio, guía por señalar el camino y por poner la dirección; los alumnos llegan a ser compañeros de viaje que colaboran, juntándose con el maestro mientras todos viajen juntos hacia un caminar cada vez más competente en la sabiduría cristiana.

Este cuadro fácilmente representa una continuidad entre una instrucción directa guiada por el maestro por un lado, y, por el otro lado, las estrategias de aprendizaje y de la enseñanza participativa en las cuales los alumnos colaboran en la construcción de la situación de aprendizaje/enseñanza del aula. Ubicada entre estas dos podemos postular una categoría intermedia de una instrucción indirecta. De esta manera podemos construir un espectro que abarca métodos de enseñanza que varían de directo a indirecto a participativo.

La enseñanza directa, la primera de las tres categorías, representa el tipo de actividad del salón de clases que en la que el maestro, como guía, genera, inicia y controla el contenido de lo que se va a aprender.

Los ejemplos son: el discurso, las explicaciones y demostraciones del maestro, el aprendizaje programado y el uso de películas y videos para propósitos específicos. En todos estos casos, es el maestro quien pone toda el material del tema "sobre la mesa," por decir algo.

Por otro lado, la enseñanza indirecta invita bastante participación de parte del alumno. En esta categoría vemos que los maestros inician el contenido y ponen los parámetros, pero preguntan a los estudiantes que amplíen e interpreten. Contando historias y el uso de parábolas son buenos ejemplos. La parábola no presenta un mensaje muy claro: necesita una interpretación, ampliación y aplicación de parte de los oyentes. Guiando investigaciones y el aprendizaje por descubrimiento también pueden ser considerados como tipos de la enseñanza indirecta. El maestro tiene una idea bastante clara de lo que se tiene que descubrir, pero invita a los alumnos a pasar por el proceso de realizarlo.

Finalmente, podemos aislar una categoría llamada la enseñanza participativa. En esta clase de enseñanza los alumnos llegan a ser participantes en la construcción y adquisición del contenido. El aprendizaje cooperativo puede funcionar de esta manera, si permitimos a los alumnos bastante auto-dirección, y les damos la responsabilidad por su aprendizaje. La lluvia de ideas es una actividad que pone una seria de nuevas ideas sobre la mesa. La praxis compartida—una estrategia que consideraremos en un capítulo posterior—por lo regular no refleja un contenido predeterminado, sino desarrolla temas generales de unas maneras particulares, personales, y, a menudo, no previsibles. También el drama y la pantomima pueden ser maneras efectivas de involucrar a los estudiantes a participar en la formulación y construcción del contenido.

En los siguiente capítulos consideraré estas tres categorías en más detalle. Mientras que lo hago, acuérdate que ninguna de ellas representa una categoría clara. Hay demasiada harmonización y traslapo. Por lo tanto, mi intención no es jugar unos juegos a través de asignar varias estrategias a una casa en particular. Más bien, si vamos a construir una taxonomía útil de estrategias de enseñanza, tenemos que buscar unos puntos de pivote, hacia los cuáles, y de los cuáles, las varias estrategias inevitable van a inclinarse.

También seamos claros que ninguna de estas tres categorías es superior o más efectiva que cualquiera de las otras dos. En vista de la moda creciente de criticar la instrucción directa, tenemos que mantener que nuestra preferencia de estrategias de enseñanza no se puede basar sobre la cuestión de su pertenencia a una categoría u otra, sino sobre la cuestión de cuál combinación juzguemos ser más probable que vaya a animar un discipulado bien informado y competente. A la vez, tan pronto que empecemos de inclinarnos hacia una categoría—excluyendo a otras—es hora de pensar de nuevo nuestros métodos de enseñanza.

¿Se lo deberíamos decir de forma directa?
O
¿Les deberíamos de permitir encontrarlo por ellos mismos? La enseñanza directa e indirecta

Alex: Sabes, Lisa, he tratado algo de las cosas cooperativas, de las que tú siempre hablas. ¡Cero, sólo problemas, te digo! Los chicos dejaron las tareas, hay mucho ruido, y virtualmente no aprenden. Voy a regresar a mi método tratado y probado: Les digo que les voy a decir, después se los digo, y después les vuelvo a decir lo que les acabo de decir. De esa forma ellos realmente obtienen el conocimiento de cosas interesantes, además, he eliminado todos los problemas de disciplina. Los chicos están quietos como ratones y trabajan como caballos belgas—potros y potrancas, por supuesto!

Lisa: ¡Wow, Alex! ¡Tu clase debe ser la clase más quieta y tranquila en toda la escuela! ¿Pero los chicos disfrutan el aprendizaje?

El deseo de hablar

Debo confesar que me gusta dar conferencias. Probablemente mi deseo de hablar me llevó a la profesión de la enseñanza en primer lugar. Por alguna razón tiendo a estar cómodo con la suposición de que tengo mucho que decir y que otros deberían oír, ya sea que ellos deseen o no. Dudo que muchos de nuestros maestros sean de esta forma.

Aun antes de considerar la carrera de enseñanza, pensé llegar a ser pastor. El pastoreo parecía como un pasatiempo inmensamente satisfactorio, podría hablar a una gran audiencia que podría quietamente escuchar, y mis pontificaciones podrían llevar la autoridad del Señor mismo!

Pasados los años comencé a cuestionarme esta actitud. Una razón para el crecimiento de mi escepticismo es que, me estaba haciendo viejo, me di cuenta que sabia menos que lo que una vez había pensado. Probable las perlas de sabiduría del pasado giraban para no ser más que guijarros de arena—no valen mucho y fácilmente se hacen polvo.

También había comenzado a ver que mi deseo para hablar reflejaba un cierto grado de arrogancia: yo debería hablar y otros—ya sea que una iglesia llena de gente o un salón lleno de chicos—debería respetuosamente escuchar. Yo muy bien sabía todo, y no necesitaba oír de nadie más. O así parecía. Pero fíjate, no es así. Yo no sé todo, y yo necesito escuchar de mucha gente, nada menos que de ellos, mis estudiantes. Su sabiduría puede fácilmente exceder la mía. Y sobre todo, necesito escuchar muy cuidadosamente las instrucciones de mi Señor.

Algunas veces, cuando observo a ciertos maestros enseñando, veo algo de estos mismos rasgos: un deseo de hablar, de controlar, y de ser la puerta principal. Y, sí, algunas veces detecto un poco de arrogancia – sugerida por el tono de condescendencia del maestro, una actitud autoritaria, y una falta de predisposición para confesar ignorancia.

Evitando un estereotipo

Para que no concluyas que yo creo que todos los conferenciantes son egoístas arrogantes y condescendientes, déjeme describir a Miguel, un maestro de preparatoria. A Miguel le gusta hablar. Pero su hablar no está impulsado por aires de grandeza. Por el contrario, él hablaba, explicaba, daba una conferencia, incluso persuadía, debido a que en el más profundo nivel él se ha movido por la compasión, por un deseo intenso para compartir, enseñar y enriquecer la vida de sus estudiantes. Miguel no sólo hablaba, él también escuchaba. Su hablar fue motivado por el servicio, no servicio para sí mismo.

Mucho de la enseñanza directa involucra que el maestro hable. ¿Qué motiva este hablar? Esto es simple porque nosotros deseamos hablar, o esto es ¿porque creemos profundamente que nuestra habla será buena para nuestros estudiantes? Si lo anterior es verdad (aun subconscientemente), nosotros mismos nos hemos quitado de la posibilidad de enseñar cristianamente. Tal hablar ya no es verdadero servicio. Al contrario, deshabilita a nuestros estudiantes, y a la larga nos deshabilita a nosotros mismos también.

La enseñanza directa

La enseñanza directa ocurre en tu salón de clases cuando presentas y controlas el contenido que deseas que tus estudiantes aprendan.[1] Deberías de interpretar esta declaración en algo general. Esto no significa que la enseñanza directa es solo un maestro hablando. Tu enseñanza directa puede ser apoyada por asignaciones de libros de texto, hojas de cálculo, videos, y programas de computadora. Y por "contenido" no sólo trato de decir un conjunto de hechos. Esto incluye una gran variedad de resultados de aprendizajes, variando desde información muy específica y destrezas y habilidades a pensamiento crítico y apreciación artística.

En esencia, la enseñanza directa depende grandemente del trabajo de transmisión. Cuando usas estrategias de transmisión directa estás tomando, como sea el caso, el material que va a ser aprendido y lo transmites a los que van a aprender. Este es el proceso de transmisión que ha dado la enseñanza directa un mal nombre y metáforas generadas como "llenando recipientes vacíos" o "verter la información." Pero algunas metáforas no siempre son justificadas. Después de todo, una estrategia de enseñanza evoca una actividad de aprendizaje. En la enseñanza directa, también, los estudiantes son requeridos para responder en alguna forma. Quizás ellos lo hacen así escuchado y reflejando, o tomando notas, o repensando o repitiendo los puntos hechos por el maestro, o practicando su aprendizaje en un hoja de calculo. La enseñanza directa, en pocas palabras, siempre es un proceso mucho más complicado que cerrar los ojos. Donde uses la enseñanza directa, asegúrate primero de hacerte preguntas acerca de la actividad acompañante de aprendizaje para los estudiantes.

Algo de repaso

La enseñanza directa es indudablemente el método de enseñanza con el cual nuestros estudiantes están más familiarizados. Ésta tiene una larga historia. En ciertos modos, el Antiguo Testamento recomienda la enseñanza directa acentuando la importancia de imprimir en la mente de nuestros hijos las leyes y la Escritura de nuestro Dios. Estas leyes son para ser contadas a nuestros hijos así que ellos no olvidaran las cosas maravillosas de nuestro Señor, y ser capaces de volver a contárselas a sus hijos y a los hijos de sus hijos.[2]

Como vimos en los primeros capítulos, algunos educadores cristianos llegan a la conclusión de aquellos pasajes del Antiguo Testamento que todas las enseñanzas de las escuelas cristianas modernas debe de consistir en enseñanza directa. Deberíamos evitar, dicen ellos, todas estas cosas novedosas y exageradas acerca de descubrimiento y aprendizaje cooperativo., porque después de todo, la verdad es la verdad, y tal verdad debe estar claramente aclarada a nuestros hijos para que ellos puedan entenderla y repetirla. Trabajando en equipos de aprendizaje por descubrimiento es solamente un ejercicio para juntar ignorancia y finalmente caemos en el charco sucio del relativismo.

Pero los argumentos de este tipo carecen de numerosos defectos, como vimos. En primer lugar, ellos pasaron por alto que, en el Nuevo Testamento, Jesús—el principal Maestro—frecuentemente ignoraba los métodos de enseñanza directa a favor de parábolas de alta ambigüedad. A veces sus discípulos no entendían acerca de lo que él esta hablando. "Aquel que tiene oídos que oiga" es una de aquellas frases que Jesús comúnmente usaba, que dejaba a muchos de sus seguidores desconcertados y confundidos. En segundo lugar, la filosofía de la "impresión de la verdad" funciona, yo creo, con una estática, preposicional, noción Aristotélica de la verdad, bastante extraña a las Escrituras. Tal vista tiene dificultad para interpretar pasajes tales como "hacer la verdad", "caminando en la verdad", y Jesús clama que él es la verdad.[3] Esta noción no bíblica de verdad ha jugado un rol importante en la filosofía educacional perenne, una filosofía que ha sido adoptada sin sentido crítico frecuentemente por educadores cristianos. Ha apoyado el aprendizaje académico, cerebral, basado en hechos, mientras pierde de vista nuestro llamado de criar al niño íntegramente.

Necesitamos recor-
dar, también, que el
Antiguo Testamento
está caracterizado por
enseñanzas directas
no de gurús y hechice-
ros, sino del *Señor*, también de su propia boca

o a través de los profetas. La enseñanza directa en aquellos días era la norma. Pero en las dispensaciones del Nuevo Testamento el Espíritu ha venido a morar con nosotros, un Espíritu que nos guía—a los colaboradores todos—hacia adelante en verdad cuando juntos buscamos hacer su voluntad. Haciendo el Reino visible en este mundo sufriendo y en oscuridad ha llegado a ser una participativa empresa colaboradora.[4]

Tipos de instrucción directa

Piensa en tu propia práctica en el salón de clases: ¿Comó inicias, presentas y controlas lo que deseas que tus estudiantes aprendan? Supón que deseas que ellos aprendan la diferencia entre víboras y lagartos. La forma más simple y directa podría ser mostrarles algunas fotografía de estas criaturas hermosas y claramente explicar las diferencias. O podrías traer ejemplos vivos a tu salón de clases y demostrar algunas de las diferencias. También podrías asignar una sección relevante en su libro de texto y pedirles a los estudiantes que bosquejaran y resumieran. O un buen video podría ser útil. En todas estas formas de enseñanza directa—explicando, describiendo, definiendo, ilustrando, demostrando, asignando—podrías presentar los contenidos básicos a los estudiantes sin aportaciones significativas de ellos. Las preguntas que ellos realizarían simplemente extraerían más información de ti o del texto o de otra fuente de autoridad. Responderías a las preguntas simplemente proporcionando más contenido.

Ninguna aula, no importa que tan colaborador, puede ser sin enseñanza directa. Necesitas tomar tiempo para explicar, dar guíanza, y dar direcciones. En algunas formas, cada oración declarativa que pronuncies y cada mandato que das representa un ejemplo de enseñanza directa. Algunas formas explícitas de modelar, también, pueden contar como enseñanza directa. Y no debe ser pasado por alto que los estudiantes también, frecuentemente, enseñan directamente. Es decir que sus respuestas y sugerencias funcionan sólo como la forma correcta de información necesitada en un punto dado en el proceso de aprendizaje.

Normalmente, sin embargo, nosotros pensamos de la enseñanza directa como un maestro presentando a los estudiantes material a ser aprendido. Dando una presentación o un discurso es todavía el ejemplo más claro de tal enseñanza. En un discurso el maestro transmite directamente el contenido de la lección a ser aprendida. Tradicionalmente, tal enseñanza directa requiere pocas reacciones aparte de toma notas, memorizar el contenido, posiblemente alguna práctica con hojas de cálculo, y pasar los exámenes.

Madeline Hunter

Un modelo generalizado de enseñanza directa es el de la Teoría de instruccíon en práctica de Madeline Hunter (ITIP Instructional Theory Into Practice).[5] Algunas escuelas lo requerían antes—y algunas todavía lo hacen—que todos los maestros se apegaran a usar el modelo Hunter. Hay una historia de una maestra de voleibol en Texas que fue despedida porque ella omitió uno de los pasos en el modelo. Requiriendo la conformidad con una estrategia de enseñanza específica es obviamente una cosa no muy sabia: accede totalmente al método de la técnica-de-la-enseñanza-efectiva y destruye el lado personal del arte de la enseñanza.

Los pasos básicos del modelo Hunter son los siguientes:

1. Seleccionar el objetivo

2. Motivar la enseñanza (conjunto anticipatorio)

3. Articular el objetivo

4. Enseñar los conceptos principales (¡directamente!)

5. Verificar el entendimiento

6. Proporcionar la práctica guiada

7. Proporcionar la oportunidad para la práctica independiente

Nota que este modelo permite muy poco espacio para la contribución de los estudiantes. El contenido a ser dominado es enteramente determinado por el profesor. La experiencia de los estudiantes, la percepción y experiencia son agrupadas y permanecen sin función. Esto no quiere decir que todo el método Hunter es malo. Por supuesto que no. Para enseñar algunos conceptos básicos, el enfoque Hunter muy bien podría ser lo mejor disponible. Está diseñado para asegurarse que los estudiantes aprendan totalmente lo que desea el profesor que aprendan. Pero tan pronto como pensamos que el método Hunter es *el* método a ser empleado a lo largo del currículum y en todos los niveles, nos cortamos de la posibilidad de enseñar cristianamente. Después reducimos nuestra tarea a un estilo mecánico reduccionista de enseñanza y cerramos nuestros ojos a la necesidad de colaboración.

Puntos fuertes de la enseñanza directa

Como hemos sugerido en diferentes puntos, no deberías creer algunas voces actuales, las cuales claman que la enseñanza directa es para ser evitada como los vegetarianos evitan el cerdo asado. Por el contrario, la enseñanza directa juega un rol significativo, incluso en los salones de clase colaboradores. Quizás puedas entender este reclamo más claramente cuando consideramos los numerosos puntos fuertes asociados con la enseñanza directa. Los siguientes son algunos de los más importantes:

- La enseñanza directa siempre es requerida, aún si sólo es para dar instrucciones y explicaciones del trabajo colaborador a ser hecho.

- La enseñanza directa usualmente va de la mano con una buena organización. Las presentaciones y lecturas, por ejemplo, pueden ser planeadas e implementadas con un minucioso detalle.

- Por esta razón los maestros, quienes de alguna manera son inseguros, gravitan hacia la enseñanza directa: esto permite al maestro mantener control de la clase más fácilmente – al menos , así parece para el maestro.

- Las investigaciones han demostrado que la enseñanza directa es efectiva, especialmente en enseñar conceptos básicos y habilidades. Para pensamientos de nivel superior, sin embargo, los estudios del uso de enseñanza directa son mucho menos concluyentes.[6]

- Las enseñanza directa proporciona una medida atractiva de eficiencia. Entrega el contenido a una clase entera, rápida y concisamente.

- Es atractiva para los profesores enseñando su primer año, porque la enseñanza directa requiere mucho menos tiempo de planeación que, por ejemplo, las estrategias de aprendizaje cooperativo cuidadosamente diseñadas.

Las debilidades de (excesivo uso de) la enseñanza directa

A pesar de los puntos fuertes recién explicados, deberías entender las implicaciones serias acerca del uso excesivo de la enseñanza directa. Sus debilidades son bastantes notorias. Es inquietante, por lo tanto, observar la tendencia de recaer más y más fuertemente sobre la enseñanza directa como uno va procediendo a través de los diferentes niveles de estudio. Una "pedagogía de arriba hacia abajo" parece estar operando: los profesores de preparatoria imitan el estilo de enseñanza de sus profesores de universidad quienes mayormente dieron conferencias; de hecho, a los niveles universitarios los profesores son nombrados como "conferencistas." Los profesores de nivel secundario, no parecen haber superado el estilo de enseñanza de los profesores de preparatoria.

Esta pedagogía de arriba hacia abajo alcanza a los primeros niveles en un grado alarmante. Recuerdo una visita a una clase de cuarto grado en la cual el maestro daba un discurso por todo el periodo de clases de 50 minutos, mientras los estudiantes diligentemente—y no tan diligentemente—tomaban notas.

Bueno, ¿Cuáles son las preocupaciones? Las siguientes están entre las más significativas:

- La enseñanza directa tiende a acabar con la creatividad. Esta consecuencia viene de nuestra definición de la enseñanza directa: el maestro controla el contenido. Las necesidad de los niños no contribuye mucho a la expansión e interpretación del contenido, y así su poder de creatividad no es utilizado.

- La enseñanza directa limita el alcance del aprendizaje. Tiende a permanecer enfocado en información cognitiva básica.

- En las últimas etapas de escolaridad, particularmente pasando el sexto nivel, uno se maravilla acerca de la legitimidad del argumento "eficiencia." Se afirma que mucha información puede ser entregada a muchos estudiantes por medio de la enseñanza directa. Pero, ¿puede ser este método considerado una *pérdida de tiempo?* ¿Por qué emplear una hora dando un discurso cuando podría ser mucho más eficiente escribir el discurso y tener a los estudiantes leyéndolo como una asignación de tarea? Hace siglos, cuando había una escasez de papel, dependiendo del discurso tenía más sentido. En nuestro tiempo, sin embargo, el papel reciclable y máquinas fotocopiadoras proveen a los maestros con nuevas oportunidades. ¿Y no es mucho de nuestras conferencias información parafraseada de los textos de los estudiantes? Algunas veces nuestros discursos excusan a nuestros estudiantes de una lectura cuidadosa.

- Una preocupación más seria, es que la enseñanza directa tiende a promover el individualismo. Normalmente, la enseñanza directa no requiere una interacción entre los estudiantes. Ellos son individualmente responsables y registran la información presentada.

- En un estilo similar, la enseñanza directa aprueba la adopción de lo que podríamos describir como "igualitarismo." Los estudiantes son expuestos a un estilo de enseñanza restrictivo, uno instrumentado a un auditorio y estilo de aprendizaje secuencial. Una filosofía igualitaria supone que todos los estudiantes son básicamente parecidos en niveles de logros y estilos de aprendizajes. Todos los estudiantes son tratados igualmente. La enseñanza directa supone que todos los estudiantes son igualmente capaces de procesar lo que es presentado y, por lo tanto, pueden ser contados igualmente responsables. Tal igualitarismo estimula la conformidad, tal como el uso de los objetivos de rendimiento la hace.

- Yo creo que la excesiva dependencia en técnicas de enseñanza directa fomenta la pereza y el egoísmo. Los estudiantes hacen muy poco trabajo, aparte de escuchar, tomar notas, memorizar, y regurgitar. La excesiva enseñanza de esta clase programa a los estudiantes a esperar tales actividades limitadas de aprendizaje. Ellos comienzan a identificar tal enseñanza como buena educación. Ellos esperan que el maestro sirva las golosinas en bandeja de plata. Sí, habrá requerimientos de asignaciones e investigación, pero lo esencial de currículum es simplemente dar a los estudiantes. He notado este fenómeno en las clases de recién ingresados a la universidad. Los estudiantes viene completamente preparados para tomar notas. Si un periodo de clases es gastado en una discusión o actividad de grupo, y los estudiantes no lo dejan con un conjunto de notas, algunos sienten que no han aprendido nada, y que la clase fue una pérdida de tiempo.

* Lo más preocupante de todo es que la enseñanza directa estimula pasividad. Los estudiantes son recipientes. Pero la pasividad es incompatible con la meta de un discipulado activo. Un discípulo del Señor no se sienta esperando a que las cosas sucedan, sino que *activamente estrecha la mano* para hacer el trabajo del Señor.

* Finalmente, la enseñanza directa es frecuentemente acompañada de aburrimiento y rutina. Es verdad, los discursos pueden ser presentadas de una forma excitante y cautivadora. Algunos maestros tienen el don para hacerlo así. Pero en mi experiencia, tales maestros son pocos. Si tú no eres un cautivador, conferenciante estimulador, escoge métodos de enseñanza alternativos.

En resumen, la excesiva enseñanza directa contradice el mismo propósito de la enseñanza cristiana en un salón de clases colaborador en un número de formas significativas. Contradice tantos la meta principal de la enseñanza cristiana como el contexto del salón de clases colaborador en el cual tal enseñanza debe proseguir.

Yo sé que sueno como un eco en los Alpes, pero quiero decirlo una vez más: mi crítica no es de la enseñanza directa como tal, sino en su uso excesivo. Un salón de clases sin enseñanza directa no es posible, como el salón de clases abierto de los progresistas más o menos comprobó hace algunas décadas. La pregunta no es: ¿Usamos enseñanza directa sí o no? sino: ¿Cómo podemos facilitar la enseñanza directa en un salón de clases colaborador? ¿Cómo podemos transformar la enseñanza directa de tal forma que los objetivos de un discipulado sean promovidos?

La respuesta a esta pregunta consiste de una técnica bien probada y usada: ¡Haz que los estudiantes se involucren! Todos los buenos maestros saben que más involucrados que estén los estudiantes en su aprendizaje, más van a aprender. Puesto de otra manera, trata de hacer la enseñanza directa tan participativa como sea posible. No trato de decir que los estudiantes respondan de una manera programada como el modelo Hunter prescribe.

Sino más bien, dirige para que los estudiantes contribuyan a tener nuevas percepciones, desarrollen nuevas formas de pensamiento, y hagan uso de sus dones de creatividad e imaginación. Así, por ejemplo, si debes dar una conferencia, limite el tiempo de su conferencia a no más de 10 o 15 minutos (en escuelas preparatorias también), y para frecuentemente para pedir que tus estudiantes resuman lo que acabas de decir. O, mejor aún, ponlos en parejas para recuperar los puntos principales que acabas de hacer. Pida a los estudiantes cómo podrían decirlo en una forma diferente, o qué preguntas deberían surgir acerca del tema en consideración. De esta y otras formas, la enseñanza directa mejora el estilo de participación de la enseñanza y el salón colaborador de clases.

La enseñanza indirecta

En esta categoría yo pongo todos aquellos enfoques de enseñanza que invitan a sus estudiantes a expandir, interpretar y contribuir al material que pones sobre la mesa, por así decirlo.[7] La mayoría de las asignaciones para resolver problemas son de esta clase. Presentando un problema, ya sea de ciencia, artes de lenguas, matemáticas o de estudios sociales, requiere de una participación directa del estudiante en el sentido de que el estudiante debe proporcionar con lo que tú no comenzaste, a saber, una solución. Una solución es una contribución desarrollada por el estudiante al tema tratado.[8]

Por supuesto, hay diferentes clases de soluciones. Algunas pueden simplemente reflejar un procedimiento estándar que revele una respuesta correcta predeterminada. Una solución de problemas en este sentido viene muy cercana a la enseñanza directa. Procediendo a través de pasos predeterminados para llegar a una respuesta correcta predeterminada no es diferente a tomar notas de conferencias para memorizar y recordar. Problemas de esta clase son encontrados frecuentemente en la educación de ciencias. A los estudiantes se les indica seguir una secuencia de pasos, y ¡listo! Ellos llegan a la respuesta correcta. En estos casos el descubrimiento no es realmente un descubrimiento del todo. Se parece mucho más a la enseñanza programada como es entregada por las computadoras.

Los proyectos y la experimentación verdaderamente prácticos, sin embargo, cuentan como ejemplos de enseñanza indirecta. En tales proyectos el estudiante viene con algo nuevo, quizás impredecible, algo que refleja el carácter personal del estudiante y sus dones.

El profesor proporciona las guías; los estudiantes comienzan de ahí. Es frecuentemente útil tener a los estudiantes colaborando en tales proyectos.

¿Qué clase de problemas debes pedir que tus estudiantes resuelvan? Yo creo que nosotros podríamos aprender de John Dewey en este punto. En sus publicaciones él insistía que los problemas que los maestros deberían de escoger deberían de ser importantes a la cultura en la cual nosotros vivimos, e importantes y relevantes para los estudiantes.[9]

Los varios métodos de preguntar y descubrir, descritos en algún libro de texto de estrategias de enseñanza, ofrecen ejemplos adicionales de la enseñanza indirecta.[10] En tal enfoque de preguntas, el maestro establece los parámetros y proporciona las direcciones. Pero el estudiante llega a conclusiones generadas por él, no proporcionadas por nadie. Suponga en una clase de ciencias deseas que tus estudiantes aprendan acerca de las diferentes maneras en que las hojas están pegadas al tallo de una planta. En un modo de enseñanza directa, podrías explicar a los estudiantes que las hojas de una planta están opuestas, alternadas o en espiral y muestras ejemplos de cada una. En un enfoque de preguntas indirec-

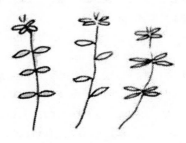

tas, podrías pedir a los alumnos que reunieran plantas con diferentes estructuras de hojas (o podrías proporcionar ejemplos), y tener a los estudiantes descubriendo los arreglos de las hojas.

En clases de inglés puedes motivar a los estudiantes que aprendan acerca de las figuras del habla en una forma indirecta. En lugar de introducir, explicar, e ilustrarlos, puedes proporcionar numerosos ejemplos y tener a los estudiantes deduciendo las diferentes categorías. Unos enfoques similares pueden ser tomados casi en cada tema y en cada nivel escolar.

Antes mencioné que contando historias y las parábolas son buenos ejemplos de la enseñanza indirecta. En este enfoque se les pide a los estudiantes que reflejen, interpreten, y hagan las aplicaciones personales. Estos diferirán de acuerdo con la diversidad de estudiantes.

Métodos de indagación tienden a ser inductivos, esto es, pides a los estudiantes delinear conclusiones y establecer generalizaciones en base de ejemplos específicos y particulares. Tus estudiantes podrían explorar, por ejemplo, una variedad de gobiernos totalitarios en orden para descubrir las características generales que marquen todas las formas de totalitarismo. Sin embargo, la indagación ciertamente no es limitada a esta forma. También puedes presentar a los estudiantes con generalizaciones y pedirles a ellos que generen un número de ejemplos específicos para ilustrarlas. Podrías explicar lo que es el totalitarismo, después tener a los estudiantes encontrando ejemplos específicos. La principal diferencia entre la enseñanza directa e indirecta se encuentra en el nivel de participación al cual los estudiantes estén involucrados para expandir el aprendizaje que debe ser logrado.

Los centros de aprendizaje y proyectos de investigación pueden ser entendidos como finos ejemplos de la enseñanza indirecta. En ambos casos, tú estableces los parámetros y guías, después dejas que los estudiantes hagan sus cosas. Lo que ellos consigan puede mejorar significativamente su entendimiento de los temas que enseñas. Yo descubro esta verdad nuevamente cada vez que pido a mis estudiantes de seminario del último año que escriban un breve trabajo de investigación en el cual ellos describen un problema que ellos encontraron en la enseñanza de sus estudiantes, junto con una propuesta de solución. Es un deleite ver las percepciones que estos estudiantes contribuyen.

Unas observaciones finales

Los animo a ver enfoques indirectos como oportunidades para que tus estudiantes desarrollen sus dones y percepciones y tomen la responsabilidad de su aprendizaje. La enseñanza indirecta te permite construir lecciones que más fácilmente reúnen varias áreas de objetivos discutidas en el capítulo 5, más que la enseñanza directa es capaz de hacer. Esto puede ayudarte a enfocar el contenido de tu currículum en los temas más grandes y más importantes que enfrentamos en el mundo hoy, y estimular un enfoque más integrado. La enseñanza indirecta, en pocas palabras, debe encontrar un lugar de bienvenida en su salón cristiano.

La enseñanza indirecta, especialmente los enfoques de investigación, deberían de ser coordinados de cerca, con técnicas de preguntas. Después de todo, el término "investigación" se refiere a la actitud de preguntar. Antes de poner nuestra atención a la tercera categoría, es decir, la enseñanza participativa, vamos a emplear algo de tiempo explorando la relación entre técnicas de preguntas y enseñar cristianamente.

¿Qué tipo de respuesta estás buscando en tu salón de clases? Unas técnicas de cómo preguntar en una perspectiva cristiana

Jim: Oye Lisa, ¿qué haces con los alumnos penosos? Ya sabes, los que nunca ofrecen ninguna respuesta voluntariamente. Y, ¿qué haces con los muy motivados que siempre levantan la mano aunque ni les estás preguntando nada? Yo uso trucos, como sacar su nombre de un sombrero o hacer las preguntas con una lista en la mano, y así. Pero queda el problema, unos niños siguen muy emocionados queriendo responder y otros se quedan como momias egipcias. ¿No tienes algunas ideas?

Lisa: Para mí también Jim, todo este proceso de preguntar-responder es algo frustrante. Creo lo que tenemos que hacer es tratar de involucrar a todos, formulando buenas preguntas que les hacen pensar. A veces puede ayudar si los niños platican entre ellos antes de levantar—o no levantar—la mano. A veces pienso que no debo preguntar nada.

¿Un salón de clases sin preguntas?

Hace poco tuve una pesadilla horrible. La mayoría de las pesadillas espantan, por supuesto, pero esa era más espantosa todavía. Soñé que había aceptado un trabajo en una escuela donde fue prohibido hacer preguntas. En todos los salones de clases no se permitía ninguna preguntar. Los maestros no podían preguntar nada. Los alumnos arriesgaron una suspensión de la escuela si levantaban la mano.

Quisiera saber qué provocaba esa pesadilla. Tal vez pudiera haber sido que todavía estaba molesto sobre un debate inútil que tenía con alguien acerca de cómo los maestros enseñan y cómo los alumnos aprenden. Los maestros, me dijeron, deben hacer sus lecciones tan claras que ninguna, o sólo unas pocas preguntas, fueran necesarias en el salón. O, tal vez, estaba reviviendo una experiencia que tuvo mientras trabajaba yo con unos alumnos de educación en Indonesia. Los profesores en las universidades de allí, no dan preguntas a los alumnos porque implica que los alumnos son tan cabezones que no entendieron la primera vez. Y, los alumnos no preguntan al profesor tampoco, porque esto implicaría que no fue claro en su presentación. De cualquiera de los dos casos, preguntando algo es un insulto.

Preguntas en el salón

En verdad, preguntando a los alumnos es una técnica normal utilizado prácticamente por todas los maestros de primaria y secundaria. Algunas investigaciones muestran que unos maestros de primaria pueden preguntar más de cien preguntas por hora.[1] La cantidad disminuye cuando llegan al nivel de secundaria. ¿Por qué pasa esta disminución? Sin duda tiene que ver de las etapas del desarrollo. También la creciente auto conciencia de los alumnos juega su papel. Otra razón puede ser que mientras avancemos por las etapas de la escuela, el material que enseñamos tiende de llegar a ser más abstracto y menos ligado con la vida cotidiana; consecuentemente se disminuye un interés genuino en las preguntas y respuestas. Pocos alumnos quieren preguntar sobre cosas de poco interés a ellos. Sea lo que fuere el caso, es difícil imaginar—con la excepción de una pesadilla—cualquier salón de clases del kinder a preparatoria, en el cual el maestro no hace preguntas.

Tipos de preguntas

Una de mis hijas era miembro del equipo escolástico de su preparatoria por varios años. El equipo viajaba a diferentes partes para competir

con otras escuelas. A veces filmaba el
evento y lo presentaban en la televisión pública. De vez en cuando vi el
programa—por supuesto, sólo para
ver el empeño de mi hija. Los cuatro miembros del equipo se sentaban
en una banca mientras un caballero
canoso lanzaba las preguntas. Las

preguntas cubrían una variedad de temas, como unos programas de la
televisión.

Estas programas de la televisión y la competencia de mi hija requieren
sólo una correcta respuesta. ¿Cuándo asesinaron a Julio César? ¿Quién
escribió *El sonido y la furia* (The Sound and the Fury)? ¿Cuál es la capital
de Madagascar? Ninguna de estas preguntas permite una amplitud de
posibles respuestas correctas. Sólo hay una respuesta correcta y las demás
son incorrectas. No puedes responder a la pregunta "¿Cuándo apuñaló
Bruto a Julio César?" con, "pues, bueno, veremos, fue en 54 a.C., 44 a.C.
y también durante el tiempo de Napoleón." Sin duda, puedes recordar
de tu programa normalista que las preguntas que sólo requieren una respuesta se llaman, preguntas convergentes.

Las investigaciones muestran que los maestros generalmente tienden
bastante hacia las preguntas convergentes.[2] Más de 75% de las preguntas
que dan en el salón son de este tipo. Y, no es de extrañar. Son fáciles de
juzgar si son correctas o no. Por eso, a menudo, las preguntas convergentes aparecen en los exámenes. Ellas permiten el llamado "examen
objetivo," el tipo de examen que se puede calificar fácilmente. Pruebas
de verdadero o falso normalmente son de preguntas convergentes.

Un segundo tipo de pregunta, generalmente denominado divergente,
sí invita una multiplicidad de respuestas correctas. Por ejemplo preguntas como: ¿Por qué perdió la guerra Napoleón? ¿Qué efecto tiene el sol
sobre el planeta Tierra? ¿Qué usos positivos puedes encontrar para los
envases vacíos de refrescos? Observa que cada una de estas preguntas
permite una variedad de respuestas.

A veces las preguntas convergentes pueden disimularse como preguntas divergentes. Supongamos que digas a tus alumnos: "anote tres
maneras en que las salamandras difieren de las lagartijas." ¿No permite
esta pregunta una multiplicidad de respuestas correctas? En realidad, no.
Probablemente los alumnos van a seleccionar tres maneras de una lista

disponible a ellos. Si les hubieras preguntado que citaran las lista entera, entonces estuviéramos otra vez en la categoría de una sola respuesta correcta. Sin embargo, tenemos que reconocer que la línea entre convergente y divergente puede ser muy delgada.

Preguntas de evaluación constituye una tercera categoría. A veces se califican como una versión de preguntas divergentes. Las preguntas de evaluación se extienden más que muchas de las preguntas divergentes. Requieren no sólo que los alumnos propongan opciones o alternativas, sino que hagan juicios acerca del mérito relativo de las opciones y alternativas. Por ejemplo, podría preguntar a los alumnos que no sólo identificaran sus programas favoritos de televisión, sino que los pusieran en un orden conforme al valor que ellos ponen ellos, juntamente con las razones por su decisiones.

Algunas otras características

Las preguntas convergentes, por lo regular, implica que el alumno recuerde. En cambio, las preguntas divergentes y evaluativas requieren un nivel de pensamiento más alto. Obligan al alumno a generar, expresar y analizar los pensamientos e ideas. Por lo tanto, se dirigen a unas áreas de meta mucho más grandes que las preguntas convergentes. Si estás poniendo el desarrollo del pensamiento crítico como una de las metas de tus lecciones, debes poner mucha atención a las preguntas divergentes.

Si, además de pensar críticamente, también quieres enfatizar el pensamiento creativo, considera otra categoría de preguntas: las preguntas "¿Qué tal si ...?" Tales preguntas claramente son divergentes. Son especialmente útiles para fomentar habilidades en el pensamiento que son creativas e imaginativas. Supongamos que preguntes a tus alumnos, por ejemplo, ¿qué tal si la tierra tuviera tres lunas en vez de una? ¿Qué tal si todas las personas en el mundo pudieran hablar diez idiomas? ¿Qué tal si el día fuera compuesta de 48 horas? Las preguntas de este tipo por supuesto requerirían un conocimiento y compresión básicos, pero están suficientemente abiertas para provocar bastante pensamiento creativo.

Debe ser obvio que la enseñanza directa se acopla más con las preguntas convergentes. La mayoría de la enseñanza directa se trata de la información básica. En cambio, las preguntas divergentes y evaluativas se acoplan más con los estilos indirectos y participativos de la enseñanza.

Requieren que el alumno no sólo recuerde y repita la información (presentada por el maestro), sino que genere nuevos pensamientos que contribuyen al tema en discusión. Por supuesto, estas aseveraciones son muy generales. Sin embargo, nos hace bien reflexionar. Es importante que revisemos nuestro modo de enseñar y que analicemos nuestros técnicas de hacer preguntas de diferentes tipos. Una grabadora o una videocámara nos puede ayudar con tal análisis.

Una pregunta importante

La pregunta importante es ésta: ¿hay un intento distintivamente cristiana en tu práctica de hacer preguntas en el aula? O, ¿son las preguntas simplemente preguntas—un procedimiento neutral y mecánico que usan todos los maestros, sean cristianos o no? Mientras que los maestros usen ampliamente las preguntas convergentes, divergentes, evaluativas y de ¿qué tal si ...?, ¿realmente hace una diferencia si son cristianos o no? Puedes recordar que en un capítulo anterior pregunté algo parecido en cuanto a los métodos de enseñanza. Las estrategias, también, se consideran, a veces, como sólo elementos técnicos de la enseñanza, como habilidades libres de cualquier valor religioso. Pero si Cristo es el Señor de todo, es el Señor de todos los aspectos de nuestra enseñanza, y esto incluye nuestras estrategias de hacer preguntas.

Para llegar al meollo de este asunto tan significativo, empecemos con una exploración de las razones del porqué los maestros hagan preguntas en sus clases. Este es un asunto intrigante. Normalmente, después de todo, hacemos preguntas cuando necesitamos una respuesta a algo que no sabemos. Los maestros son los únicos que hacen preguntas acerca de algo que ya saben.

¿Por qué hacer preguntas en el salón de clases?

¿Por qué hacen preguntas los maestros en sus clases? Esto mismo es un buen ejemplo de una pregunta divergente porque permite un sin fin de respuestas. Aquí hay unas respuestas que muestran que tan importante es hacer preguntas en el salón de clases.

- Una pregunta bien formulada puede ser la chispa de empezar una lección o el inicio de una discusión avivada.

- Las preguntas sirven como un chequeo formativo para ver si los alumnos han entendido suficientemente los conceptos que estás enseñando.

- Las preguntas pueden ayudar a los alumnos a estudiar o repasar un tema difícil.

- Las preguntas forman buenos puntos de transición entre las lecciones.

- Pueden servir de "esponjas," absorbiendo el tiempo de transición entre clases o temas, un tiempo que en otras ocasiones puede ser desperdiciado o puede permitir un espacio para problemas de comportamiento.

- Proveen un mecanismo adecuado para terminar una lección.

- Preguntando cuidadosamente es una estrategia excelente para desarrollar habilidades de pensamiento y comunicación.

- Preguntando a los alumnos positivamente ayuda a fortalecer su auto confianza.

Muchos maestros incluyen la formulación de preguntas durante la planeación de su lección. Fuertemente recomiendo esta práctica. Unas preguntas cuidadosamente diseñadas pueden ser de muchísima ayuda cuando empieza, continuas o terminas una lección, o cuando estás haciendo una transición de un tema a otro. No confíes que puedas formular una pregunta adecuada al tiempo adecuado sin preparación. Planeando, con anticipación, asegura que vayas a hacer una pregunta atinada.

La lista de razones que generamos ilustra que el hacer preguntas es una actividad muy útil. No son simplemente para rellenar el tiempo ni para pasar el rato platicando algo inútil. Las preguntas son direccionales en su naturaleza: apuntan hacia algo, buscan lograr una meta. Tan pronto que menciono "meta," pienso, por supuesto, en la meta más grande de largo alcance, la meta del discipulado competente y de conocimiento. Permíteme seguir este punto un poco más.

Supongamos que eres un maestro testarudo, dado a la enseñanza de los elementos básicos hasta que se cansen los alumnos. Tu meta es llenar las cabezas con datos. ¿Qué clase de pregunta probablemente vas a preguntar? Más probable el énfasis caerá sobre las preguntas convergentes de hechos concretos. Supongamos, por el otro lado, que eres un progresista: es probable que tu interés sería más dado a los tipos de preguntas que son divergentes dirigidas a la resolución de problemas. Claramente tu filosofía de educación tiene mucho que ver con tus técnicas de hacer preguntas.

Además, supongamos que eres un intelectualista. Para ti la cultivación de la mente es el enfoque esencial de la escuela. Otra vez, ¿qué clase de preguntas tenderías hacer? Seguramente la gama de tus preguntas sería limitada a tus preocupaciones intelectuales y cerebrales. Las preguntas que se tratan con sentimientos personales y lastimaduras sociales probablemente saldrían sólo de una manera marginal. Por el otro lado, si tú expones una filosofía reconstruccionista de tenemos-que-salvar-al-mundo, tus preguntas tendrían mucho que ver con la maldad que impregna nuestra sociedad. Buscarías la manera de motivar y alistar a tus alumnos para la acción. Por lo tanto, no sólo el tipo de pregunta, sino también el alcance y la magnitud de tus preguntas son influidos por tu filosofía. El punto es que tu perspectiva educacional tiene una influencia muy fuerte en (1) los tipos de preguntas, y, (2) el alcance de las preguntas que haces en tu salón.

El contexto de las preguntas

Las preguntas no salen en un vacío. Ocurren en el contexto, primero, de tus unidades y lecciones específicas, y, segundo, en el contexto del ambiente general del salón que cultivas y mantienes.

Lecciones

Tus lecciones involucran temas de la materia, y la mayoría de las preguntas que haces en tu salón probablemente van a ser relacionadas con los temas de la materia que estás desenvolviendo. Pero, como hemos visto, los temas de la materia tienen que ser ubicados dentro de una perspectiva cristiana. Los grandes temas bíblicos de creación, caída y redención, tienen que abarcar y dirigir la materia que enseñes. Esta perspectiva tiene que reflejarse en el tipo de preguntas que haces. Si nuestra enseñanza se degenera a un tipo de método solamente enfocada en los hechos, entonces la perspectiva bíblica está eliminada, y la naturaleza de nuestras preguntas cambia.

El ambiente del salón

Por supuesto, el ambiente debe reflejar una clase colaboradora, como he propuesto en un capítulo anterior. Tal ambiente hará una diferencia crítica en cuanto a tu proceder de preguntas y respuestas. Por ejemplo, toma la clase autoritaria, llena de miedo. ¿Cómo proceden las preguntas? Los niños tendrán miedo para responder por temor de responder mal y así invocar la ira del maestro. O, considera la clase en la cual se percibe al maestro, en  gran parte, como un juez arbitrario. También, en tal clase, los alumnos se titubearán para hablar. O, toma la clase individualista y competitiva: los alumnos competirán los unos con los otros para la atención y la aprobación del maestro. Los alumnos individuales esperarán ocultamente que sus compañeros respondan equivocadamente, o peor, esperan que queden en ridículo. Entonces, es claro que el ambiente del salón tiene todo que ver con el proceso de hacer preguntas.

En contraste, en el salón colaborador, los niños serán invitados a responder sin ningún temor. Estarán animados a hablar y tomar riesgos. Estarán animados a preguntar al maestro y a los otros compañeros. Debido al hecho que hay apoyo mutuo y aceptación, los alumnos no se desprecian los unos a los otros cuando hacen preguntas y contestan de una forma no esperada. Los alumnos animarán los unos a los otros para que traten otra vez de lograr la meta.

Sugerencias

Concluyo esta breve introducción al proceso de preguntar, haciendo una lista de sugerencias diseñada para ayudarte de hacer preguntas en una forma cristiana.

- Al principio del año escolar, cuando estás introduciendo y platicando de los procedimientos en el aula, aclara tus expectaciones. Los estudiantes necesitan saber que vas a hacer muchas preguntas, y que ellos van a responder mucho. Explícales a los niños que tienen que responder de una manera positiva y cristiana al maestro y a los compañeros. Dales unos ejemplos de lo que estás explicando, pregúntales que den otros ejemplos, y permíteles que practiquen sus buenas habilidades de responder.

¡Sé agrable!
¡Sé bueno!
¡Sonríe!
¡Pon atención!

- Una de las expectaciones más importantes del salón es: ¡que no permitas ningún tipo de burla o sarcasmo! Cuidadosamente evita cualquier huellita de falta de respeto o sarcasmo en tus propias respuestas a los alumnos, ni siquiera en forma de chiste, y, inmediatamente para la actividad y llama la atención cuando esto ocurra. No permitas, de ninguna manera, que estos comportamientos sean ignorados.

- Escucha muy bien a las respuestas de los alumnos. Sé modelo en tu manera de escuchar. Fíjate en el alumno(a) cuando responde, y da una indicación que hayas oído y entendido correctamente la respuesta. Sé generoso con comentarios tales como, "A ver si entiendo lo que dijiste." Sigue con más preguntas para mostrar que estás tomando en serio la respuesta del estudiante.

- Detente de juzgar demasiado rápido lo correcto o incorrecto de una respuesta. A menudo los alumnos tienen problemas de articular claramente una respuesta y están interrumpidos por maestros que exigen una certeza instantánea. Con frecuencia los alumnos están en el proceso de ofrecer excelentes perspectivas, si sólo fueran dados bastante motivación y oportunidad para hacerlo. Sé pronto para animarlos para que expresen de otra forma sus preguntas y respuestas. Pide que los otros alumnos también lo hagan.

- Cuando un estudiante da una respuesta obviamente incorrecta, asegúrate de no compararlo o ponerlo en competencia con otro alumno. Por ejemplo, evita tales comentarios como "¡Estás completamente equivocado, Eusebio! Rosa, danos la respuesta correcta." O, aún más sutil—sin tanta ofensa—pero igualmente problemático es una respuesta tal como esta: "Rosa, ¿no le puedes ayudar a Eusebio un poco?" Tales observaciones fracturan las relaciones y hacen muy difícil mantener un ambiente colaborador en el aula. En vez de esto, haz una pregunta que clarifica o pide que el estudiante conteste de otra forma.

- Motiva a los alumnos a que sean imaginativos y creativos con sus respuestas. Dales la libertad de especular o conjeturar. Reconozco que arriesgues las posibilidades unas respuestas frívolas en tu clase. Pero creo que vale la pena tomar el riesgo. La frivolidad se amortiguará con preguntas y actividades responsables y serias. Espera lo mejor de ellos. Además, el humor siempre está de moda.

- Busca la manera de involucrar a todos los alumnos. Las investigaciones muestran que aún cuando los maestros creen que están involucrando a todos sus alumnos, la realidad es que algunos alumnos reciben mucho más oportunidad de responder que otros. Esta realidad es especialmente problemática al nivel de primaria. En los años posteriores una situación opuesta pueda ocurrir: mientras que en la primaria todos los alumnos levantan la mano cuando les haces una pregunta, en los niveles de secundaria en adelante, provocando a los estudiantes a responder es exasperadoramente difícil. Como he sugerido, este fenómeno puede ser el resultado de una creciente irrelevancia de los temas de la materia y de los hábitos de los maestros de hacer preguntas muy obvias y sin sentido. Las preguntas cuidadosamente formuladas con lecciones cuidadosamente preparadas puede hacer mucho para eliminar el problema de poca participación. De cualquier modo, asegúrate que todos los alumnos están involucrados. El no hacer esto está en conflicto con el significado de la clase colaboradora. Si no estás seguro de que tan equitativamente estás distribuyendo tus preguntas, dale a uno de tus alumnos la lista de los estudiantes y encárgale que anote quien está respondiendo.

- Motiva a los alumnos que hagan preguntas entre ellos mismos. Con demasiado frecuencia las preguntas sólo son preguntas del maestro, y el diálogo sólo ocurre entre el maestro y un alumno individual.[3] En vez de reconocer la respuesta de un alumno y siguiendo con la próxima pregunta, toma un tiempo para preguntar a los otros alumnos que es lo que piensan de la respuesta. Diseña situaciones específicas en las cuales los alumnos tienen que preguntarse diferentes preguntas, para que aprendan a contestar a sus compañeros y no sólo al maestro. El arreglo de los asientos juega un papel clave. Teniendo a los alumnos en un círculo obviamente se presta más a la interacción y al hacer preguntas entre ellos mismos.

- Evita la repetición de las respuestas de los alumnos. Haciendo esto promueve el individualismo. Los alumnos aprenden a depender del maestro como una máquina contestadora, en vez de desarrollar las habilidades que se requieren para interaccionar colaboradoramente. Repitiendo las respuestas de los alumnos palabra por palabra sólo les enseña escuchar al maestro, no a ellos mismos. Esta práctica impide discusiones entre los estudiantes.

- Presenta una variedad de preguntas. Asegúrate de no limitarte a preguntas simples, convergentes. Apresúrate de preguntar preguntas divergentes, evaluativas y del tipo ¿qué tal si ...?, y de dar seguimiento a las respuestas de los alumnos.

- Amplía el enfoque de tus preguntas. No te limites a cuestiones puramente académicas, intelectuales o de un contenido específico. Pregúntales a los alumnos que sienten acerca del tema bajo discusión, que es lo que creen acerca de ello, que valores agregan a ello, y como se relaciona con su sentido de prioridades. Acuérdate que estamos enseñando al niño íntegro y no sólo a la mente dentro de un cuerpo.

- No seas muy pronto de descartar preguntas y respuestas que tienen que ver más con las experiencias del alumno y no tanto con el tema en discusión. Es cierto, especialmente los niños pequeños pueden desviarse rápidamente en una discusión acerca de su abuelita o de sus cachorritos en casa. Sin embargo, acuérdate del principio de "lo conectado." Pregunta acerca de las experiencias de los alumnos, como pueden relacionarse a lo que están aprendiendo, y como piensan que va a afectar sus vidas lo que están aprendiendo. La experiencia y perspectivas de cada uno de tus alumnos son importantes. Invítalos y recíbelos con acción de gracias.

- Recuerda que realmente hay una cosa que se llama "tiempo de espera." Las investigaciones han mostrado definitivamente que si esperamos más tiempo para las respuestas de los alumnos, las respuestas van a ser de mayor calidad.[4]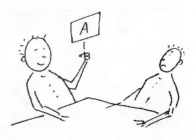
De una perspectiva cristiana queremos agregar aquí que, primero, los alumnos son únicos en sus dones y estilos de aprendizaje, por lo tanto, algunos requieren más tiempo que otros para procesar su respuesta, y, segundo, la paciencia es una importante virtud que debemos modelar y cultivar.

- Siempre evita dirigir preguntas a un solo estudiante. Considera el método de letras: pon los alumno, por decir algo, en grupos de cuatro y asigna una letra a cada miembro del grupo, A,B,C,D.

Entonces, después de hacer una pregunta, pide que los alumnos se juntan para formular una respuesta. Avísales que vas a nombrar a B o a C, o como fuera. Este método motiva la colaboración y limita la competencia individual entre alumnos. Además, promueve un sentir de auto confianza sin miedo: después de todo, las respuestas son respuestas de equipo. Si hay un error, ningún alumno individual recibirá el peso del desprecio. Obviamente no puedes usar este método para cada pregunta que haces. Planea cuales situaciones vas a crear en tus lecciones, y cuales preguntas vas a reservar para el método de letras.

Las técnicas de hacer preguntas, por supuesto, pueden llevar su sello cristiano. La diferencia se muestra cuando empezamos de poner mucha atención a lo que podría aparecer ser, en otro contexto, como algo simple y normal. Sugiero que te juntes con tus colegas para platicar este asunto, para comparar las formulaciones de sus preguntas y para animarse a afinar sus habilidades. Sería de mucho provecho si tu mesa directiva y director pudieran liberar un tiempo para que pudieran pasar tiempo en los salones de sus compañeros para observar de cercas las estrategias de hacer preguntas, y luego pasa tiempo revisando, evaluando y apoyando la práctica de cada quien.

¿Cómo te pueden ayudar tus estudiantes a estudiar? Enseñanza participativa en la perspectiva cristiana

Alex: Wow, Lisa ¡Debes estar haciendo algo increíble en tu salón de clases! ¿No estas haciendo una unidad de pájaros? Bueno, escuché en el pasillo a Trini y Aidé esta tarde y estaban hablando de los pájaros negros. Yo pensaba que a Trini sólo le interesaban las naves espaciales, y no creo haber escuchado hablar nunca a Aidé de otra cosa que no fueran películas y centros comerciales. ¿Cómo lo hiciste para que tus estudiantes siguieran hablando acerca de lo que les has estado enseñando?

Lisa: Bueno, en primer lugar, he hecho muchas discusiones grupales últimamente. Hoy llevamos a cabo una conversación acerca de los miles y miles de pájaros negros que se juntan en el pueblo cada otoño y lo decoran. Es bueno escuchar que aun después de clase continuaron con esa discusión.

Alex: ¡Estoy impresionado! Sería un suertudo si mis alumnos aún después de que toca la campana siguieran hablando del tema de clase.

Una descripción y distinción inicial

Si tus estudiantes son como los que describe Alex, puedes considerar que se haga más enseñanza participativa en tu salón de clases. Claro, el hacerlo no es ninguna garantía de que tus estudiantes de repente perciban la campana de salida como una amenaza que ocasione que tu clase continúe. En la enseñanza en un salón de clases simplemente no hay garantías – a pesar de lo que los expertos en los congresos para maestros te dicen. Un salón de clases es un lugar muy complejo como para permitir simples soluciones y recetas fáciles.

Sin embargo, hay formas de hacer que los estudiantes se involucren más en su enseñanza que si te apoyas fuertemente en modos directos de instrucción. Situaciones de enseñanza participativa pueden ayudar a que niños como Trini y Aidé salgan de sus obsesiones con naves espaciales y películas y motivarlos a que vean lo que tú les quieres enseñar.

¿Qué son las técnicas participativas? La enseñanza participativa es el tipo de enseñanza que invita a los estudiantes a colaborar en la construcción de la situación enseñar/aprender. Cultiva oportunidades para enseñar unos a otros y para aprender de otros. Reta la iniciativa del estudiante de una forma mucho mayor que la instrucción directa o indirecta.

¿Pero como, te puedes preguntar, se difiere la enseñanza participativa de la enseñanza indirecta? ¿No qué las dos requieren que los estudiantes se involucran? La cuestión es de alguna forma similar a preguntarte: ¿Cuál es la diferencia entre las nubes **cúmulos** y las nubes **nimbas?** ¿Qué no son todas nubes? Si, a veces es difícil diferenciarlas, pero otras veces se ven bastante diferentes. Una se puede convertir en la otra. Así es también con las estrategias de la enseñanza. Recalcando un punto: Las estrategias de enseñanza no siempre son claramente distinguibles; se traslapan y los buenos maestros con frecuencia revuelven, inclusive mezclan, una variedad de técnicas y actividades de enseñanza.

Para mí, la diferencia entre la enseñanza participativa y la indirecta es una cuestión de grado. La clave está en el cambio de enfoque de más a menos control del maestro. Las situaciones de enseñanza indirecta aún requieren que los estudiantes trabajen dentro de parámetros y reglas establecidas y controladas por el maestro. Por otro lado, las técnicas participativas deliberadamente animan a los estudiantes a jugar un rol activo en la generación del contenido que será aprendido, y en estructurar y controlar los procedimientos de clase.

Para ser sincero, yo no veo una clara distinción entre la enseñanza participativa y la indirecta; es decir, no conozco un criterio específico que nos permita diferenciar claramente y específicamente entre ellas. Yo veo a la enseñanza participativa como un área en un espectro continuo, en vez de una categoría 100% definida y delineada. Representa el tipo de enseñanza que invita a los estudiantes a contribuir, lo más posible, con lo que esta sucediendo en el salón de clases.

¿Por qué hacer una distinción cuando no hay una distinción clara? Mi sentido es que si no reconocemos explícitamente esta categoría de enseñanza participativa, tendremos la tendencia de permanecer envueltos en actividades controladas por el maestro. Cuestiónate a ti mismo con preguntas difíciles acerca de tu propio estilo de enseñanza y tu zona de confort: ¿Hasta que grado necesitas estar "en control" para poder enseñar efectivamente? ¿Crees que tus alumnos necesitan estar "controlados"? ¿Te sientes más cómodo cuando los estudiantes hacen exactamente lo que les pides? ¿Qué tan abierto eres para ubicar y hacer uso de un momento enseñable y para ajustar tu lección planeada de acuerdo a estos momentos? O tu lema es ¿"Mis objetivos deben ser cumplidos, pase lo que pase"? ¿Qué tan dispuesto estás, ahora mismo, para flexionar tu estilo y permitir que los estudiantes te ayuden a moldear lo que estás enseñando, animarlos a que se enseñen unos a otros, y así equiparlos para actuar responsablemente?

Tres rápidos recordatorios

Las técnicas participativas no dejan fuera el estudio diligente de lo que es descrito tradicionalmente como habilidades y temas de la materia. ¡Claro que no! Después de todo, una suposición clave de todo este libro es que la educación cristiana es para un discipulado competente y bien informado. Sin una gran comprensión y una amplia gama de habilidades, el potencial para un discipulado efectivo en nuestro mundo está seriamente comprometido.

La enseñanza participativa tampoco elimina la necesidad de instrucción directa. Recuerda la "regla": ningún método debe usarse por más del 60% del tiempo disponible en el salón de clases. Además, como vimos, hasta los grupos de clases más colaboradores necesitan instrucción directa.

Finalmente, la enseñanza participativa siempre presupone que los maestros son portadores del oficio y guías. Ellos retienen la autoridad máxima en el salón de clases, y retienen la responsabilidad de establecer la dirección del aprendizaje. En conclusión rechazo—y los invito a que ustedes también hagan lo mismo—cualquier noción de "salón abierto" o "democracia deweyana"; estos son enfoques educativos incompatibles con el carácter de enseñar cristianamente.

Un ejemplo de un método de enseñanza participativa

Un simple ejemplo de enseñanza participativa es la práctica de lluvia de ideas. La mayoría de los maestros usan esta técnica para generar rápidamente una multitud de ideas que puedan ser consideradas en clase. La lluvia de ideas claramente requiere de un cuestionamiento divergente o evaluativo que nos guíe. Un cuestionamiento con una sola respuesta no puede iniciar una sesión de lluvia de ideas. Ahora, el punto crítico es este: ¿Qué hace el maestro con las respuestas de una sesión de lluvia de ideas? ¿Son simplemente incorporadas a un plan predeterminado y diseñado por el maestro? Por supuesto que hay un lugar para dicha estrategia. Sin embargo, en una sesión de lluvia de ideas más creativa y participativa, las sugerencias y las conclusiones hechas juegan una parte significativa en el procedimiento de la lección. Hacen una contribución auténtica a la situación enseñanza/aprendizaje. Inclusive pueden cambiar los resultados intencionados de una lección.

Una simple ilustración: Una maestra de tercero de primaria condujo una sesión de lluvia de ideas como parte de una lección en un procedimiento de clasificación. Su intención era hacer que su clase construyera una lista completa de todas las características que separan a las vacas de los caballos. Un niño pequeño sugirió el adjetivo "malo". "¿Por qué crees que los caballos sean malos?" le preguntó la maestra. "¿por qué?" contestó el niño, "Un caballo le pateó a mi tío en la cabeza y lo mató," agregó con un sollozo: "Era mi tío favorito." ¡Un momento enseñable! El tema de clasificación fue transformado—o por lo menos, extendido—en una discusión acerca de la relación entre "malo" y "peligroso," en practicar la seguridad alrededor de los caballos, y en confortar al herido. En vez de descartar la contribución del niño, la maestra lo incorporó y trabajó con ello en su lección.

En lo que queda de este capítulo voy a considerar dos técnicas participativas: "discusión participativa" y "praxis compartida." Estos deberían servir como modelos para otras formas. Una revisión de aprendizaje coo-perativo, como una técnica participativa, está reservada para el próximo capítulo.

La discusión participativa

Tal vez te cuestiones el término. ¿Qué no toda discusión participativa? ¿Qué no siempre requiere "parejas de discusión"? Bueno, si y no. Es cierto, a menos que estés hablando soliloquios o estés cantando en la regadera, una discusión normalmente se refiere a una conversación entre múltiples participantes. En un salón de clases, sin embargo, hace sentido el distin-guir entre discusión participativa y no participativa. Muchas veces los maestros reportan tener mucha discusión en sus salones de clases, cuando en realidad están hablando de otras cosas. Puede que estén hablando de una discusión no participativa. Entonces, ¿Qué es una discusión no parti-cipativa? A continuación hay unos puntos que la identifican:

- No todos los que deben participar en la discusión participan en realidad. Con frecuencia lo que es una "discusión de grupo," no es más que un dialogo entre sólo algunos vocalistas partici-pantes. La "discusión" en realidad es algo mas espectadora que participativa.

- La "discusión" es esencialmente un diálogo de pregunta-respuesta entre el maestro y algunos estudiantes. El maestro hace el 80% de la conversación.[1] En esencia, hay solamente un participante real, el maestro. Esta forma de "discusión" se debería de llamar más bien "recital". No hay una discusión más genuina aquí que en el evento de preguntas en el cual mi hija "participó".

- Los estudiantes, junto con el maestro, hacen sus opiniones sin es-cucharse unos a otros, sin responder unos a otros y sin buscar el entendimiento los unos con otros. Su "discusión" rápidamente termina en un duelo de gritos, como en las mesas redondas po-líticas—presentadas en la televisión—que se enmascaran como discusiones. Cada "participante" está para probar que todos los demás están mal.

- El maestro atribuye algunas contribuciones como fuera de orden basándose en que "no avanzan la discusión" o simplemente como "mal". En otras palabras, un tipo sutil, o no tan sutil, de censura, controla la conversación. Lo primero que deben hacer los contribuyentes es preguntarse a sí mismos, si sus opiniones cumplen con ciertos criterios de aceptación arbitrariamente asumidos por el maestro.

Estoy jugando con la idea de designar a lo que yo llamo "discusión participativa" como una "discusión auténtica". ¿Qué hace que una discusión de clase sea "auténticamente participativa"? Por lo menos, hay tres características:

- Una discusión auténticamente participativa es una conversación entre participantes en la cuál información, perspectivas, e ideas son solicitadas, compartidas y escuchadas. Como en la lluvia de ideas, ninguna idea debe ser descartada porque esté "mal" o porque choque con la opinión del maestro. Claro que la formulación de ideas y el tono en el que se expresan pueden ser inapropiados. Regresaré a este punto en un momento.

- El propósito de una discusión auténticamente participativa no es sólo el de revisar el entendimiento del estudiante—como en un recital—sino crear las condiciones en las cuales todos los participantes, incluyendo el maestro crezcan en conocimiento y sabiduría. No sólo hay intercambio entre maestro-estudiante, pero también mucha interacción entre estudiantes. Una discusión participativa debe habilitar en vez de deshabilitar. Mientras los recitales tienen su lugar, no deben ser confundidos con las discusiones participativas. Las discusiones participativas no requieren respuestas predeterminadas, sino apuntan a sacar las experiencias y aprendizajes de cada uno de los participantes.

- En una discusión participativa existe un compromiso de escucharse unos a otros. Asume ciertas reglas de comunicación. Hay civilidad y mutuo incentivo. Hay voluntad, inclusive anhelo, de escucharse los unos a los otros.

Conduciendo una discusión participativa

No es una tarea fácil empezar una autentica discusión participativa en un salón de clases. No basta con juntar a los estudiantes y decirles "vamos a hablar" ¿Cuáles son algunos pasos claves que debemos tomar?

Primero, estar seguros de que el tema de discusión tenga significado.

Para empezar una discusión significativa en el salón, la cuestión de que si el pay de manzana sabe mejor que el de plátano es tan difícil como preparar chuletas de puerco de pedazos de tocino. Se necesita más carne.

El tema debe involucrar no solo la habilidad intelectual de los estudiantes, pero también sus valores, sus prioridades, sus sentimientos y su sistema de creencias. Algunas veces es mejor enfocar una discusión anticipada en un problema que requiere una solución. Unos ejemplos de temas significativos en diferentes áreas pueden ser los siguientes: ¿Qué le pasa a lo "correcto" o "incorrecto" de las matemáticas cuando se usa para hacer bombas? En vista de cambiar la hipótesis, ¿existe tal cosa como, un "cuerpo objetivo de conocimiento científico"? ¿Qué se debería hacer con los pájaros negros que decoran nuestra ciudad? ¿Contribuyen los juegos de video a la violencia en nuestras escuelas? ¿Qué hace a un buen amigo? ¿Cómo se construye una sociedad?

No estoy sugiriendo que en cada caso el tema sea tan difícil que ni siquiera los filósofos puedan con él. Sin embargo, sí creo que las discusiones participativas requieren un tipo de sofisticación de "orden superior" que a menudo evadimos o descartamos como impráctico o como algo que aleja a los estudiantes de lo que realmente queremos enseñar. Requieren el potencial para desempacar una diversidad de ideas. Las preguntas o problemas con respuestas fáciles o implícitas no se prestan a una discusión de grupo en donde se comparten unas perspectivas que te llevan a una mayor sabiduría.

Entonces te animo a que veas el contenido de tus lecciones y tus unidades y te preguntes: ¿Cómo y cuándo tengo la oportunidad para una buena discusión participativa? No pienses que las discusiones participativas sólo tienen lugar en las secundarias y preparatorias. Los niños más pequeños también pueden compartir sus pensamientos. Cuando los estudiantes pueden hablar, una discusión participativa se hace posible.

Una vez que has decidido un tema, necesitas prepararte apropiadamente. Normalmente, las discusiones participativas no surgen repentinamente. Sí pueden, por supuesto, y a veces pasa así. Debemos recibir estas oportunidades, no planeadas, como regalos de Dios y celebrarlo como ocasiones de gratitud. Pero usualmente las discusiones participativas requieren planeación por parte de los maestros y estudiantes. Los estudiantes deben de saber algo del tema—incluyendo los temas que ellos mismos sugieren. Deberían tener la oportunidad de reflejar y relacionar la discusión con sus propias experiencias pasadas, su situación actual y su vida futura.

Asumiendo que ya tienes la preparación. ¿Cómo procedes? Aquí hay unas sugerencias:

- Divide a los estudiantes en pequeños grupos, especialmente si no tienen experiencia en auténticas discusiones de grupo. En grupos pequeños la probabilidad de que funcionen mejor como parejas aumenta. ¿Deberían estos grupos ser homogéneos o heterogéneos? Esto es una cuestión de juicio. Los grupos heterogéneos permiten mayor diversidad en puntos de vista, mientras que los grupos homogéneos guardan más cohesión. Necesitas experimentar.

- Junta a los pequeños grupos en círculo. Las discusiones participativas son mejor cuando están cara a cara.

- Asigna a una persona que promueve la discusión. Yo evitaría un "líder de discusión" ya que los líderes tienden a producir seguidores. Quieres equipos, no líderes y seguidores.

- Pasa un buen tiempo estableciendo y revisando las expectativas. Los niños no saben por naturaleza como tomar parte en una discusión participativa. Necesitan ser enseñados. Aquí las técnicas de discipulado mencionadas anteriormente juegan un papel importante. Las expectativas especificas pueden ser las siguientes: Una persona habla a la vez; nada de sarcasmos; escucha cuidadosamente y atentamente; pide aclaraciones para asegurar que hay comprensión; apunta para llegar a un consenso; estate dispuesto a ser convencido; anima a todos para que participen; evita dominar la discusión; sé paciente y gentil; siempre busca lo mejor en lo que la otra persona esta diciendo. Ayuda a demostrar e ilustrar estas habilidades de discipulado.

- Asegúrate que los integrantes vean el proceso como auténticamente participativo: La discusión apunta a expandir el conocimiento de todos (incluyendo al maestro). La meta es enseñar unos a otros, en toda sabiduría, y aprender unos de otros. La actividad nos debe permitir crecer en nuestra habilidad para funcionar como discípulos competentes del Señor.

Acuérdate que en las discusiones participativas tú permaneces como guía. Monitoriza la discusión y ofrece apoyo y motivación. También necesitas estar dispuesto a amonestar cuando la formulación de ideas no sea adecuada. Groserías, el mal uso del lenguaje, insultos, etcétera, no deben ser tolerados.

He pasado un tiempo considerado en la práctica de auténticas discusiones. Es necesario tener esta práctica antes de pasar a la siguiente técnica participativa: la praxis compartida. La praxis compartida asume familiaridad con modelos de discusiones participativas bien conducidas.

La praxis compartida

Jennifer es una maestra de sexto grado. Los maestros, el director y sus compañeros la consideran extremadamente creativa. Una de sus fortalezas es su deseo de adquirir nuevas perspectivas para mejorar su eficiencia como maestra.

Recientemente Jennifer asistió a un taller de dos días de praxis compartida. Su director la apoyó, aunque no estaba tan seguro acerca de "todas las cosas de vanguardia". Incluso Jennifer no sabía exactamente de que se trataba, pero siempre estaba ansiosa de tratar técnicas participativas en su salón de clases. Pero ella decidió ir para ver que podía aprender. Bueno, ¿qué aprendió?

Ella aprendió que praxis compartida es una técnica primeramente descrita por Paulo Freire, un educador católico brasileño que se volvió muy conocido por su trabajo en la literatura adulta. Influenciado por el neo-marxismo, Freire usó el término praxis compartida para designar a los métodos de enseñanza que él desarrolló.[2] Literalmente "praxis" se refiere al entrelazamiento entre teoría y práctica. En lugar de ver a la teoría como distinta y sólo para ser aplicada a la práctica, las dos forman un proceso interactivo indistinguible.

Jennifer también aprendió que Freire fue extremadamente crítico en cuanto a la instrucción directa. Freire le llamó a dicha enseñanza "depositando en el banco," esto es, el depósito de cosas en una bóveda vacía. Freire se opuso a dicho método de enseñanza e incitó el uso de métodos que empezaron con la experiencia de los estudiantes. Intuitivamente, Jennifer estuvo de acuerdo con esta aproximación. Ella siempre había objetado a ver a los estudiantes como vasijas vacías. Entonces a ella le gustó la definición de praxis compartida que se le ofreció: En su sentido más estricto, praxis compartida describe a los maestros y estudiantes compartiendo sus perspectivas y experiencias a través de un dialogo estructurado, y de este modo construyen el conocimiento y la experiencia de unos a otros, y así llegan al aprendizaje deseado. "¡Amén!" dijo Jennifer. "Pienso que estaba haciendo esto todo el tiempo. Pero aun más puntos específicos pueden ser de ayuda."

Y Jennifer aprendió más. Ella aprendió que el método de Freire ha sido extendido a través de otros incluyendo a Tomás Groome.[3] El Sr. Groome había aplicado este método, en gran parte, en un contexto de la educación religiosa. No obstante, como maestra de clases, Jennifer sentía que podía usar la técnica de Groome. Groome sugirió que nuestras lecciones consistan de cinco "movimientos," empezando con una conversación acerca de la experiencia de los alumnos con el tema de buscar unas maneras en las cuales pudieran integrar lo que aprendieran a sus vidas futuras. En el taller Jennifer recibió una hoja que resumió estos cinco "movimientos":

1. Los estudiantes (incluyendo el maestro) están invitados a describir algún punto de vista personal o una experiencia directamente relacionado al tema bajo discusión.

2. Están invitados a reflejar sobre lo que creen acerca del tema, y lo que puedan ser las consecuencias probables o deseadas de sus puntos de vista o experiencias.

3. El maestro presenta la información básica sobre el tema que el grupo ocupe.

4. Los estudiantes están invitados a utilizar esta información para sus propias vidas a través de un examen dialéctico con sus propias experiencias.

5. Hay una oportunidad de escoger una respuesta para el futuro.

El segundo día del taller, juntaron a Jennifer con otro maestro y les dijeron que crearan una unidad basada en la información de la hoja. Como las escuelas, en donde estaban enseñando, no estaban lejos de la costa de California, decidieron que hacer una unidad acerca del océano como una biosfera distinta proveería una oportunidad de practicar la praxis compartida, estilo Groome. Utilizando los cinco pasos de Groome, construyeron el siguiente plan general:

1. Pide que los alumnos compartan sus experiencias de las playas y del océano.

2. Pon a los alumnos a platicar de cómo su experiencia en la costa de California ha afectado (o puede continuar a afectar) sus vidas.

3. Presenta información básica acerca del océano (usa un libro de texto con videocasetes disponibles de diferentes agencias educacionales).

4. Formula unas sesiones de discusión en donde esta nueva información amplía, disminuye, apoya o contradice lo que ellos articulaban en el paso 2.

5. Pide a los alumnos que escriban en un diario indicando lo que van a hacer ahora acerca de las playas y el océano como consecuencia de lo que habían aprendido en esta unidad (por ejemplo, proteger a las ballenas, limpiar las playas, apoyar santuarios de aves, etcétera).

Pasos específicos—un modelo propuesto:

Los movimientos Groome´s ponen una base sólida para que tome lugar en un salón de clases una técnica de praxis compartida. En el trabajo con maestros y experimentando con esta estrategia he llegado a creer que debemos adaptar y expandir la propuesta de Groome en un modelo de praxis compartida que consista en seis pasos:[4]

1. Primero, invita a los estudiantes a que articulen sus experiencias acerca del tema en discusión. Pídeles que coloquen estas experiencias "sobre la mesa" por así decirlo. Abre la discusión haciendo preguntas cuidadosamente diseñadas. Pídeles que escriban libremente sus respuestas. Este primer paso asegura que la raíz de tu lección estará basada en la experiencia de los estudiantes. La praxis compartida deja de ser praxis compartida si les echas el currículum a los niños sin antes invitarlos a compartir sus experiencias con el tema de la lección.

2. Anima a tus estudiantes para que se cuestionen unos a otros. El intento es para probar su entendimiento, y, al hacerlo, aumentar los

conceptos con los que están trabajando. Este tipo de actividad puede ser combinado fácilmente con estrategias de aprendizaje cooperativo. Es mejor sentar a los estudiantes en círculos pequeños y hacer que sistemáticamente compartan sus experiencias y conocimientos. Este paso provee la oportunidad para un dialogo mutuo y compartido, para una discusión auténticamente participativa.

3. Sólo en este punto es apropiado proveer entradas adicionales. Puedes dar estas entradas a través de una lección, un video, la lectura, o unos proyectos de investigación. Pon atención para estar seguro que las entradas adicionales estén directamente ligadas a las experiencias presentadas y discutidas en los pasos uno y dos. Nota que este paso elimina la crítica de que una lección de praxis compartida termina en nada más que un ejercicio de "juntando ignorancia."

4. Ahora debes pedirles a tus alumnos que demuestren (o practiquen) el nuevo entendimiento de los conceptos que aprendieron. Lo pueden hacer explicando, describiendo, comparando, parafraseando, redefiniendo, etcétera.

5. Para estar seguro de que mantienes colaboración y construyes una comunidad, el paso cinco consiste en un "chequeo mutuo." Los estudiantes se revisan, se preguntan, se enseñan y se animan unos a otros mientras que se demuestran su nuevo entendimiento. El objetivo es estar seguro de que cada estudiante ha entendido los nuevos conceptos o ha aprendido nuevas destrezas. La praxis compartida es un claro enemigo del individualismo.

6. Finalmente, y probablemente lo más importante, dirige a tus estudiantes a que consideren como el material recién aprendido pueda ser canalizado a sus vidas. ¿Qué diferencia hará en sus vidas el nuevo aprendizaje? ¿Cómo los equipará el nuevo aprendizaje para cumplir sus objetivos más efectivamente y cristianamente? ¿Qué pasos de desempeño pueden tomar? ¿Están dispuestos a comprometerse a implementar, en una forma sanadora, como agentes de reconciliación,[5] el material que han aprendido?

Algunos ejemplos

Para hacer estos pasos más concretos, ofrezco dos ilustraciones. El primero es un ejemplo aplicable a secundaria y preparatoria. Supongamos que quiero enseñar una unidad acerca de la naturaleza y la tarea del gobierno. El primer paso, que consiste en articular experiencias significativas, podría empezar con preguntas tales como estas: ¿Qué es nuestro gobierno? ¿Cuándo lo vemos en acción? ¿Qué has experimentado como resultado directo del gobierno? Por ejemplo, ¿Has

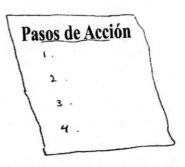

Pasos de Acción
1.
2.
3.
4.

recibido alguna vez una multa de tránsito, has visto a inmigrantes pasar por procedimientos de admisión, o has visto algunos ejercicios militares? ¿Tal vez tu gobierno local ha establecido leyes por zonas o leyes de toque de queda? Puede que tengas alguna opinión acerca de los parquímetros, de los letreros de "no contaminar", o de los anuncios comerciales políticos. ¿Qué piensas que esta bien o mal de nuestro gobierno?

El segundo paso fomenta la reflexión y discusión acerca de las experiencias y puntos de vista personales: ¿Por qué piensas que esto o aquello esta bien o mal de nuestro gobierno? ¿Cuál fue tu reacción a la experiencia que tuviste por parte de alguna acción del gobierno? ¿Cómo te sentiste cuando recibiste la multa por exceso de velocidad?

En el tercer paso yo presentaría información básica del gobierno y confrontaría los sentimientos, emociones, puntos de vista y experiencias de los estudiantes. Por ejemplo, podría dar una breve presentación delineando las tareas, deberes y limitaciones de nuestro sistema de gobierno, proveer algunos antecedentes y datos bíblicos, mostrar una película, traer a un invitado como podría ser algún miembro de gobierno, o asignar un capítulo en algún libro de texto.

El cuarto paso les pide a los estudiantes que comparen esta nueva información con sus propias experiencias y que expresen sus reacciones a esta nueva información. ¿Verán ahora con otros ojos las experiencias que habían descrito? ¿Qué pueden ver ahora que antes no hayan visto? Este paso debe dar pie al siguiente: los estudiantes se cuestionan unos a otros acerca de lo que acaban de presentar. La meta debería ser enseñar a los estudiantes a tomar responsabilidad por el aprendizaje de sus compañeros: deben de hacer un esfuerzo para que el nuevo aprendizaje sea claro y apropiado para todos los participantes.

El sexto y último paso anima a los estudiantes a evaluar sus propias vidas y su futuro en vista de lo que ha pasado en los primeros cinco pasos. ¿Cuál será su postura ante el gobierno? ¿Cómo pretenden participar como ciudadanos en esta ciudad o en este país? ¿Qué pueden hacer para promover un sano patriotismo? ¿Qué contribuciones pueden hacer al clima político en su ciudad o país? Y así sucesivamente.

Un segundo ejemplo, un poco más sencillo, muestra como la praxis compartida puede funcionar en una lección de matemáticas en  una primaria rural, tal como se encuentran en Iowa. Supongamos que el tema es la suma y resta. Los pasos pueden ir algo así:

1. Invita a los estudiantes a compartir las experiencias que han tenido contando: ¿Hay vacas en tu rancho? ¿Cuántas hay en el corral? ¿Las puedes contar una por una? ¿Tu papá las cuenta todos los días?

2. Ánima a que se dé una reflexión de experiencias personales: ¿Qué le pasa a tu cuenta cuando tu vaca tiene un becerro? ¿O cuándo alguna se muere? ¿O cuándo tu papá vende o compra algunas vacas?

3. Dales retroalimentación presentando los algoritmos básicos de la suma y resta que se tienen que aprender.

4. Los estudiantes ahora practican los algoritmos relacionándolos directamente con las vacas del rancho. Por ejemplo, 3 vacas + 7 vacas = 10 vacas. ¿Cuántas vacas tendrá tu papá cuando venda 3 de ellas? Los niños harán un sin numero de ejercicios para asegurar el dominio de ellas.

5. Los estudiantes se piden unos a otros que demuestren sus habilidades para contar. Pueden hacer unas hojas con preguntas. Algunas estrategias cooperativas de rompecabezas pueden funcionar aquí. (Lo veremos más a fondo en el siguiente capítulo.)

6. Los estudiantes transfieren los algoritmos de su experiencia con las vacas a otras áreas de sus vidas, y finalmente adquieren el dominio para manejar conceptos más abstractos aplicables a sus vidas futuras.

¿La praxis compartida es práctica?

La praxis compartida en primera instancia puede parecer pesado y torpe e inclusive hasta te puede recordar del viejo "momento relevante". De hecho, esta técnica se convertiría en algo demasiado pesado y torpe si sugiriera que cada lección necesita ser encajonada en el seguimiento de 6 pasos. Pero este trabajo no es necesario. Una vez que has entendido los 6 pasos los puedes usar en una forma simplificada. En general, la estructura de la praxis compartida es simple. Hace lo que todos los buenos maestros saben que deben hacer: amarra el material de la lección a la experiencia de los estudiantes, tanto al principio como al final de la lección. De alguna forma, programas como mate-en-su-camino y método de todo el lenguaje buscan hacer precisamente eso. No sólo debemos amarrar las lecciones a las experiencias de nuestros estudiantes, necesitamos que se queden atadas a sus experiencias, y animarlos a que integren el material a sus vidas. Así, la praxis compartida hace uso de algunas de las teorías de aprendizaje más nuevas, especialmente aquellas promovidas por el constructivismo. La praxis compartida asume que los estudiantes aprenden mejor si agregan el nuevo aprendizaje a sus experiencias y aprendizajes pasados y se les anima a trabajar con las implicaciones del nuevo aprendizaje en sus propias vidas.[6]

Claramente, la praxis compartida requiere de tiempo. Por esta razón puede ser difícil implementarlo en una escuela que premia la efectividad y el comportamiento de cumplir con tareas. En tales situaciones les aconsejo a los maestros que seleccionen sólo algunos de los componentes más importantes del programa y los transformen en lecciones de praxis compartida.

La praxis compartida: su carácter cristiano

La praxis compartida queda perfecta para el salón cristiano colaborador. Como el primer paso, toma la vida y experiencias de los estudiantes muy seriamente y los invita a través de la participación. Les permite a los estudiantes expresar y compartir su conocimiento, sentimientos, creencias y compromisos. La interacción dinámica entre maestros, estudiantes, y el material que ha de ser aprendido inevitablemente involucra una relación dinámica y equitativa entre los estudiantes. En las sesiones de praxis compartida hay una sutil transición de "mi experiencia" a "nuestra experiencia" de "mi pasado y mi futuro" a "nuestro pasado y nuestro futuro."

Las vidas de los estudiantes y el maestro se entrelazan. La praxis compartido es precisamente eso: la teoría y la practica inseparablemente conectadas y compartidas una con la otra.

La praxis compartida no es todavía una técnica comúnmente utilizada por los maestros. Las sesiones de discusiones generales son lo que más se le acerca. La praxis compartida va más allá de discusión para obtener una completa participación de los estudiantes.

La praxis compartida va de la mano con las estrategias de aprendizaje cooperativo. Para ver esta conexión más claramente, volteamos nuestra atención en el siguiente capítulo hacía un fenómeno mucho más discutido: la espectacular alza de interés en el aprendizaje cooperativo.

¿Cómo quieres que tus estudiantes trabajen juntos? El aprendizaje cooperativo con perspectivas cristianas

Jaime: ¡No puedo creerlo!, y yo pensaba que esta es una escuela cristiana con padres cristianos, sólo no puedo creerlo.

Lisa: ¡Wow! ¿Estás molesto? ¿Qué te pasa, Jaime?

Jaime: Mandé una carta con los niños ayer, anunciando que íbamos a hacer algo de aprendizaje cooperativo en mi clase, expliqué que los grupos iban a trabajar juntos entre grupos y que entre ellos se iban a ayudara a aprender. Así que, esta mañana Tim me dio una nota de su madre. Ella lo hizo muy claro que no estaba de acuerdo con esa enseñanza de moda cooperativa. Ella dice que su pequeño está en la escuela para aprender y así lograr algo en este mundo. "Yo no quiero a mi hijo," escribió ella, "desperdiciando su valioso tiempo ayudando a otros niños."

Lisa: ¡No lo creo!

La decisión de Jaime

Jaime está convencido que adoptando un salón colaborador es la manera cristiana de hacerlo. Claro, como un maestro de escuela secundaria, él sabe que esta convicción, como una ambiciosa resolución del Año Nuevo, es más fácil ponerlo en palabras que en práctica. La enseñanza cooperativa, él cree, puede ayudarlo a hacerlo. Jaime había oído y leído acerca de él, aún asistido—con la bendición del director—a varios talleres. Él ha llegado a ver que todo lo que él hacía, simplemente diciendo a los niños que se juntaran en pares o en grupos, no servía de mucho. Tales instrucciones simplemente crearon una ilusión de colaboración; en realidad permiten a algunos estudiantes a pasarla sin realizar nada, o a la inversa, animan a otros a dominar todo el show y cambiar al grupo en unos espectadores de deporte. Jaime ha decidido evitar tal falta de efectividad y tratar un acercamiento más estructurado.

¿Qué es una enseñanza cooperativa?

Vamos a seguir a Jaime a su salón para observar como él implementa los siete principios de una autentica enseñanza cooperativa. Jaime sabe que cada uno es críticamente importante al éxito de la enseñanza cooperativa. Ignorando aún un principio puede terminar diciendo: "¿La enseñanza cooperativa? Una gran idea, pero eso no funciona para mí."[1]

Vamos a encontrar un asiento en la esquina al fondo de la clase de Jaime del arte del lenguaje del primer año de secundaria y observar los procedimientos. Jaime está particularmente interesado en cultivar tanto el pensamiento crítico y la creatividad en este salón. Entonces él quiere asignar un ensayo en donde sus alumnos de primer año argumentan en contra o a favor de un problema en la escuela: ¿Es necesario que los alumnos llevan uniformes a la escuela? Jaime quiere usar una estrategia de la enseñanza cooperativa para alcanzar sus metas. ¿Cómo va a proceder?

1. Poniendo el tono.

Antes de implementar la lección cooperativa, Jaime toma un tiempo considerable de clase para discutir con sus estudiantes las expectaciones del comportamiento de grupo. Él pregunta: ¿Qué podemos

hacer para estar seguros que tra-
bajaremos juntos? Jaime y sus
estudiantes tienen una lluvia de
ideas, hacen una lista y describen
varias habilidades del discipulado,
así como animar, escuchar, dejar
que otros hablan cuando sea apropiado, etcétera.

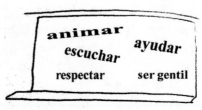

Jaime pregunta a los estudiantes como pueden ser expresadas tales
habilidades en el salón. Él sugiere que ellos creen algunos escenarios. Britania, Gerardo y Jessica proponen una manera de animar unos a otros.
Ellas sugieren un drama en donde puedan expresar afirmaciones específicas y animadoras tales como "¡me gusta la metáfora que usaste aquí!"

Mientras que algo de esta actividad al principio pueda parecer artifi-
cial y pueda tener a algunos estudiantes mirando de reojo, Jaime está im-
pávido y persiste. Él pregunta acerca de sus previas reacciones de la enseñanza cooperativa. "Dime," él pregunto, "¿qué clase de actividades en
grupo han realizado en sus clases hasta ahora?" Los estudiantes dieron
una variedad de contestaciones. Britania dice: "En sexto grado hicimos
muchos trabajos por equipo, pero lo odiaba porque yo siempre termina-
ba haciendo todo el trabajo." Después de algo de discusión, Jaime siente
que su experiencia con la enseñanza cooperativa es bastante limitada, así
que decide pasar aún más tiempo trabajando en las expectativas.[2]

¿Qué piensas? ¿Está desperdiciando mucho tiempo Jaime en lo que
debería ser usado para cubrir el programa de estudios? ¡Qué Dios no lo
permita! No subestimes la importancia de lo que Jaime está haciendo
aquí. Jaime está trabajando para establecer un salón colaborador. Muy a
menudo los maestros asumen que por naturaleza los estudiantes saben
como trabajar juntos, no así . Jaime ha hecho lo correcto por no zambu-
llirlos en las actividades del aprendizaje cooperativo en el primer día del
ciclo escolar. De lo contrario él deliberadamente esperó varias semanas
hasta que él tenía suficiente tiempo para presentar las expectativas y llegar a conocer a los estudiantes suficiente, para agruparlos efectivamente.
En efecto, haciendo este trabajo preeliminar, él pone el tono a la clase
por el año entero.

2. Formando grupos.

Vamos a observar que hace Jaime después de la actividad con el tono
puesto. Él rápida y eficientemente junta a sus estudiantes en grupos prea-

signados. Lo más posible cada grupo está compuesto de una mezcla de hombres con mujeres y los de buen aprovechamiento con los de menor aprovechamiento. Les dice Jaime a los estudiantes que una vez en grupos ellos permanecerán en sus grupos un tiempo relativamente larga para permitirles entenderse a cada uno y a trabajar juntos.

Pero espera un minuto. ¿Por qué preasignados? En un salón verdaderamente colaborador, ¿no deberían decidir los estudiantes como los grupos se están formados? Estás en lo correcto, y efectivamente Jaime, sin duda va a animar a los estudiantes a escoger. Sin embargo, él recuerda que en las etapas primeras de una actividad de un aprendizaje colaborador, la ruta preferible es asignar en grupos a los estudiantes en vez de que ellos seleccionen sus propios grupos. Permitiendo a los estudiantes escoger, al principio sus propios compañeros, realmente puede interferir con el establecimiento de un salón colaborador.[3]

Jaime se asegura que sus grupos son acomodados apropiadamente. Él insiste que los estudiantes se miren cara a cara en una forma de cruz, así:

Él no permite a los estudiantes que se sienten encorvados o que estén desconectados. Nota como él ha colocado los grupos, él puede caminar en un circulo alrededor de cada uno. Él ha retirado a los grupos lejos de las paredes (para no invitarlos a que se recarguen y así desconectarse.) Él estaba agradecido por las mesas que la escuela compró para sus alumnos. Jaime exitosamente persuadió a los miembros de la mesa directiva que los viejos raquíticos escritorios, con la mesita inclinada hacia abajo, pudieran ser donados a la exhibición de una escuela antigua en museo local.

Jaime da a cada grupo un numero romano (I, II, etc.) y asigna una letra (A, B, C, D) a cada miembro del grupo. Él anima a cada grupo que seleccione un nombre para su equipo.

3. Asignando papeles

¿Qué papeles deberá asignar Jaime a cada grupo? Bueno, esto depende de la tarea del grupo que se va a realizar. En esta primera sesión de aprendizaje cooperativo Jaime quiere que sus estudiantes ayuden a establecer un criterio para un buen ensayo persuasivo. Claramente esta tarea requerirá un secretario y un reportero. Un encargado de grupo también será útil—alguien que tendrá una tarea especial de asegurar que cada miembro del grupo contribuya a la tarea en grupo.

Jaime sabiamente escoge estudiantes quienes puedan hacer los papeles. Para los secretarios él selecciona estudiantes que escriban claramente y escoge reporteros que hablen claro. Los encargados serán los niños que han demostrado una cierta medida de confianza. Después de iniciar esta sesión, Jaime plantea rotar las tareas dentro de los grupos, para que eventualmente cada estudiante tenga la oportunidad de aprender cada papel.

Jaime ha dedicado considerable tiempo pensando acerca de otros papeles que quisiera asignar en las siguientes semanas. Él planea no nombrar a un "líder." Ese movimiento, él bien sabe, animaría que una sola persona hiciera el trabajo. Los papeles que está considerando son observador, animador, sargento de motivación, monitor de ruido, investigador, el que resume, verificador, corredor, alabador, corrector de gramática y ortografía, y el encargado de materiales. Lo que sea la tarea que Jaime pueda asignar, él tomará tiempo para exponer claramente como los papeles van ha ser ejecutados.

4. Explicando las tareas y estructurando interdependencia.

Ahora que él tiene a sus grupos en su lugar. Jaime explica la tarea. "Escuchen cuidadosamente," él dice, "yo explicaré sus trabajos una sola vez. Si tienen preguntas pregunten con su grupo primero." Reconocemos pronto las razones para estas instrucciones: él quiere ayudar a sus estudiantes a desarrollar sus habilidades de escuchar y a aprender a depender el uno con el otro en vez del maestro solamente.

El aprendizaje cooperativo requiere, lo que la literatura nombra, la "interdependencia positiva." Cada miembro del grupo debe contribuir. Ningún miembro del grupo debe hacer el trabajo a solas, mientras que el resto no hace nada. Vamos a observar cómo Jaime pone este importante principio en práctica en su clase de composición creativa.

Primero, él pregunta a cada miembro del grupo que haga una lista, quieta e independientemente, de algunos criterios para evaluar un buen ensayo persuasivo. ¿Qué aspectos de escritura debemos recordar cuando escribimos un argumento por o en contra que el uniforme de la escuela sea obligatorio? Jaime presupone que salgan algunos de los siguientes problemas: dando una opinión clara, teniendo buenas razonas, distinguiendo entre lo bueno y lo malo, y usando párrafos con una oración principal.

En seguido, el secretario del grupo tabula los resultados, primero en un borrador, y luego en un acetato. Britania sugiere que necesitaremos muy buenas razones para requerir uniformes. Kimberly insta a sus compañeros que incluyan las oraciones principales. Jaime quietamente recuerda a los encargados que se aseguren que cada miembro del grupo contribuya a esta lista final. Para garantizar la responsabilidad individual, Jaime pide que cada miembro del grupo le entregue su lista individual al final de la clase.

5. Monitorizando el trabajo de grupo de cercas

Jaime resiste la tentación de sentarse en su escritorio a corregir papeles o ir a la sala de maestros por una taza de café. En su vez, él se mueve alrededor de los grupos, ocasionalmente recordando a los estudiantes de sus asignaturas. Con un portapapeles para tomar notas, él observa a los estudiantes cuidadosamente y mantiene un record del avance de la participación de cada estudiante. Él no interviene tan rápido. Si hay un desacuerdo, él pide primero a los miembros del grupo cómo van a intentar a resolverlo.

6. La clausura

Jaime lleva la actividad a su clausura invitando a los reporteros a venir al retroproyector a compartir los resultados del grupo con toda la clase. Él pide a los grupos que se aseguren de agregar a sus propias listas cualquier idea nueva que vean. Esta actividad guía a la clase a un consenso acerca del criterio esencial que va a ser usado para la evaluación de los ensayos persuasivos que los estudiantes escribirán. Jaime tiene ahora el escenario para la subsiguiente escritura de párrafos y ensayos y para la revisión de los compañeros de grupo. Para que estas actividades sean conducidas a través de los siguientes días, Jaime planea asignar papeles de "autor," "critico amigable," "revisor" e "investigador."

7. Procesando.

Podemos suponer que Jaime termine la lección en este punto, o que continúe con el siguiente paso de escribir un ensayo individual. Pero en ves de eso, observar lo que hace ahora. "Bueno, clase," dice él, "vamos a detenernos por un momento y preguntarnos a nosotros mismos: ¿Qué tan bien trabajamos juntos?" El distribuye un pequeño cuestionario. Los estudiantes responderán a dos preguntas: 1) ¿Qué habilidades de discipulado practica nuestro grupo? 2) ¿Cuáles debemos trabajar mejor la próxima vez?

Esta actividad de desenlace y reflexión—referida en la literatura como *procesando*— ordenadamente entrelaza el trabajo de los estudiantes con las expectativas propuestas antes. Siendo ésta la primera sesión del aprendizaje cooperativo de su clase, Jaime pone a los estudiantes a llenar una hoja de procesamiento individual. Él quiere que sus estudiantes puedan estar familiarizados y cómodos con la fase del procesamiento. Eventualmente él espera que sus estudiantes puedan discutir su trabajo como equipo y libremente y sin inhibiciones. Él sabe que procesando es una habilidad que necesita ser aprendida. Su efectividad incrementa al grado que los miembros del grupo comienzan a establecer relaciones de confianza.

El aprendizaje colaborador: su carácter cristiano

La clase ha finalizado y caminamos con Jaime a la sala de maestros. "¡Nos encantó mirarte enseñar Jaime! ¿pero dinos?" preguntamos, "¿qué realmente es lo cristiano acerca de esa enseñanza cooperativa? ¿No estás usando simplemente una técnica de la enseñanza secular? ¿Qué es tan cristiano acerca de formar grupos heterogéneos, creando papeles de trabajo, e intentando la interdependencia positiva?"

Mientras que Jaime no puede articular siempre una contestación clara, su método sigue sin ninguna duda. Él piensa que las estrategias de aprendizaje cooperativo reflejan algo de las intenciones del Señor para la docencia. El aprendizaje cooperativo, aun cuando está distorsionado secularmente, es un ejemplo de los educadores encontrando la voluntad de Dios.[4] ¿No dicen las Escrituras inconfundiblemente claro que los seres humanos están para constituir una comunidad de portadores de la imagen, comprometidos en servir al Señor y al prójimo, y a la totalidad del maravilloso jardín de Dios? ¿No son el egoísmo y la falta de respeto, el uno para el otro y para la voluntad de Dios, los principales resultados de la caída en pecado? La cooperación, entonces, es claramente relacionada a la actividad redentora, sanadora y pacificadora. El aprendizaje cooperativo, cuando cuidadosamente impuesta en el contexto de un salón cooperativo, puede ayudarte a darle forma a tu clase como una expresión del Cuerpo de Cristo. Provee a tu clase con oportunidades para el entrenamiento en las habilidades específicas de servicio (tales como el respeto, escuchando, compartiendo, animando, ejercitando paciencia—en general los frutos del Espíritu). Esto crea un ambiente favorable a la práctica del discipulado bien informado y competente.

Otros cuantos ejemplos

Un maestro de la Biblia que conozco quiere que sus estudiantes memoricen las siete últimas palabras de Jesús en la cruz. Para alcanzar esta tarea conforme al método del aprendizaje cooperativo, él da a uno de los cuatro grupos el relevante texto de Mateo, al otro de Marcos, al tercero de Lucas y al cuarto de Juan. Ellos tienen que construir una lista de las últimas palabras. Un maestro de matemáticas frecuentemente asigna una serie de calculaciones a cada uno de los miembros del grupo, entonces los pone a sumar la totalidad de sus resultados para dar un número en especifico. Maestros de jardín de niños y de primer año estructuran las actividades en las cuales cada miembro de un grupo tiene un rol: uno tiene las tijeras, otro los crayones, otro el papel y juntos crean un *collage*.

Por supuesto, el aprendizaje cooperativo es apropiado en el currículo de cualquier grado.

Los "exámenes" en grupo y una revisión mutuo

De vez en cuando quieres ver y comprobar individualmente que tus estudiantes están dominando el material. Por ejemplo, pienso en un trabajo de matemáticas (tablas de multiplicar, resolviendo ecuaciones básicas, midiendo y estimando); en el arte del lenguaje (deletreando, habilidades para leer y escribir); en un lenguaje extranjero; en los estudios sociales (factores básicos, razones para los eventos aprendiendo de capitales); en la ciencia (taxonomías básicas fisiológicas/biológicas). Quizás los tengas practicado con hojas de trabajo y evalúas su dominio haciendo un examen o algo por el estilo.

Antes que decidas rendirte asignando un trabajo individual en sus mesa-bancos, hojas de trabajo o exámenes, considera las oportunidades inherentes en las estrategias de la enseñanza cooperativa. En vez de repaso individual llevándose a un examen individual, intenta dar un examen a todo el grupo. Permite que los alumnos trabajen juntos. Anímalos a ayudarse entre ellos. Puedes explicar que un "examen en grupo" no significa hacer trampa. En cualquier caso, tal actividad usualmente revela que algunos estudiantes saben del material que tú quieres que ellos aprendan y algunos no: una oportunidad espléndida para que los alumnos se ayuden mutuamente a alcanzar el dominio. Anímales a tomar la responsabilidad del aprendizaje los unos de los otros. Una vez que cada grupo esté satisfecho que todos los miembros hayan dominado el material, puedas examinarlos con un examen individual.

Las objeciones

La posición de padre en el escenario abierto no es fabricación. Hace un tiempo en una de las conferencias de educación "B. J. Haan," llevada a cabo anualmente en la Universidad Dordt, se trató del tema de aprendizaje colaborador. En una de las sesiones públicas en la tarde, una gran multitud de padres y maestros asistieron a un foro abierto sobre los pros los contras del aprendizaje colaborador como una estrategia de enseñar en el salón de una escuela cristiana. Debo decir, la inmensa mejoría de la audiencia que asistió esa tarde parecía apoyar nuestra afirmación que el aprendizaje cooperativo es eminentemente compatible con el enseñar cristianamente. Sin embargo, una mujer se paró y declaró con una finalidad impresionante que no permitiría que su Timito perdiera el tiempo "ayudando a otros."

Debo de confesar que yo estaba un poco asombrado, si no trastornado por la declaración. ¿Cómo puede ser que alguien que dice que es cristiano, puede oponerse a ayudar a otros? Sospecho que la dama creía en el viejo dicho que Dios ayuda a los que se ayudan a sí mismos. O quizá ella imaginó a Timito como el futuro presidente de los Estados Unidos, entonces el debió ser entrenado tempranamente en las crueles realidades de competencia política y egoísta.

Una excepción extrema dices tú. No es así. En círculos cristianos las objeciones se oyen con frecuencia. Personalmente yo he escuchado las siguientes razones declaradas como bases suficientes para acabar con el aprendizaje cooperativo en las escuelas cristianas por siempre. Presumiblemente el aprendizaje cooperativo es:

- sólo otro secular, progresivista novedad destinado para el montón de basura educacional.

- nada sino una bola de ignorancia, y por lo tanto, una gran pérdida de tiempo.

- inspirado por la Nueva Era y otras filosofías orientales.

- una forma burda y manipuladora de conductismo.

- una práctica que inevitablemente guiará a nuestros hijos hacia abajo del resbaloso relativismo—los niños se sientan alrededor de la mesa y deciden por ellos mismos que es verdad o falso.

¿Qué deberíamos decir acerca de todos estos acusaciones? Sin duda, un número de ellos pueden ser destituidos sin mucho debate. Nombrando al aprendizaje cooperativo una filosofía de la Nueva Era, por ejemplo, se mira como una maniobra de culpabilidad por asociación, comúnmente usada por aquellos que quieren oponer o bloquear una nueva idea. Ligando el aprendizaje cooperativo con pensamientos de la Nueva Era elimina al momento, cualquier posibilidad de una discusión fructífera.

Sin embargo, dos de las objeciones mencionadas merecen atención: el aprendizaje cooperativo es simplemente una novedad, o de moda, y, que promueve el relativismo.

Una novedad

Si el aprendizaje cooperativo fuera sólo una novedad, esto probablemente no sería debido a la naturaleza del aprendizaje cooperativo como tal, sino a un tradicionalismo poco examinado, a menudo no saludable de una actitud de "siempre lo hemos hecho de esta manera" que continúa dominando demasiado la educación cristiana. Las novedades, además, se asocian mucho con expectaciones no realistas. Tan pronto como escuchamos el grito "aquí hay una solución a todos los problemas del salón," podemos estar seguros que nos estamos enfrentando a una novedad. Cuando escucho a unos aficionados recomendar el aprendizaje cooperativo como una panacea, imagino un rápido fallecimiento de este método de enseñanza que de otra manera hubiera sido muy prometedor.[5]

Aun si aprendizaje cooperativo fuera una novedad esto en sí no lo hará necesariamente una mala estrategia. Supongo que muchas prácticas de valor—tales como educación para mujeres, sicología educacional y currículum integrado—fueron consideradas novedades cuando fueron introducidas por primera vez

Un problema clave al llamar al aprendizaje cooperativo una novedad es que ofrece un pretexto para que los educadores no lo intenten. Si el aprendizaje cooperativo está aquí hoy y se va mañana, ¿por qué debería querer alguien invertir tiempo y energía para trabajar en eso? Como resultado, algunos maestros—especialmente para aquellos que la zona de comunidad cae enteramente dentro del alcancé de la instrucción directa—decían que no vale el esfuerzo. Aquellos, quienes han tratado pero han tenido dificultades, son servidos también por el pretexto de la "novedad." Dicen: "Bueno, ¡le di el buen intento de los jóvenes! Hice algo de aprendizaje cooperativo en mi clase y no sabes cuanto fracasó. Pues, a mí no me funcionó. Ni modo, es sólo una novedad de todas maneras, así que no voy a investigar cual fue el error. Regresaré a lo que sé que me funciona." En resumen el argumento del aprendizaje cooperativo=novedad apaga la expansión del repertorio de las estrategias del maestro.

Relativismo:

¿El aprendizaje cooperativo promueve el relativismo? ¿Anima a los estudiantes a poner a un lado el bien y el mal, para generar sus propias opiniones y sus propias conclusiones? ¿Les promueve una mentalidad que vamos-a-alcanzar-un-consenso-cuesta-lo-que-cuesta no importa lo que sea la verdad?

Hace un tiempo me pidieron que debatiera esta pregunta con el personal de una escuela en Canadá. Había un problema difícil en la escuela, mientras la mitad del personal mantenía la opinión que el aprendizaje cooperativo era sólo una versión de un relativismo pernicioso, la otra mitad sustentaba el método. El director titubeaba. Mientras que yo no podía resolver la disputa, una cosa se aclaró: aquellos que equivalen el aprendizaje cooperativo con relativismo estaban trabajando con una caricatura. Ellos generalizan que todo aprendizaje cooperativo es un primo cercano de clarificación de valores o algún otro tipo de acercamiento humanístico, en el cual cada estudiante bien podría terminar con nada sino una opinión personal. Añade a esto el factor que estamos viviendo en una cultura posmoderna donde el punto de vista de cualquiera es tan válido como el de cualquier otro, y puedes ver que hay razón de tomar esto en serio.

Es verdad, el aprendizaje cooperativo puede promover un relativismo descontrolado. Pero antes de decidir que aprendizaje cooperativo está fuera, piensa de nuevo. El potencial de un resultado no deseado por sí mismo no descalifica una práctica dada. ¿La posibilidad de un choque de frente te detiene de manejar tu carro? Se dice que la mayoría de la gente muere en cama ¿entonces por eso dormirás en una silla? Además, recuerda que no sólo el aprendizaje cooperativo puede llevarse al relativismo. Virtualmente todas las estrategias de enseñanza pueden darte resultados similares. Aún una confianza exclusiva en enseñanza directa no puede prevenir que los estudiantes obtengan un mensaje erróneo.

En un salón genuinamente cristiano, el aprendizaje cooperativo no guía al relativismo. Por una cosa, como vivimos, el maestro sigue siendo el guía, aunque la jornada a través del terreno curricular puede pasar por el lado del relativismo, esto nunca termina aquí. El camino es siempre hacia el discipulado cristiano.

Otras estrategias de aprendizaje cooperativo

La estrategia del rompecabezas (por un" más alto nivel de pensamientos")

Hace algunos años, trabaje un semestre con Doyle Sumens, anteriormente un maestro de inglés en la preparatoria Unity Christian en Orange City, Iowa. Experimentamos con una variedad de estrategias de aprendizaje cooperativo. Una de estas era el de rompecabezas, una estrategia muy poderosa que permite que los estudiantes lleguen a estar envueltos en considerar y entender problemas complicados.

Observa como trabajamos con un simple modelo de rompecabezas en el segundo año de prepa la clase de literatura americana. Un poeta que queríamos que los estudiantes estudiaran era Emily Dickinson. Entre los objetivos habíamos listado lo siguiente: los estudiantes entenderán y podrán articular claramente el concepto de Emily Dickinson acerca de Dios. La estrategia por rompecabezas nos ayudó a alcanzar este objetivo.

Primero consideramos los poemas que abordaban el tema, ¿quién es Dios? Dickinson da pistas. Seleccionamos cuatro poemas diferentes, los identificamos como A, B, C, D. Acomodamos a los estudiantes en "grupos de base" de cuatro. Entonces distribuimos los poemas en cada grupo de base: el alumno A recibió el poema A, el B el B, y así sucesivamente. Cada grupo tenía cuatro poemas diferentes para trabajar.

Entonces arreglamos a nuestros estudiantes en "grupos expertos," todos los A se juntaron par trabajar en el poema A, los B en el poema B, etcétera. En el grupo experto la tarea era determinar que decía el poema en particular acerca de Dios. Cada "experto" tenía que regresar al grupo original listo para compartir el resultado del grupo experto y listo para trabajar integrando los resultados con las conclusiones que los otros expertos traerían al grupo de base.

Después de que los grupos expertos tuvieran suficiente tiempo para trabajar sus poemas asignados, reconstituimos los grupos de base. Ahora, cada grupo de base tenía cuatro "expertos." Sugerimos un procedimiento para la reconstitución del grupo: estudiante A leyera el poema A y explicara lo que dijera acerca de Dios. Después, el estudiante B, y así sucesivamente. En sus grupos de base los estudiantes, como grupo, tabularon una lista de las características de Dios como fueran representadas en los cuatro poemas. Los secretarios escribieron las conclusiones en un acetato. Los reporteros compartieron el acetato con toda la clase.

Puedes notar el poder de este procedimiento: los estudiantes trabajan su poema asignado dos veces. La estrategia de rompecabezas produce unos niveles de entendimiento no tan alcanzable por medio de la enseñanza directa o la investigación individual. Una vez probado, pronto encontrarás que los resultados del grupo invariablemente serán superiores en calidad a cualquiera que cualquier alumno individual pudiera haber logrado.

El rompecabezas es particularmente útil para revisar el material: Divide el material en cuatro partes, asigna cada parte a los "expertos," pon a los expertos a formular preguntas de repaso y pídeles que revisen el conocimiento de sus compañeros. Usando el rompecabezas de esta manera revela su carácter participativo.

Estrategias de resolución de conflicto

El Nuevo Testamento enfatiza la unidad del Cuerpo de Cristo. Nos llama a ser "de la misma mente" y nos instruye a vivir en armonía unos con otros.[6] ¿Esta orden significa que no puede haber desacuerdo entre nosotros? Claro que no. Dado a la unicidad de cada uno de nosotros, difícilmente parece posible que podamos armonizarnos en una masa de humanidad idéntica y uniforme.

Sin embargo, hay una diferencia entre el desacuerdo y el conflicto. El conflicto describe situaciones donde una o más personas no sólo están en desacuerdo, sino que tal desacuerdo se lleva a la hostilidad y enojo. Para evitar tal enojo y hostilidad necesitamos enseñarnos a estar  en desacuerdo apropiadamente, de tal manera que la unidad del Cuerpo de Cristo no sea dañada. ¿Cómo pueden los cristianos aprender a estar en desacuerdo agradablemente, cada cual buscando el bienestar del otro y edificando el Cuerpo en su totalidad?

Esta pregunta es de lo que se trata la resolución de conflictos. La solución de conflictos ha sido un tema descuidado entre nosotros. Como resultado, vemos conflicto en todas partes. Recientemente escribí un reporte de observaciones y recomendaciones para diferentes sistemas de escuelas cristianas que visité en Australia. Inicié mi comentario compartiendo un dolor profundo: a dondequiera que voy en el mundo de educación cristiana (siendo Australia, Estados Unidos de América, Canadá, Europa o donde sea) encuentro conflictos no resueltos. Veo mesas directivas en contra de los directores, los padres de familia en contra de maestros, los maestros con ellos mismos, y aun lo peor de todo, mucho conflicto entre los niños. Pasamos mucho tiempo diciéndole a los niños, llévense bien entre ustedes; nosotros raramente—o sólo superficialmente— les proveemos con las herramientas para hacerlo.

Creo que nosotros hacemos bien en corregir este descuido tradicional. Por lo menos dos preguntas deben ser examinadas: Primero, ¿cómo podemos introducir la resolución de conflictos como un componente significativo en un currículum de kinder a prepa? Mientras enseñamos matemáticas y artes del lenguaje de kinder a prepa, rara vez hablamos de habilidades para la resolución de conflictos en una manera de apoyo. ¿Pero la resolución de conflictos no es aun más importante que la habilidad de resolver ecuaciones o calculando las raíces cuadradas? Segundo, la resolución de conflictos llega a ser una dimensión integral de nuestra práctica de enseñanza. Debemos desarrollar estrategias de enseñanza que promuevan la habilidad de los estudiantes para resolver conflictos. La confianza en la instrucción directa difícilmente puede hacer tal tarea. Los modos participativos de enseñar y aprender son mucho más productivos. Yo he llegado a creer que ciertos tipos de estrategias de aprendizaje cooperativo pueden hacer mucho para habilitar a los muchachos para resolver conflictos.

Para enseñar habilidades que sirvan para resolver conflictos se requiere:

- El contexto de un salón cooperativo, en vez de un salón competitivo: la competición guía al conflicto.

- Las habilidades de discusión: la discusión auténticamente preparada ayuda a los niños mucho para aprender a resolver conflictos.

- Las expectativas: de nuevo, es críticamente importante que revisemos y practiquemos las habilidades del discipulado. Simplemente hablando (o predicando) acerca de ellos no es suficiente, más que puedes enseñar a un niño a hablar un lenguaje extranjero sin darle la oportunidad de practicarlo.

Es con lástima que no puedo mostrar modelos efectivos de resolución de conflictos desarrollados entre la comunidad cristiana educacional. Mejor dicho, tenemos que mirar hacia la arena educacional más amplia. En respuesta a la creciente amenaza de violencia y un aparente declive acelerado de moralidad en el mundo occidental, mucho interés se ha desarrollado en una educación de paz y educación de carácter. David y Roger Johnson han dedicado mucho tiempo y energía desarrollando modelos de resolución de conflictos para ser usados en las escuelas.[7] Uno de estos es como lo siguiente:

1. Selecciona un tema controversial para ser debatido.

2. Acomoda a los estudiantes en grupos de cuatro.

3. Divide cada grupo en dos partes

4. Cada par prepara unos argumentos para sostener un lado.

5. Los gropos debaten

6. Los pares cambian las posiciones, cada par ahora defendiendo la posición que acaban de atacar.

7. El grupo llega a un consenso

Mucho trabajo en este tema espera a la comunidad cristiana educacional.[8]

Algunas advertencias para concluir

Como vimos, hay un riesgo que el aprendizaje cooperativo se vuelve en una novedad. Este riesgo se aumenta por los reclamos que el aprendizaje cooperativo es la solución a todo los problemas de nuestro salón. Entonces necesitamos tomar una actitud realista hacia la implementación de esta estrategia potencialmente rica. Algunas advertencias:

- Evita la "panacea (o sea que esto es la solución final) mentalidad."

- Empieza con algo pequeño.

- Planea cuidadosamente (con detalle).

- No uses estrategias de aprendizaje cooperativo por más de 60 % del tiempo de tu clase.

- Comunícate con el director y los padres de familia (algunos padres tienen muy extraña—y algunas veces tontas—nociones acerca del aprendizaje cooperativo.)

- Busca un grupo de sostenimiento entre tus colegas.

- Y, como siempre, busca establecer un contexto más amplio del salón colaborador. El aprendizaje cooperativo no funciona cuando es introducido como una media hora de diversión en un salón individualista o competitivo.[9]

¿Es el aprendizaje cooperativo un método para ti? ¡Claro que sí! ¡Vamos adelante!

¿Cómo puedo enseñar a todos mis alumnos cuando son tan diferentes? Celebrando los dones individuales y llenando las necesidades individuales

Randy: Sabes, Lisa, pienso que nunca he conocido a ningún maestro que piensa que hay niños que no tienen ningún don. ¿Y tú?

Lisa: No, no creo. Pero sí, conozco a algunos maestros que tratan a algunos de sus alumnos así—como si fueran tontines o bobos, o cualquier palabra que quieres usar.

Randy: Siendo honesto Lisa, por un tiempo yo pensaba que Brian—ya sabes, el niño nuevo—no tenía ningún don: no puede dibujar, no puede cantar, tiene problemas con lo académico, y, a menudo, parece—no me gusta decirlo así—pero parece que no está totalmente allí. Pero ahora, gracias a Dios, ¡he descubierto su don!

Lisa: ¡De veras! ¡Cuéntame!

Randy: Bueno, por algo la conversación desvió al tema de caballos. De repente Brian se despertó, ¿caballos? Este niño sabe todo que se tiene que saber de caballos: cuántos tipos hay, cómo distinguirlos, cómo entrenarlos, cómo criarlos, lo que quieras saber, él sabe. Yo sabía que venía de una granja, pero no supe que su padre criaba caballos como negocio. Se sorprendieron los otros niños del salón también. Ahora que saben de la pericia de Brian, lo miran diferente—con admiración. Sólo quisiera haberlo sabido antes.

Lisa: ¡Creo que buscando talentos escondidos nunca es una pérdida de tiempo!

¿Podemos enfatizar demasiado la comunidad?

En uno de mis talleres sobre el salón colaborador, una maestra señaló un punto muy interesante e importante. Lo hizo algo así: "Mientras que yo aprecio mucho todo el énfasis que está poniendo sobre la cultivación de una comunidad colaboradora, señor, también su plática me inquieta. Sabe, mi problema no es tanto cómo establecer una comunidad. Es el reverso. Mi problema es cada niño individual. No veo como toda esta plática acerca de una comunidad va a ayudarme a llenar las necesidades específicas de cada alumno en mi salón. De hecho, señor—y permítame decirle gentilmente—pienso que su énfasis va a hacerlo más difícil para nosotros como maestros de llenar estas necesidades. Dentro del tipo de salón que usted aboga, ¿no va a formarse cada alumno, sin distinción, en una entera comunal? ¿Por qué no he escuchado que usted diga algo más acerca de individualizar la instrucción, de trabajar uno por uno con los alumnos, de asegurarse que ninguno de ellos se queda atrás?"

La pregunta inició una reflexión seria. Sí, concluí, mi énfasis cargado de la colaboración y comunidad fácilmente puede empañar el rol y el significado del alumno individual. Entonces, me pregunté: ¿He dicho demasiado poquito acerca de la naturaleza y significado de la instrucción individualizada y el aprendizaje personalizado?[1] Sin saber, ¿he fomentado un desequilibrio—tal vez una tensión—entre una comunidad y una persona individual? De hecho, mis mísiles, tirados al individualismo, ¿han bombardeado también la individualidad?

Si he dejado esta impresión, debo ser corregido. Permíteme ser claro: La instrucción individualizada y aprendizaje personalizado son absolutamente indispensables en mi salón de clases como en el tuyo. Después de todo, como maestros cristianos, tenemos que expresar un cuidado profundo, y un pendiente sin interrupción, para cada uno de nuestros alumnos. Como cada uno de nuestros alumnos es único y dotado de una manera diferente, es nuestra obligación cristiana de proveer condiciones dentro del salón en las cuales cada niño pueda florecer como individuo.

Entonces, enfrentamos el mismo problema: como la instrucción individualizada motiva a los alumnos a trabajar relativamente independientes, y enfatiza una medida de "auto-suficiencia," ¿cómo puede tal instrucción y aprendizaje personalizado cabe dentro del ambiente de un salón colaborador y orientado hacia el servicio? ¿Cómo podemos construir un ambiente de salón en el cual los pendientes comunales e individuales no estén en conflicto el uno con el otro? Exploremos esta cuestión.

Las complicaciones: "los niños de en medio" y el igualitarismo

La tensión entre la comunidad y la individualidad se agrava por múltiples factores. En primer lugar, nosotros, los maestros tendemos de ver nuestras clases compuestas de tres grupos: los de mucho aprovechamiento, los de poco aprovechamiento, y los "niños de en medio."[2] Como ya sabes, la individualidad de los de mucho aprovechamiento, y los de poco aprovechamiento se reconoce comúnmente. Los de mucho y poco aprovechamiento son los recipientes de una atención especial y frecuentemente individualizada. Los de mucho aprovechamiento, a menudo, tienen la oportunidad de participar en programas acelerados o de enriquecimiento. Similarmente, los de poco aprovechamiento tienen el beneficio de programas de remediación, de maestros de educación especial y de personas de apoyo en el salón.

Los niños de en medio, por lo regular, se consideran como un grupo homogéneo de "alumnos del promedio." Por supuesto, los maestros saben realmente que esta percepción no es verdad; sin embargo, en la práctica, estos niños de en medio, representan un grupo de estudiantes cuyos dones especiales no siempre están celebrados ni sus necesidades especiales están llenadas. Cambian de grado a grado, año a año sin mucha atención. No siempre se lucen. Sólo cuando se levanten más arriba del grupo de en medio, o cuando caigan bastante abajo, llegan a ser casos especiales e individualizados (¡o problemas especiales!).

¿Qué pasa a estos "niños de en medio"? Aquí un segundo factor emerge, es decir, es el espíritu de igualitarismo. El igualitarismo motiva a los maestros de ver a los alumnos, especialmente a los de en medio, básicamente como iguales con respecto a su habilidad, potencial para el éxito y su estilo de aprendizaje. Otra vez, los maestros saben, en  su corazón, que esta presuposición no es correcta. Aunque en sus corazones los maestros saben que el igualitarismo es falso, las circunstancias y situaciones del salón muchas veces obligan a los maestros a adoptar una postura igualitaria. Además, el igualitarismo lleva a los maestros a calificar a los alumnos con el mismo criterio. Como resultado, los niños de en medio, con más probabilidad van a sacar notas de 7 y 8. Van a salir como estudiantes promedios. El término "promedio" es fundamental a la filosofía igualitaria.

Puedes pensar que el igualitarismo contribuye a una comunidad. Después de todo, de alguna manera, puedes discutir que en una comunidad todos somos iguales. Sin embargo, hay una diferencia marcada entre comunidad y conformidad. En contraste a una comunidad, la conformidad sugiere una sujeción y acuerdo con el estereotipo estándar, sin importar la variación individual. Una conformidad requiere el abandono de la unicidad y la diversidad, y a fin de cuentas adquiere un carácter totalitario. La conformidad homogeniza las diferencias y empaña la unicidad. El igualitarismo dirige hacia este tipo de conformidad y uniformidad, no a una comunidad verdadera en la cual varias partes diversas funcionan armoniosamente como un entero.

Puedes observar el igualitarismo funciona a través de la manera que los maestros frecuentemente hablan a los estudiantes. Por ejemplo, los maestros, a menudo, se dirigen a los alumnos como "¡clase!" Pero, "clase" es un término colectivo que no permite la individualidad. Cuando los alumnos individuales son homogenizados a "clase," pierden su distinción y se forman un entero sin diferencia. "Clase" tampoco sugiere comunidad, porque la verdadera comunidad siempre reconoce el valor del individuo. Dirigiéndote a los alumnos como, por ejemplo, "niños de tercer año" es una mejoría, porque, por lo menos, reconoce que cada alumno es un miembro distinto del grupo. Aún mejor es dejar que los estudiantes escojan su propio nombre de clase para crear una identidad comunal. En la escuela en Australia, un vez trabajé con una maestra llamada Janet Berry (frutita). Su clase se auto-nombró las "frutitas salvajes," y cada uno era una verdadera "frutita salvaje."

El igualitarismo se refuerza poderosamente a través del uso demasiado de la instrucción en masa (o de toda la clase). Obviamente, mientras que hay un lugar para la instrucción a toda la clase, una dependencia excesiva de este método previene que el maestro pueda llenar las necesidades de muchos de sus estudiantes individuales. Cuando más de 60% del tiempo de la clase se dedica a la instrucción a toda la clase (frecuentemente directa), el proceso que margina a los alumnos inevitablemente empieza.

Resumen

Resumamos: Las Escrituras nos llaman a ser un cuerpo hecho de muchas partes.[3] No hay ninguna razón de creer que el Cuerpo de Cristo sólo se refiere a la congregación de la iglesia. También nuestros salones de clases deben ser comunidades en donde los alumnos individuales sean reconocidos y honrados. Sin embargo, las distorsiones se crean por dos fuerzas paradójicas: Por un lado el individualismo destruye una comunidad genuina, y, por el otro, el igualitarismo destruye la individualidad. El siguiente diagrama muestra esta situación. Anota que las líneas rectas sugieren una relación correcta, mientras que las líneas de curva simbolizan los ataques destructivos:

¿Qué puedes hacer para contrarrestar los efectos del individualismo y igualitarismo? ¿Cómo puedes hacer justicia a la comunidad y a llenar las necesidades de cada uno de tus estudiantes? Sugiero que consideres estructurar un "aula multifuncional" como un camino hacia una solución.[4]

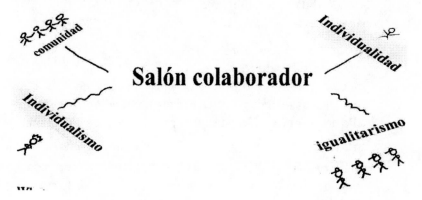

Implementando el salón multifuncional

El salón multifuncional no es nada diferente que el salón cristiano colaborador descrito en los capítulos anteriores. Tal vez puedes entender mejor el salón multifuncional como una *elaboración* del salón colaborador. Es el salón colaborador que intenta dirigirse específicamente a los pendientes tanto comunal como individual. Como el término sugiere, un salón multifuncional es un lugar donde varias cosas ocurren simultáneamente, mientras que el maestra busca la manera de establecer una comunidad sin hacer una injusticia a la individualidad de los estudiantes.

¿Qué características claves son integrales al salón multifuncional? Aquí hay unas de las características que necesitan atención:

- *El reconocimiento de las necesidades de todos los estudiantes* en tu clase (no sólo los de poco aprovechamiento, los que tienen discapacidades de aprendizaje o los que tienen problemas de comportamiento).

- *El reconocimiento de los dones de todos los estudiantes* en tu clase (no sólo los de mucho aprovechamiento).

- *El reconocimiento de estilos individuales de aprendizaje.* Los estilos de aprendizaje deben apreciarse como dones. Por lo tanto, este punto podría caber bajo el punto anterior. Pero hago un punto separado porque los estilos de aprendizaje se discuten mucho en la literatura educacional, y porque los estilos de aprendizaje son relacionados y afectado directa e inmediatamente por los estilos de enseñanza en el salón.

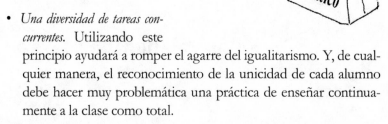

- *Una diversidad de tareas concurrentes.* Utilizando este principio ayudará a romper el agarre del igualitarismo. Y, de cualquier manera, el reconocimiento de la unicidad de cada alumno debe hacer muy problemática una práctica de enseñar continuamente a la clase como total.

- *Una diversidad de oportunidad* de aprender por medio de crear condiciones de salón que permiten que cada estudiante, dado sus propios dones y necesidades, tenga éxito de ser el tipo de discípulo bien informado y competente que Dios quiere que sea.

• *La propiedad estudiantil de su aprendizaje.* Un salón multifuncional va a ser un salón de mucha participación y motivación para los alumnos para que tomen la responsabilidad y la propiedad de su aprendizaje diverso.

• *Perseguir la meta principal de capacitar para el discipulado.* Aunque está el último en lista, esta característica, por supuesto, es el primero y último mo propósito de todo el esfuerzo cristiano de educación.

Un salón multifuncional, entonces, se contrasta no sólo con el entorno tradicional de instrucción a la clase como total, en el cual el aprendizaje, en gran medida, es controlado por el maestro, sino también difiere de las clases cargadas hacia el aprendizaje cooperativo y las técnicas grupales.

La filosofía subyacente

Es una costumbre que tengo invitar a maestros a trabajar conmigo, para ayudarme a probar que tan prácticos sean mis propuestas. Hace tiempo me arreglé con un maestro en una escuela cristiana a probar unos cuantos pasos en el salón multifuncional. Ese maestro estaba muy emocionado y con muchas ganas de empezar. Como siempre, ocupábamos la autorización y apoyo del director. En eso encontramos un contratiempo no esperado: el director declaró que mientras que la idea de un salón multifuncional pueda ser muy bien en teoría, no estaba fundada en principios bíblicos.

Este cambio sorprendente de eventos me motiva a afirmar que nunca podamos tomar el entendimiento de principios bíblicos como algo dado, especialmente en la educación. Pondremos aquí que estás haciendo la misma pregunta: ¿Qué hace que el salón multifuncional sea un intento bíblico?

Probablemente el principio más fundamental en juego es la *vista bíblica* del niño. Cada niño es un portador único de la imagen de Dios, dotado con dones y características de personalidad únicos, además de sus necesidades únicas de aprendizaje. Por supuesto, nuestros salones de clases deben ser lugares donde cada uno de los niños de Dios pueda florecer. Las metas y objetivos anotados en los planes de lecciones del maestro de un salón de clases multifuncional va a considerar el crecimiento de cada alumno individual, no sólo de "la clase."

Además, el salón multifuncional reconoce y se dirige hacia la *realidad* del pecado visible en las distorsiones personales y sociales que los niños traen consigo al salón de clases. Especialmente en su esfuerzo de identificar y cumplir con las necesidades de cada uno de los estudiantes, el salón multifuncional trata de animar, edificar, sanar, restaurar y hacer las paces.[5]

Acuérdate que el salón multifuncional todavía es un salón colaborador. Tiene que ser una comunidad que cuida a los suyos, una expresión del Cuerpo de Cristo que ejercita el fruto del Espíritu. Es un salón de clases que

promueve las relaciones en las cuales los maestros y alumnos tomen responsabilidad por el aprendizaje y las vidas los unos con los otros. Habrá mucho amor y oración los unos por los otros.[6] Practicando el fruto del Espíritu tendrá una alta prioridad en una lista de objetivos en el plan de clases del maestro. Además, el salón multifuncional ve el aprendizaje como aprendizaje para *el servicio redentor* no para el éxito.[7] En este tipo de salón "el éxito" se mide, en primer lugar, por la habilidad de funcionar como un discípulo competente y bien informado, no por calificaciones altas, ni por listas de buen aprovechamiento, ni si el alumno va camino a la universidad o hacia una carrera lucrativa.

Para decirlo de otra manera: en el salón multifuncional no se permite que ningún alumno fracase ni que sea marginado. Por supuesto, se puede notar que llegando a ser un líder que va camino a la universidad no es algo que se desprecie. Pero si estos "éxitos" no son expresiones de un compromiso a ser siervo y el amor, no significa nada.[8]

Llegando allí

¿Cómo puedes empezar a establecer un salón de clases multifuncional? ¿Cómo puedes diseñar un ambiente en el cual los niños puedan aprender individualmente dentro de un contexto de comunidad? Explorémonos unas de las posibilidades.[9] Sugiero que examinemos por lo menos cinco áreas. En lo que sigue platico brevemente de cada una con algo de detalle. Debe ser claro que estas cinco áreas por ningún motivo deben ser las únicas consideradas. Sé conciente de lo que estoy intentando es sólo proveer un marco general, no un programa paso por paso de una implementación.

Un trabajo extensivo de inventario

En el capítulo 10, te animé de intentar el método de "primer-paso." Recordarás que el primer paso del primer paso consiste de un trabajo de inventario. A revisar: Desde el principio del ciclo escolar tienes que hacer un esfuerzo completo de comprender las experiencias, personalidad, dones y necesidades de cada alumno en la clase. Todo que he abogado en este capítulo podría repetir aquí. Pero, en vez de arriesgar un aburrimiento, voy a enfocar específicamente sobre los asuntos de dones y necesidades.

En las sesiones con maestros, a menudo hago las siguientes tres preguntas: 1) ¿Cuáles categorías de necesidades estudiantiles experimentas en tu salón? 2) ¿Qué clase de dones muestran tus niños en tu salón? 3) ¿Cómo identificas y analizas los dones y necesidades de tus estudiantes? Las respuestas a estas preguntas sugieren que a veces los maestros llegan a conclusiones diversas o aun contradictorias. Para algunos maestros ciertos tipos de necesidades o dones son más importantes que otros. Un problema aparte es la vaguedad de los términos "dones" y "necesidades." En verdad, lo que uno entiende de lo que son dones y necesidades es determinado por lo que uno entiende de lo que es el propósito de la vida y el propósito de tener escuelas. Por ejemplo, si entendemos que la escuela es una institución que halaga la excelencia académica, vamos a creer que los dones académicos son mucho más importantes que, por decir algo, los dones musicales o deportivos.

Si vemos el propósito de la enseñanza cristiana como algo que capacita para el discipulado, entonces podemos definir a los dones y necesidades como sigue: Los dones son aquellas habilidades, talentos e intereses que ayudan a los alumnos a realzar y avanzar su servicio a Dios y al prójimo. Algunos de estos dones son académicos en su naturaleza (por ejemplo unas muy desarrolladas habilidades intelectuales), o dones artísticos, o dones práctico, etcétera. Podemos pensar de las ocho "inteligencias" de Howard Gardner y reconocer dones especiales en cada una.[10] Regresaré al catálogo de dones en un momento.

¿Qué son necesidades y qué clase de necesidades nos preocupa aquí? Otra vez, en un sentido amplio podemos definir las necesidades como todos los factores que previenen a los alumnos de servir a Dios y al prójimo en la manera más efectiva y significativa que pueden o deben. Tales necesidades se presenten en una variedad de categorías: discapacidad para aprender, habilidades artísticas sub-desarrolladas, necesidades de fe, discapacidades físicas, dificultades emocionales, etcétera. A estas necesidades regresaré en un momento.

En pocas palabras, sugiero que veamos a los dones y necesidades como algo que realza o limita el discipulado competente y bien informado. Ahora, es importante que no veamos a los dones y necesidades como algo estático, algo que no cambia en los seres humanos. Se puede aliviar necesidades y los dones pueden ser cultivados. Viéndolos como algo permanente sólo se lleva a etiquetas no justificadas. Mejor dicho, debemos ver los dones y necesidades como motivadores dinámicos y detractores dentro del proceso continuo de desarrollo. Por esta razón, tenemos que insistir que la identificación de dones y necesidades no se haga a través de métodos científicamente abstractos y desinteresados (como es el caso con ciertos instrumentos para identificar estilos de aprendizaje), sino que sea algo que fluya de una interacción personal con los niños y un entendimiento del trasfondo y contexto de donde prevengan.

Debido al hecho que la vida humana es compleja, ninguna simple taxonomía de dones y necesidades es posible. Maslow propuso una "jerarquía de necesidades," que varía entre las necesidades biológicas hasta la necesidad de realizarse.[11] Más recientemente la teoría de control de Glasser ha propuesto las cinco necesidades fundamentales para sobrevivir: el amor, el sentido de pertenencia, el poder, la libertad y la diversión.[12] Sin embargo, para nuestros propósitos las siguientes categorías incluyentes y aproximadamente delineadas puedan ser útiles:

- El camino al discipulado: ¿Cuál es la relación del alumno con el Señor? A menudo, a esta categoría se le llama la "dimensión espiritual." Algunos estudiantes van a estar más avanzados (y, por lo tanto, más "dotados") que otros, mientras que otros mostrarán una falta de desarrollo (y, por lo tanto, muestran una "necesidad") en esta área.

- Las relaciones sociales: ¿Cómo se relaciona el alumno con sus padres, hermanos y compañeros? ¿Cuáles problemas sociales (ocasionados por cuestiones familiares tales como el divorcio, adicciones, pobreza, tensiones raciales o religiosas, etcétera) llevará al salón de clases?

- Las capacidades y debilidades físicas/fisiológicas: Las deficiencias en la vista, el oído y el habla tienen que ser reconocidas. Igualmente, unos estudiantes tienen habilidades físicas extraordinarias.

- El estado emocional: ¿Qué auto-concepto tiene el alumno? ¿Cuáles temores y esperanzas gobiernan la vida del alumno?

- Los estilos de aprendizaje: ¿Qué tipo de aprendiz es el estudiante? Las teorías de aprendizaje sobreabundan. A veces se contradicen. Lamentablemente no conozco ningún método coherente y cristiano que comprende los estilos de aprendizaje. Tenemos que depender de teóricos como David Kolb, Bernice McCarthy y Anthony Gregore.[13] Por fortuna, su trabajo frecuentemente tiene buenas perspectivas y puede ayudar. Sería bueno familiarizarnos con sus modelos. La investigación de Rita y Kenneth Dunn también es importante.[14] Ellos identifican los factores ambientales y como afectan el aprendizaje del niño. ¿Qué áreas de capacidad y debilidad muestra el alumno en su aprendizaje? Toma tiempo para explorar las implicaciones del modelo "inteligencia múltiple" propuesto por Howard Gardner.[15]

- A veces escucho a educadores cristianos que digan que las teorías de los estilos de aprendizaje no son importantes, mientras que variemos nuestros métodos de enseñanza. No estoy seguro. Mientras que, en toda probabilidad, los instrumentos de analizar el estilo de aprendizaje no sean necesarios, a la vez, probablemente, no es suficiente contar con una variedad de estrategias de enseñanza para satisfacer las necesidades del estilo de aprendizaje de todos nuestros alumnos. Como sabemos de la experiencia personal, aun en los salones donde encontramos una variedad de métodos de enseñanza, las necesidades de aprendizaje, de varios alumnos, no se satisfacen.

- Las habilidades académicas y de aprendizaje: Tengo en mente aquí tales competencias como leer, escribir, pensar, computar y comunicar, y la variedad de impedimentos que estorban estas áreas, frecuentemente dejando a los alumnos con una discapacidad de aprendizaje.

¿Cómo podemos determinar dones y necesidades que ya hemos explorado en el capítulo 10? Tal vez puedes considerar una revisión de ese capítulo ahora.

El arreglo del salón

La manera en que arreglamos nuestros salones dice mucho acerca de nuestra filosofía educacional. Los perennialistas probablemente insistirán en los pupitres en filas derechas con poca actividad de parte de los alumnos aparte de tomar apuntes y llenando cuestionarios. Los progresivistas tal vez van a querer deshacerse de los muebles. Los reconstruccionistas sociales preferirían eliminar totalmente el salón de clases para llevar a los alumnos al corazón de la vida urbana de la ciudad. Para implementar el salón multifuncional, vamos a ocupar flexibilidad y variedad. Esto quiere decir que a veces es necesario tener los pupitres en filas derechas, mientras que en otras ocasiones deben hacer los cambios para satisfacer las necesidades y celebrar los dones. Aquí hay algunas sugerencias:

- Usa centros de aprendizaje. Aunque los vemos principalmente en escuelas primarias, son apropiados al nivel de secundaria y preparatoria también (las bibliotecas de las preparatoria a menudo funcionan como centros grandes de aprendizaje. Con demasiada frecuencia los centros de aprendizaje reducen su enfoque, permitiendo sólo un desarrollo de habilidades limitado. Sugiero que intentes tener centros de múltiples facetas que combinan el aprendizaje cooperativo con una instrucción individualizada—permite una selección significativa y responsable, anima la auto-evaluación, y trabaja con un currículum integrado.

- Arregla ciertas áreas para los estudiantes:

  - áreas donde los estudiantes pueden estudiar sin interrupciones e independientemente

  - áreas de discusión donde estudiantes, en grupos pequeños, pueden platicar acerca del tema bajo discusión en la clase, la tarea o un proyecto

- áreas para pares de alumnos

- un área donde puedes trabajar con un grupo pequeño de alumnos que necesitan una ayuda especial

Diseñando este tipo de salón requeriría una examen detallado de los resultados del trabajo de inventario del maestro. Las preferencias de estilos de aprendizaje tienen que considerarse también: por ejemplo, algunos estudiantes aprenden mejor con la luz baja y el clima fresco. Asegúrate de invitar la aportación del alumno en estos arreglos.

Currículum

Un problema mayor que enfrentan los maestros es el requisito de un currículum prescrito. Terminado el primer año, presumiblemente, todos los alumnos deben estar a cierto nivel, terminando segundo año deben estar

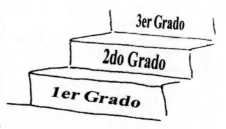

a otro nivel, etcétera. Tales exigencias curriculares normalmente acaba bruscamente con todo que hemos platicado en este capítulo: las necesidades, los dones, la diversidad y unicidad. Con demasiada frecuencia nuestras escuelas ignoran lo que todos los padres de familia saben: no todos los niños que tienen seis años están preparados para primer año, no todos los niños de siete años deben estar en segundo grado, etcétera. Sin embargo, el viejo modelo institucional de arriar grupos de niños, quienes tienen la misma edad, a través de una secuencia, tipo línea de ensamble, controla mucha de nuestra práctica escolar.

Obviamente tratando de rehacer el currículum total de una escuela no es realista. No obstante, en un salón multifuncional, donde una diversidad de tareas y una diversidad de oportunidad de aprender están enfatizadas, algo de un rediseño del currículum va a ser necesario. Se debe distinguir entre *el material fundamental* y *las actividades paralelas de aprendizaje*. El material fundamental es parte del macro-currículum general de la escuela. Todos los alumnos en su nivel tienen que dominar este material. Pero al lado del material fundamental debe haber actividades paralelas de aprendizaje, unas oportunidades que permiten que los alumnos puedan dominar el material fundamental a su propio ritmo y propio estilo. Esto toma en cuenta las necesidades y dones de los estudiantes. Por ende, el maestro planearía proyectos especiales, diseñaría unas opciones entre varios métodos de aprendizaje, proveería actividades suplementarias, etcétera.

Harro Van Brummelen ha sugerido algo parecido. De hecho, Van Brummelen señala el salón multifuncional cuando dice:

> Si quieres que el aprendizaje sea personalizado, platica y refuerza los conceptos básicos opresenta la información utilizando los métodos que sean más apropiados al grupo entero, alternando tu enseñanza sobre las bases de la respuesta de los alumnos. Entonces, aparte los individuos o grupos pequeños para satisfacer sus necesidades particulares. Puedes querer dar a los alumnos o grupos pequeños varias opciones para reforzar más los conceptos, para examinar una parte específica del tema bajo discusión, o para expandir lo que ya ha sido aprendido. Así, puedes ver a tus alumnos con sus dones especiales que ellos usan en el contexto de una comunidad de aprendices. Este tipo de aprendizaje personalizado requiere una variedad de grupos dentro del salón que son adecuados a las necesidades particulares.[16]

Estrategias de enseñar

Como hemos visto anteriormente en este libro, no hay un método superior para enseñar algo a alguien. Las estrategias de la enseñanza tienen que variar entre el aprendizaje cooperativo, la instrucción a todo el grupo y la instrucción personalizada. Particularmente importante es planear cuidadosamente las estrategias y actividades de la enseñanza. Sin duda, la enseñanza en masa del texto o dando a todos los alumnos el mismo cuestionario es mucho más fácil. Pero, haciendo esto, sin pensar en las necesidades, dones y unicidad individual, nos pone otra vez en el igualitarismo. Las metas y objetivos de las clases también tendrían que ser diversificados—lo que puede ser una meta de aprendizaje para Brian, puede no ser una meta apropiada para Tanya. Lo que Brian ya sabe de caballos, tal vez Tanya va a tener que aprender desde el principio. Y, finalmente, los procedimientos de evaluación también tendrían que ser reconsiderados. Los asuntos de metas, planeación y evaluación en un salón multifuncional van a requerir una investigación completa y probablemente una revisión innovadora.

Una manera para ayudarte a variar tus métodos de enseñar es revisar las tareas que asignas. Pregúntate: ¿Cómo puedo dar tareas diversas a estudiantes diversos y aún lograr mis metas generales? Hace tiempo yo colaboré, con un maestro del tercer año de secundaria, para diseñar una unidad diferenciada acerca de la revolución industrial. Preguntamos a los estudiantes: ¿Qué sería una buena manera para que aprendieran acerca de la revolución industrial? ¿Cómo debemos enseñar? ¿Dándoles apuntes a través de discursos? ¿Haciendo un proyecto de investigación? ¿Leyendo unas novelas que reflejan esos tiempos? ¿Creando un drama o video que mostrara las tensiones entre los padres de familia y la explotación de sus hijos en el tiempo de la revolución industrial? ¿O qué? Mientras que hicimos estas preguntas mantuvimos en mente nuestros objetivos de la unidad. Hay que evitar una multiplicidad de actividades de aprendizaje que se lleva a una diversidad de resultados no relacionados del aprendizaje.[17]

El uso ampliado de los sistemas de contratos, determinación de metas personales y la auto-evaluación

Idealmente, debe haber un arreglo entre el maestro y cada uno de sus alumnos. Juntos el maestro y el alumno deben hablar acerca de los resultados del aprendizaje que quieren lograr, como los obstáculos (necesidades) puedan ser superados, como los dones deben ser estimulados, y cómo vamos a saber si los términos del contrato han sido cumplidos satisfactoriamente o no (auto-evaluación). También podemos considerar contratos entre el maestro y grupos de estudiantes.

Conclusión

Obviamente, la discusión del salón multifuncional, hasta este punto, ha sido generalizada y vaga. Mi énfasis ha sido sobre el contexto y unos componentes claves. Consecuentemente, varias cuestiones permanecen. Considera lo siguiente:

- ¿Cuáles condiciones tienen que existir si la clase multifuncional va a tener la oportunidad de funcionar? ¿Cómo puede caber dentro de una estructura escolar tradicional, con todas sus presiones de tiempo, personal y recursos? ¿Puede cambiarse el salón de clases sin un cambio similar en la escuela entera?

- ¿Requiere un salón multifuncional para satisfacer las necesidades y celebrar los dones de cada alumno en la clase, o se puede lograr por medio de unos ajustes en un salón de clases tradicional?

- ¿Es probable que muchos maestros y directores creen que todas las metas sugeridas en este capítulo ya se están logrando?

- ¿Qué tipo de procedimientos de análisis se requiere para probar si un salón multifuncional es más efectivo que el salón de clases tradicional o no?

- ¿Hay un riesgo que unos maestros, sin una preparación adecuada, van a juntarse al movimiento multifuncional, y, a fin de cuentas, empeorar las cosas en vez de mejorarlas?

- ¿Qué clase de pericia requieren los maestros si van a involucrarse en los tipos de trabajo de inventario que platicamos anteriormente? ¿Podría hacer daño al niño tal clase de inventario? ¿Qué lugar tiene el trabajador social profesional o el psicólogo en este esquema? Y, ¿no serán tentados los maestros a echar la culpa a las situaciones de hogar, a través de la investigación de los trasfondos familiares de sus alumnos, por las dificultades de sus estudiantes?

- ¿Es un salón de clases multifuncional, como es descrito en este capítulo, sólo una visión general, amplia e idealista, o sería posible diseñar un programa de implementación paso a paso que fuera fácil de seguir para los maestros? O, ¿sólo puede llegar a ser una realidad este tipo de clase a través de unos cambios progresivos y a largo plazo, bajo la guía de un asesor o consejero?

Éstas y otras preguntas rápidamente vienen a mente. Te animo que no las veas como elementos disuasorios. Resiste que el antiguo pragmatismo occidental tome el mando. Tal pragmatismo sopla: ¡es muy complicado, no va a funcionar, no se puede lograr! Pues, ¿se puede lograr? No vamos a saber hasta que lo intentemos.

¿Cómo puedes hacer que Cristi se comporte bien? Manejando el salón colaborador

Alex: Lisa, tengo problemas manejando mi clase. Tengo unos cuantos traviesos en el grupo por ejemplo esta Cristi. Es una niña triste y obviamente no me quiere. Me molesta como interrumpe la clase. No parece como a alguien que intimida o hace mucho ruido, pero de una manera muy sutil está minando la atmósfera de la clase. ¡Esa niña me molesta!

Lisa: Tengo una buena idea de este tipo de niño. Supongo que no tiene mucha motivación tampoco, ¿verdad?

Alex: ¡Sin motivación! ¡Le vale todo! Pero es curioso que sabe sacar buenas calificaciones. Es una niña lista, sin duda, pero no aguanto su mala actitud. Tiene unos trucos geniosos y escondidos que causan muchos problemas en la disciplina de mi salón. Sé que dice cosas de mí en voz baja, sólo para que sus compañeros más cercanos escuchen y se rían.

Lisa: ¿Cómo has respondido a Cristi?

Alex: He hecho todo lo normal. He hablado con ella, he puesto su nombre en el pizarrón, he jurado que le iba a mandar a la dirección, le he puesto en la esquina, le he castigado después de las clases y le he aislado de las otras actividades, aun he tratado de chantajearla con premios. Nada funciona.

Lisa: ¿No tienes una idea por qué es así?

Alex: ¡No tengo la menor idea! Y, a la vez, no me importa. Obviamente ella, por naturaleza, es una persona problemática. Lo que tengo que hacer es estar sobre ella más; pienso que soy demasiado dejado con ella. Ojalá que esta escuela permitiera el uso de la vara. No es tan grande que unos cuantos varazos no le pudieran ayudar.

Un asunto fundamental

Cuando nuestros maestros estudiantes regresan de su primera temporada de enseñar tiempo completo y se juntan en mis conferencias de pasantes, les invito que anoten y ordenen los problemas que

Problemas - de enseñanza de estudiantes
1. Administración del salón de clases
2- Estudiantes desmotivados
3- Profesores cooperativos malhumorados
4 .

encontraron. Invariablemente, dos asuntos llegan a encabezar su lista: el manejo del salón, y el trato de los alumnos que no son motivados. Les pregunto que compartan sus historias para que puedan solicitar sugerencias los unos de los otros, y que puedan demostrar sus experiencias a través de dramas. El manejo del salón crea horas de discusiones animadas.

La literatura sobre el manejo del salón es amplia y creciente.[1] También es controversial y confusa. Una cacofonía de voces reclama la última palabra. Diferentes autores promueven modelos de manejo del salón que son conflictivos.

Se debaten unas distinciones básicas. Para ilustrar el vigor de la controversia, considera los siguientes contrastes frecuentemente discutidos:

- *El contraste entre el manejo de salones proactivo y reactivo.* El manejo proactivo trata de prevenir problemas de manejo. El manejo reactivo trata de resolver los problemas después de que ocurren. Durante los últimos 20 ó 30 años ha habido un cambio marcado del manejo reactivo al proactivo. Al parecer, les cayó el veinte a los maestros que valía más prevenir que lamentar.

- *El contraste entre el manejo del salón y la disciplina.* Con frecuencia la diferencia se nota en la siguiente manera: El manejo del salón trata con el cuadro global, de crear y mantener el ambiente del salón conductivo a la enseñanza y el aprendizaje, mientras que la disciplina se refiere a los procedimientos y consecuencias de tratar con las infracciones de las reglas de la clase. Sin embargo, contestan este punto. Algunos autores vean que esta distinción no es aceptable.[2]

- *El contraste entre la disciplina correctiva y preventiva.* La disciplina preventiva es muy relacionada al manejo de salón proactivo. La disciplina correctivo se refiere a las medidas tomadas para castigar o corregir el comportamiento no aceptable.[3]

- *El contraste entre la disciplina impuesta y la auto-disciplina.[4]* La disciplina impuesta generalmente refleja un método coercitivo; la auto-disciplina trata de hacer que los alumnos tomen la responsabilidad por su propio comportamiento.

Mientras, discusiones actuales preguntan acerca del término "manejo del salón." Alfie Kohn, por ejemplo, nos recuerda que el "'manejo' es un término prestado del mundo de negocios ... con el tono de dirigir y controlar a los empleados."[5] Francamente, estoy muy inclinado hacia la preocupación de Kohn. Mientras que los maestros, como guías, seguramente son responsables para dar la dirección, ¿tienen que controlar también? A esta pregunta volveré en un momento. A pesar de los cuestionamientos que molestan, sospecho que el término "manejo del salón" es tan arraigado que debemos utilizarlo por la causa de una comunicación más acertada. Sin embargo, el contenido que demos al término, es para decidir nosotros.

No quiero agregar más palabrería al debate continuo. Más bien, propongo enfocar este capítulo sobre una sola pregunta: ¿Cuáles implicaciones, para el manejo del salón, fluyen de nuestra definición de enseñar cristianamente? ¿Qué tienen que ver el guiar, el desarrollar y el capacitar para el discipulado, en el contexto del salón colaborador, con la manera que conduces tu salón de clases?

El escenario

Vamos a regresar al problema que Alex tiene con Cristi. El cuadro se ve deprimente. Cristi es más que un problema normal. Está haciendo de cuadritos la vida de Alex. Los hechos parecen claros: mientras que Cristi no tiene una discapacidad de aprendizaje, no quiere aprender lo que Alex le está señalando que aprenda. Ella expresa su disgusto de aprender por hacer todo lo posible para prevenir que ocurra. Además, empeorando el asunto, no le quiere a Alex, y se asegura que él lo sepa. Entonces, ¿qué hace Alex?

La primera cosa en su lista que él reporta es que "habló con ella." Obviamente este esfuerzo no tuvo nin-gún éxito. Sería interesante escuchar una grabación de su conversación con ella. En primer término, ¿habló realmente *con* ella? O, sólo ¿habló *a* ella? ¿Le preguntó algo a ella? O, sólo le dio a conocer una letanía de amenazas y castigos?

Podemos deducir seguramente que el último fue lo más probable debido a sus siguientes movimientos: Puso su nombre en el pizarrón (una amenaza); juraba mandarla a la dirección (otra amenaza); la sentó aparte (algo de castigo); la castigó, deteniéndola después de las clases y aislándola de las otras actividades (obviamente unos castigos).

¡Espérate un minuto! Alex intentó otra táctica más: chantajearla con premios. Aparentemente razonó en la siguiente manera: si la vara no funciona intenta con la zanahoria. En vez de avisarle, "si no te portas bien algo malo te va a pasar," él dijo, "si te portas bien algo bueno te va a pasar." Lamentablemente, como vimos, ninguno de los métodos funcionó. En su frustración Alex concluyó que la razón del fracaso de sus métodos fue simplemente la cantidad: o sea, el peso de su castigo no fue suficientemente pesado—y, por extrapolación, los premios tampoco eran suficientemente grandes. ¿Qué opinas? A mí, toda la escena me parece de un caso clásico de un maestro que no quiere aprender: sabe que está haciendo algo que no funciona, pero aun así, cree que si hace más de lo que no funciona va a funcionar.

El escenario recalca otro punto. Casi de paso Lisa le preguntó si Cristi no era motivada. Parece una pregunta tonta, ¿no? ¿Cuándo has visto a un alumno muy motivado y trabajador en contra del maestro y lo que está tratando de enseñar? Como la experiencia nos enseña, la falta de motivación de aprender, a menudo, se relaciona con problemas de comportamiento. Debes anotar, que no es el caso que Cristi no está motivada. Es muy motivada a asegurarse que Alex sepa que no lo quiere y que no le gusta lo que está pasando en el salón de clases. Aquí hay un rompecabezas: ¿Es el mal comportamiento de Cristi el resultado de una falta de motivación, o, tiene ella una falta de motivación porque tiene inicialmente un problema de comportamiento?

El conductismo persistente

Los métodos de Alex para controlar el comportamiento de los niños son demasiado familiares a muchos maestros, incluso a los maestros cristianos. Básicamente, estos métodos se reducen a programas de amenazas y castigos, juntos con premios. Se basan en suposiciones conductistas de reforzamientos positivos y negativos. Suponen que el maestro tiene que controlar—aun manipular—a los estudiantes para poder enseñar. Presuponen que la mayor parte de ser un alumno es conformarse con lo que el maestro requiere. En pocas palabras, presuponen una obediencia estricta.

Un ejemplo clásico de este tipo de manejo conductista del salón es el programa de "una disciplina asertiva" de Lee Canter, que ha sido una empresa comercial de enorme influencia y éxito. La disciplina asertiva intenta de proveer unos trucos de manga para asegurar que los alumnos estén conformes y obedientes.

Enseña a los maestros como hacer que los niños hagan lo que los maestros quieren. Reduce a los niños a ser animales que tienen que ser domados y entrenados. Traduce la función de guiar a una función de controlar.

La disciplina asertiva y otros programas similares de manejo que abogan la filosofía de muéstrales-quien-es-el-jefe, son, a mi punto de vista, incompatible con la filosofía de enseñar cristianamente. Aquí presento unas de mis razones:

- Tales programas previenen a los alumnos que aprendan de ser responsables por sus acciones. Debido al hecho que les dicen a los niños que hacer y como comportarse, no tienen ninguna oportunidad de reflexionar sobre que es y que no es una acción moralmente aceptable. Haz lo que diga el maestro sin cuestionar, no se necesita ninguna discusión o reflexión. Pero, aprendiendo de ser un discípulo del Señor requiere mucha discusión y reflexión.

- Los programas conductistas de manejo no dan a los alumnos una oportunidad de escoger en los asuntos que les afecta profundamente: siendo parte de la situación enseñanza/aprendizaje del salón. Callan las voces de los estudiantes. Las experiencias, perspectivas y aportaciones de los alumnos se ignoran. Los niños ya no se ven como los portadores responsables y responsivos de la imagen de Dios. La única decisión que tienen es, "Haz como yo digo, o sufre las consecuencias."

- Las estrategias conductistas se dirigen sólo al comportamiento exterior del estudiante, no a ellos como personas. Recompensas no necesariamente promueven bondad y responsabilidad. Más bien, enseña a los niños a hacer las cosas, no porque son buenas y correctas, sino porque reciben una recompensa. Igualmente, el castigo no necesariamente provoca un sentido de "creo que hice mal—tengo que mejorarme." Es tan propicio promover la pregunta: ¿Cómo puedo evitar el castigo la próxima vez, siguiendo con el mismo comportamiento? Entonces, no es de sorprendernos que más y más investigaciones muestran que los sistemas de recompensas y castigos hacen muy poco para hacer que las personas sean gentes responsables, de cuidado y compasivas.[6]

- Tal vez, lo más importante, es que estos programas conductistas de manejo confunden el castigo con la disciplina. Quiero ampliar este punto.

Disciplina y castigo

El castigo normalmente sigue un acto mal intencionado. Presumiblemente tal castigo paga el pecado y enseña al perpetrador una lección. Pero ahora te pregunto: ¿Qué significa cuando decimos que Jesucristo pagó *todos* nuestros pecados una vez para siempre? ¿Incluye los pecados de los niños en nuestros salones? ¿Tenemos que castigar otra vez, como si no fuera suficiente la obra de Jesús?

Yo sé que hay un debate enorme acerca de la relación entre el arrepentimiento y el perdón. Yo lo veo así: Si estoy leyendo la Escritura correctamente, veo que el perdón debe ser nuestra actitud fundamental, como fue con Jesús mismo. Jesús habla de la milla extra, la otra mejilla;[7] aun perdonó a los que le crucificaron. No debemos hacer menos. Cuando nuestros niños hacen lo incorrecto, no preguntamos primero, ¿Cómo podemos castigarlos? en vez de preguntar ¿Cómo podemos perdonarlos y mandarlos por el camino correcto?

Este punto nos lleva a la cuestión de la disciplina. Puede ser que piensas que estoy abogando una actitud de no-veas-nada-malo-sólo-perdona-y-todo-va-a-salir-bien-suave. Por supuesto que no. ¿No reprende el Señor mismo "a los que él ama"? Sin embargo, tal "reprensión" no se debe entender como castigo sino como disciplina. ¿Qué es disciplina? Esencialmente es guiar a nuestros niños por el camino correcto. Para lograr esto, el castigo no es necesario. Con una actitud perdonadora debemos preguntar: ¿Cómo puedo ayudar a esta niña a comprender lo que hizo no es lo correcto ni lo aceptable? ¿Cómo puedo devolverla al camino correcto? ¿Cómo la puedo guiar?

La disciplina, en cambio del castigo, siempre tiene que restaurar y corregir, en vez de castigar. El castigo, por sí solo, no restaura ni corrige. A menudo se lleva a más molestia y frustración. El castigo siempre lleva connotaciones de nivelar el asunto, de venganza o de hacer daño a alguien para pagar el daño hecho a otro. El castigo puede ser el equivalente de exasperar a nuestros niños, al cual Pablo nos advierte.[8] Por otro lado, la disciplina siempre es una acción que corrige en un contexto de amor y perdón, con una actitud de llevar las cargos los unos a los otros y de tanto reprender como animar los unos a los otros.

El conductismo o disciplina asertiva, o cualquier otra estrategia de recompensa y castigo no puede percibir es cuadro bíblico de la disciplina. Sólo manipula y coerce en el intento de "modificar el comportamiento" sin preguntar, ¿Quién y qué es esta persona que estamos tratando de coercer y manipular?

El escenario visitado de nuevo

Vamos a regresar una vez más a Alex y Cristi. ¿Qué hubiera hecho Alex? Supongo que entiendas que cuando se trata de disciplina, no hay recetas exactas. A veces los maestros me preguntan: ¿Qué harías tú si tal y tal pasara, o si Fulano y Mengano hicieran tal cosa? Sería bueno tener un remedio infalible. ¡Fíjate! no hay. Todos los nombrados casos de disciplina son únicos, debido al hecho que cada ser humano y cada situación es único. No hay dos casos, aunque se parecen mucho, que puedan ser tratados iguales. Sin embargo, hay ciertas pautas generales—pautas que creo que Alex hubiera considerado cuando se trata de un caso difícil como él de Cristi. Las pautas que sugiero suponen todo de lo que he dicho acerca de un salón colaborador. Las pautas pueden ser expuestas mejor en forma de preguntas.

Empecemos con la pregunta que hizo Lisa: ¿Por qué crees que Cristi es tan negativa? Alex cree que es sólo un caso de un carácter malo. El hecho es, que usualmente hay razones por este tipo de mal comportamiento. Me acuerdo de una clase de primaria que estaba enseñando en Australia. Un niño era tan triste y negativo como Cristi. Luego descubrimos que sus padres estaban en el proceso de un divorcio difícil. El niño se sentía abandonado y perdido. Una vez que supimos del problema, tuvimos una oportunidad de trabajar con él.

Pero puede haber otras razones por el mal comportamiento de Cristi que Alex debe averiguar. Aparentemente Cristi no es motivada. ¿Por qué no? ¿Podría ser que el currículum que Alex está tratando de enseñar no es de interés o irrelevante? Una de las maneras más rápida de desinteresar a los alumnos y causar problemas, tanto de motivación como de disciplina, es enseñar a los niños cosas aburridas en clases aburridas. A veces nos dicen que debemos ignorar las quejas de los estudiantes acerca de clases aburridas. "¡Todos los niños creen que todas las clases son aburridas!" es lo que escucho para justificar que no hagamos caso a su queja. Pero tal consejo, en mi opinión, es completamente erróneo. Cuando los estudiantes se quejan que las lecciones y los maestros son aburridos, a la mejor tienen razón. Debemos preguntarnos unas preguntas difíciles acerca del "qué" y "cómo" de la enseñanza.

Te recuerdo del principio importante de conectarse: lo que enseñas debe relacionarse con la experiencia previa de los niños, a su situación actual, y, a lo que quieren hacer con sus vidas. Si no puedes contestar bien la pregunta, "¿Por qué tenemos que aprender estas cosas?" te estás poniendo en una posición propicia para tener problemas en el manejo del salón.

Otra pregunta que se tiene que preguntar Alex es, ¿Cómo puedo establecer una relación positiva y de confianza con Cristi? ¿Le estoy tratando sólo como un objeto que tiene que ser manipulado o ganado con halagos? ¿Por qué me cae mal? ¿Qué puedo hacer para entablar una buena relación con ella? Una manera es hablar *con* ella no *a* ella. Alex tiene que establecer una situación en la que está dispuesto a escuchar a Cristi, y no sólo arengarla.

También, Alex tiene que revisar sus expectativas de Cristi. Aparentemente no espera nada bueno de ella, como es una "enfadosa incorregible." Pero tal actitud es una profecía se cumple por sí sola. Si tú crees que tus alumnos son enfadosos, van a cumplir con tus expectativas.

Otra pregunta: ¿Cuánta opinión has dejado que tuviera Cristi en las decisiones del salón? Obviamente Cristi no tiene ningún interés en el salón de clases de Alex. Una de las causes puede ser que no haya sentido algo de pertenencia propia. Simplemente entra al salón de Alex, le dicen que tiene que hacer, que tiene que aprender y como comportarse.

Manejando el salón colaborador

Como un modelo alternativo al conductismo de castigo-y-recompensa, sugiero que consideres un método de manejo genuinamente colaborador. Reconozco que tal método es muy difícil que lo adoptemos. Estamos tan metidos en la tradición en la cual los maestros dirigen y los estudiantes cumplen y obedecen sin cuestionar nada. Tememos perder el control y traer caos a nuestros salones si damos una voz y responsabilidad a los alumnos para su propio manejo. Nos parece más seguro decirles a los niños que hacer, y así controlarlos. Sin embargo, preguntémonos: ¿Cómo podemos esperar que nuestros niños aprendan a ser discípulos responsables si no les damos responsabilidades apropiadas, desde un principio?

Para introducir y cultivar el manejo colaborador, considera los siguientes pasos como pautas (¡no como una receta infalible!):

- Decide firmemente en contra de métodos asertivos de disciplina. Decide que tu estilo de manejo no sería del patrón de programas de recompensa y castigo. Decide que sí vas a guiar, que sí vas a disciplinar, pero que no vas a manipular a tus niños a conformarse a través de premios y amenazas.

- Acuérdate que los niños que estás enseñando son los portadores de la imagen de Dios. Los niños son criaturas experimentadas, responsables, dotadas y preciosas para Dios. No son objetos cuyo comportamiento necesita ser modificado ni animales que tienen que ser entrenados.

- Decide que vas a estructurar tu salón de clases para la gracia y no para el pecado. Esto significa que tu acercamiento con los alumnos sería con altas expectativas y confianza, en vez de esperar lo peor de ellos.

- Adopta una postura de disciplina y no de castigo. Cultiva una actitud de perdón y paciencia. En vez de decir, ¿Qué castigo le voy a dar? pregúntate mejor ¿Cómo puedo ayudar al niño a regresar y mantenerse al camino correcto, mientras que caminemos juntos?

- Acuérdate de nuestra conversación acerca del método del primer paso. Invita a los niños a participar en la estructuración de la clase. Asegúrate que tengan una voz genuina, y no una voz que simplemente hace eco al deseo del maestro. Ponte abierto para solicitar aportaciones, escucha las aportaciones y trabaja con ellas.

- Cuando pides que los alumnos te ayuden a poner las reglas del salón, acuérdate que tales reglas deben gobernar no sólo el comportamiento individual sino también de toda la clase. Pregunta, no solamente cómo tú y yo nos comportamos, sino cómo debe ser este salón de clases. ¿Cómo podemos hacer que este salón sea un lugar seguro, confiable y emocionante? Pide que los alumnos sugieran métodos para ayudar a niños que no se comportan bien para que se queden sobre el camino correcto.

- Acuérdate lo que habíamos dicho acerca de áreas de meta en el capítulo 5. Recuerda de un área de meta críticamente importante: el desarrollo de las habilidades del discipulado. Anima a los niños a ayudarse mutuamente para identificar y practicar las habilidades del discipulado, tales como el respeto, escuchando, animando, buscando la manera de resolver conflictos, y, sobre todo, dando el amor.

- Cuando los alumnos se porten mal—como Cristi—trata de averiguar el porqué. Fíjate primero en lo que posiblemente estás haciendo, como maestro, para provocar este comportamiento negativo. ¿Es aburrido tu estilo de enseñanza? ¿Es irrelevante y sin metas claras tu currículum? ¿Son las tareas que das pura pesadez? O, ¿está luchando con situaciones fuera del salón de clases?

- En vez de simplemente imponer castigos o consecuencias, haz todo lo posible a ayudar al niño a entender por qué su comportamiento no es aceptable. Recuerda, tenemos que trabajar juntos para ayudar al niño a ser una persona mejor, no sólo ajustar algo de su comportamiento. Considera que el mal comportamiento no es una ocasión para castigar, sino una oportunidad para enseñar.[9]

- Considera el establecimiento de contractos. Haz que los alumnos se pongan de acuerdo para ayudar a mantener un ambiente apropiado a través de poner por escrito unas sugerencias. Puedes hacer que los estudiantes escriban sus puntos de vista, luego meterlos en un sobre, regresando los sobres periódicamente para revisar como sigue la clase en general.

- Anima a tus colegas y a tu director de estudiar modelos alternativos del manejo del salón de clases que están entrando al mundo educacional.[10]

Dadas estas pautas, ¿Cómo se puede ver el método del manejo colaborador? Sugiero esta versión básica:

- Empieza el programa con una discusión principal acerca del discipulado. Explica que el discipulado consiste de escuchar y hacer la voluntad del Señor. Pregunta qué puede significar tal discipulado en el salón de clases. Usa estrategias tales como discusiones auténticas, lluvia de ideas, el aprendizaje cooperativo y la praxis compartida para llegar al meollo de estos asuntos.

- Invita a los alumnos a poner las reglas para la clase. Pregunta cómo se vería una clase de "discipulado." Asegúrate de *escuchar* a los alumnos y de tomar sus sugerencias en serio.

- Invita a tus alumnos a determinar las consecuencias. ¿Qué debemos hacer, como clase, cuando problemas y conflictos ocurren? Otra vez, *escucha* a lo que piesen digan los alumnos.

- Considera la asignación de unos puestos. No estoy sugiriendo que nombres "oficiales de policía." Pero, sí piensa en las posibilidades de escoger a algunos estudiantes para observar, monitorear y llamar la atención cuando fuera necesario. Trata de compartir tu tarea de manejar, animar y corregir a los estudiantes en tu clase.

- Trata de "redirigir," mejor que acabar o amenazar "lugares de problemas." Intenta de cambiar comportamiento negativo en positivo.

- "Analiza" frecuentemente. Regularmente invita a los estudiantes a responder a la pregunta: ¿Cómo estamos prosiguiendo como clase? ¿Qué está saliendo bien? ¿Dónde tenemos que poner más énfasis? ¿Cómo podemos lograr el tipo de ambiente del salón que platicamos en el primer punto? Una auto-reflexión continua será un componente indispensable en el salón manejado colaboradoramente.

¿Es posible el manejo colaborador?

¿Es posible el manejo colaborador? No, no si tú crees que los niños no son solamente completamente depravados, sino que también están lejos del toque de gracia de Dios sin poder experimentar la redención que Cristo ofrece. No, si tú crees que tu salón es un campo de entrenamiento militar y tú eres el sargento. No, si permites que tu salón sea una zona de guerra competitiva donde la única meta es encontrar quién es el mejor. No, si tú crees que el concepto bíblico del Cuerpo de Cristo no tiene nada que ver con tu salón de clases.

Pero tú quieres enseñar cristianamente. Y, quieres manejar cristianamente. No sirve disimular que tengas una comunidad y amor y todo si un sistema de castigos y premios rige tu salón de clases. Un método colaborador, reflejando una comunidad auténtica, seguramente es una manera mejor.

Brincando las vallas: Venciendo los obstáculos para enseñar cristianamente

Jennifer: Sabes que Lisa, me gustó mucho la conferencia de educación este año en la Universidad de Dordt. Había buenas presentaciones sobre las evaluaciones y la asesoría, y había muchas oportunidades de juntar nuestras cabezas para trabajar sobre unas acciones específicas para llevar a nuestras escuelas. ¡Hubieras sido un miembro de nuestro equipo Lisa!

Lisa: Hubiera querido ir. ¿Qué clase de reporte y qué clase de pasos de acción vas a reportar a nuestra junta de personal la semana entrante?

Jennifer: Voy a explicar unas buenas ideas acerca de las conferencias entre maestros y padres de familia. Recomiendo que tomemos en cuanta la posibilidad de unas conferencias dirigidos por los alumnos. No estoy segura como será recibido esta idea. Y peor, no estoy segura que voy a poder tener tiempo para formular bien la propuesta. Tomando el tiempo para la conferencia me ha atrasado bastante. Estoy muy atrasada corrigiendo los trabajos y planeando las lecciones. No tengo nada de tiempo para reflexionar.

Lisa: ¡El tiempo! A veces pienso que es más un enemigo que un amigo.

Si nos desanimamos

Por supuesto, es una cosa decir que debemos buscar la manera de enseñar cristianamente en nuestros salones de clases, pero es otro asunto completamente diferente hacerlo. O tener la capacidad de hacerlo. Toda clase de factores milita contra nuestros mejores esfuerzos de enseñar cristianamente. De hecho, cuando contemplas todos los obstáculos que enfrentamos, tal vez quisieras olvidar de todo e ir a la pesca. No es de extrañar que la frase "enseñando cristianamente" llegue a ser algo fácilmente olvidada o considerada como algo demasiado idealista.

¿Dices que te desanima? Pues, sí, pero hay otro lado. Vamos a empezar tomando unas decisiones firmes. Primero, vamos a decidir que lo que quiere decir *enseñar cristia-*

wump   vs   whee

namente tiene que permanecer como una cuestión central si la educación cristiana va a florecer. Podemos tener edificios hermosos, niños bien disciplinados, aun buenos resultados en los exámenes, pero si los maestros no enseñamos cristianamente, ¿vale la pena el esfuerzo, y para muchos el sacrificio económico? Segundo, aunque la tentación de olvidarse de todo e ir a la pesca puede parecer irresistible, vamos a tomar una decisión desde ahora en adelante de no capitularnos. En lugar de esto, vamos a enfrentar los problemas. Un primer paso es identificar y describir los obstáculos. Entonces, podemos contrastarlos. Tratemos de cambiar estos obstáculos feos en desafíos emocionantes que podemos ganar.

Tres obstáculos comunes interconectados

El tiempo

La falta de tiempo típicamente es el primer obstáculo que el maestro identifica. A menudo escucho a los maestros lamentando su falta de tiempo: "me encantaría sentarme, reflejar sobre lo que estoy haciendo y trabajar para mejorar mis talentos, pero no tengo el tiempo. Tengo demasiados niños que enseñar, demasiadas obligaciones escolares, demasiado papeleo, demasiados planes de lección. Además, hay las actividades de la iglesia, y ¿qué de mis propias necesidades? Y, por supuesto, ¡tengo que pasar algún tiempo con mi familia!"

¿Cuáles son las respuestas comunes a este problema creciente y muy extendido? Las conoces tan bien como yo. Hay te va algunas de ellas. ¡Organízate! ¡Aprende los trucos de manejar mejor el tiempo! ¡Aprende de decir no! ¡Planea un horario! ¡Haz una lista de cosas que tienes que hacer, en forma de prioridades! ¡Haz las cosas más desagradables primero, en la mañana! ¡No seas flojo para hacer las cosas! Y etcétera y etcétera.[1]

Ahora, no quiero tomar estas sugerencias ligeramente. Por supuesto, son excelentes, y muchas de ellas te van a ayudar a controlar el tiempo mejor. Sin embargo, he llegado a creer que no hay una forma específica de manejar el tiempo que funcione para cada uno de nosotros. Todos somos diferentes. Algunos son muy organizados, mientras otros pueden trabajar muy bien en medio de un desorden. Por lo tanto, recomiendo que agreguemos a todas las sugerencias comunes una más: busca tu propia solución del problema del tiempo, adoptada específicamente a ti en vez de adoptar un modelo prescrito. ¿Cómo puedes hacer esto? Considera trabajando con otros acerca de este problema. El problema del tiempo no es sólo tu problema personal. Es un problema comunal. Tenemos que enfrentarlo como una comunidad. Dentro de la comunidad escolar tal vez puedas encontrar a un colega cuyo estilo de trabajo y personalidad son parecidos a los tuyos.

Además, es importante la necesidad de evitar el reduccionismo, es decir, la tendencia de pasar demasiado tiempo haciendo una cosa y dejando hacer otras. Ya conoces a músicos y a atletas que nada más piensen y viven la música o el deporte. Los maestros están especialmente inclinados a padecer de este mal. Conozco a maestros que piensan en sus clases todo el tiempo. Por ejemplo, cuando están de vacaciones pasan todo el tiempo buscando cosas pueden utilizar en sus clases. Ellos piensan y viven el currículum.

Es fácil ser abrumado por las presiones del tiempo. Te animo que enfrentes el problema y que diseñes un método personal, y relativamente balanceado con el cual puedas convivir cómodamente. Como ya he sugerido, debe incluir un tiempo aparte para la reflexión persona y la evaluación de tus estrategias de enseñanza. Pero también, presiona a tus colegas y director de hacer tiempo para discutir la pedagogía. ¿Cuáles métodos de enseñanza usan tus colegas? ¿Por qué? ¿Qué clase de ambiente queremos mantener en el salón? ¿Qué queremos decir cuando hablamos de enseñar cristianamente? Las preguntas de este tipo no tienen respuestas fáciles. Requieren tiempo. Pasa un poco de tiempo animando a tus colegas a tomar el tiempo.

El estrés

El segundo obstáculo es la realidad del estrés. Enseñando es un trabajo física y emocionalmente agotador. Puede ser una tarea terriblemente llena de estrés. Una parte del estrés se debe a la cantidad de decisiones que el maestro tiene que hacer mientras que esté en el salón.
Sólo los controladores de los aviones en los aeropuertos hacen más decisiones que los maestros en un día cualquiera. Algunos maestros, como algunos de los controladores de aviones, tienen la costumbre de tomar una siesta tan pronto que lleguen de su trabajo.

A menudo, nosotros como maestros complicamos el estrés por preocuparnos acerca de los que otros piensan o esperan: ¿Me van a querer los alumnos? ¿Soy, de veras, un buen maestro? ¿Qué va a pensar el próximo maestro de estos niños de mi trabajo? ¿Cómo me perciben realmente los padres de familia? Unas preguntas de este tipo pronto pueden promover una duda de la capacidad de uno, y traducirse en más estrés.[2]

Añade a esto el fenómeno de tener malos días. Una característica, sin escape, de la docencia es que inevitablemente los día malos siguen los días buenos. Un día experimentamos el gozo y la satisfacción de enseñar, pero el próximo día sentimos que hubiéramos escogido otra carrera. Durante mis días mozos
pasaba parte de mi tiempo talando árboles en Colombia Británica. A través de más de treinta años de mi carrera de maestro me he escuchado decir más de una vez, "¡me hubiera quedado con la tala de árboles!"

También, al problema de estrés, encontramos una serie de respuestas comunes. Éstas también, conoces bien: Cuídate mucho—come bien, duerme bien y haz ejercicio; fíjate en el problema inmediato con una perspectiva más amplia (preguntándote, ¿Recordaré este problema en un año?); desarrolla un hobby; toma tiempo fuera de tu trabajo regularmente; mantén tus domingos libres; etcétera.

Otra vez, éstas son sugerencias que ayudan. Lo más importante es mantener una
comunicación constante con el Señor. Una
oración temprana de mañana no es suficiente.

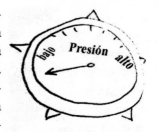

Oramos por la fuerza y paciencia—especialmente cuando se espera un sistema de baja
presión en la atmósfera y sabemos que los ni-
ños van a reaccionar con mucha energía—u oramos que Susana no venga el día de hoy para que nuestra vida no sea tan complicada. Después de
hacer tales oraciones nos preparamos para el día y entramos a nuestros
salones de clases—solos. ¡No lo hagas! Siempre invita al Señor que te
acompañe al salón. Cultiva una actitud de "nosotros" en tu enseñanza.
No digas, "yo voy a enseñar hoy," sino, "vamos a enseñar hoy." (Un cínico comentó que de esta manera siempre puedes culpar a Dios cuando
las cosas salen mal. Recomiendo que no hagas caso al cínico). Mantén el
ritmo del Espíritu, como el Apóstol Pablo nos recuerda en Gálatas 5.

Las frustraciones

Tercero, es un obstáculo relacionado con los otros, que consiste de las
muchas frustraciones que continuamente molestan en la vida del maestro. De una encuesta, a la cual ya se hizo referencia, aprendí que los
efectos de la televisión y los videos en las vidas de los niños son inmensos
enemigos en el salón de clases. Dejando a un lado las múltiples maneras
en que el exceso de mirar la tele y los videos afectan el aprendizaje de los
niños, menciono sólo dos de los problemas claves que se introducen al
aula. Primero, a veces los maestros sienten la necesidad de competir con
la televisión y los videos. Sin embargo, por lo regular, tal competencia es
demasiado cargada; los maestros virtualmente no tienen la posibilidad
de mantener a sus alumnos tan interesados en el salón como cuando están mirando la tele o los videos. Un segundo problema clave menciona-
do por los maestros, es la influencia distorsionada de la tele y los videos.
Ellos efectivamente rompen y denegran los valores y prioridades que los
maestros traten de injertar a los niños.

Cuando se trata de nuestros esfuerzos de enseñar de una perspectiva
cristiana acerca de la vida, es evidente que no sólo la tele y los videos,
sino también el estilo de vida entero de la familia fácilmente puede con-
tradecir y negar lo que buscamos lograr en el salón. Por ejemplo, es difícil
enseñar la virtud de vivir una vida sencilla, altruista y de conservación de

recursos si sus padres son dueños de unas mansiones, se acostumbren a tomar vacaciones anuales en el extranjero y gastan cantidades de dinero en cosas que no ocupan. Es difícil enseñar lo malo del materialismo si en sus casas los niños están inundados con espíritus materialistas.

A veces las frustraciones de este tipo causan que los maestros dejen de enseñar y busquen otras fuentes de trabajo. Para los que se quedan, las frustraciones pueden minar seriamente nuestro entendimiento de lo que significa enseñar cristianamente. Como cuando combatimos el estrés, enfrentando y venciendo estas frustraciones requiere mucha dependencia en el Señor. Tenemos que mantener una profunda convicción que el enseñar cristianamente es un llamado muy importante—aún cuando parece que nuestros esfuerzos no logren mucho o cuando lo resultados no son tan espectaculares. Tenemos que aferrarnos a la fe viva en la venida del Reino de Dios. No importa lo que pase, nuestro trabajo va a ser bendecido. Te acuerdas del dicho: el Señor no pide que seamos exitosos en lo que hacemos sino que sólo seamos fieles. El Dr. Stuart Fowler dice: "Sé fiel y profético."[3] Llama la cosa por lo que es. Busca valientemente contrastar el materialismo, egoísmo y el quebrantamiento que nos rodea en todas partes.

← = una pala

Afortunadamente enseñando cristianamente tiene muchas recompensas que ayudan a amortiguar las frustraciones: viendo que los niños están aprendiendo, influenciando sus vidas para el bien, y, recordando que tu trabajo como maestro, aunque no paga mucho, sin embargo, es entre las profesiones más significativas. Estas recompensas, a fin de cuentas, sobrepasan las frustraciones. Cada frustración puede evocar del maestro creativo una respuesta positiva, desde el uso de programas de televisión como una herramienta para desarrollar habilidades críticas, al diseño de experiencias que animan a los alumnos a repensar sus prioridades.

Unos obstáculos adicionales

Los tres obstáculos ya descritos son de un tipo fácil de identificar. Pero enseñando cristianamente se limita, además, por unos factores más sutiles—por espíritus poderosos y subversivos que no son del Señor. Estos espíritus, a menudo expresados en términos filosóficos, se han establecido a través de la historia. Es importante notar que ya no estamos hablando acerca de unas ideas curiositas sugeridas por unos filósofos despistados a través de unos tratados que nadie lee. Al contrario, estamos tratando con fuerzas poderosas que capturan los corazones de poblaciones enteras. Específicamente importantes para nuestra consideración de la práctica de la enseñanza cristiana en nuestra cultura occidente son las siguientes perspectivas filosóficas:

El intelectualismo

El intelectualismo es un espíritu que se levantó en la antigua Grecia pagana. El intelectualismo considera el intelecto como el componente central y determinante en el ser humano. Los griegos antiguos creían que a través de entrenar la mente estamos entrenando a la persona. Ellos pensaban de la "mente" como una facultad diseñada para ocuparse con teoría abstracta. En la Edad Media este tipo de intelectualismo motivaba nociones tales como el "alma racional" y la "luz natural de la razón." En los tiempos modernos esta perspectiva se ha llevado a siglos de racionalismo y cientismo. Sólo recientemente, gracias en parte a la fuerza del posmodernismo, ha empezado el mundo filosófico de alejarse de asignar un status privilegiado a la teoría abstracta y científica.

La educación cristiana no ha escapado de este espíritu poderoso, frecuentemente exhibido como la "excelencia académica." Ha creado salones de clases diseñados para los más intelectuales, dejando a los demás con otros talentos de buscarla como puedan. Ha cegado a nuestros maestros en cuanto a las necesidades sociales y emocionales de nuestros niños. El rigor académico y normas inflexibles de evaluación controlan las escuelas intelectualistas.

El positivismo

Se puede entender a este espíritu como hijastro del intelectualismo. Tuvo mucha influencia en el mundo occidental por mucho tiempo, enfatizando los métodos analíticos que llevaban a los hechos objetivos e indisputables. El positivista cree que el verdadero conocimiento es de hechos, observable y verificable científicamente. Este método también ha afectado poderosamente la educación cristiana. Muchos maestros se conforman a sólo enseñar hechos. Piden a los alumnos que tomen apuntes, que los memoricen, y que los recuerden. La mayoría de nosotros hemos experimentado este clase de aprendizaje y sabemos que pronto se olvida lo aprendido. De cuidado especial es que el positivismo respalda el dualismo que describí anteriormente: el aprendizaje de puros hechos se pone al lado de las actividades devocionales del salón. Los hechos son hechos, objetivamente verdad, mientras que devociones son devociones, de un carácter personal y religioso. No hay un punto de encuentro entre los dos.

El perennialismo

Te presento otro hijastro de la tradición intelectualista. El perennialismo quiere creer que el fundamento del currículum escolar debe consistir  de las verdades tradicionales, articuladas a través de las edades, particularmente las en la literatura clásica del occidente. La mayoría del tiempo estas "verdades" tienden de ser de una naturaleza racionalista, "grandes ideas" de la mente. Como el positivismo, el perennialismo pone un énfasis en los hechos y promueve un método de la educación centrado en la materia. Los alumnos tienden de ser percibidos como depósitos vacíos que deben de ser llenados con el conocimiento que trasmite el maestro.

Una crítica cristiana del perennialismo tiene que evitar la sugerencia que no se puede aprender nada de la sabiduría del pasado, como si cada generación tuviera que formar de nuevo su propia sabiduría para sus propios propósitos. Siempre hay sabiduría de las edades, es decir una historia continua, que tiene que ser incorporada a nuestro currículum y pedagogía. Tenemos que identificar, afirmar, celebrar y aprender de esta sabiduría.

Dos asuntos aparecen aquí: (1) ¿Qué es exactamente la sabiduría? ¿Qué hay, con los autores clásicos, que puede ser celebrada como sabiduría genuina, y qué es pura tontería? (2) ¿Qué parte juega esta sabiduría en nuestros esfuerzos educativos? ¿Cómo cumple con las metas que hemos considerado antes? Cuando la "sabiduría de las edades" se acepta sin crítica como lo bueno y lo verdadero, y llega a ser el fulcro de nuestra enseñanza, la filosofía perennealista toma el control.

El pragmatismo

¡Ah! dices: Yo he sabido de esto antes. Leí acerca de él en el capítulo 1. ¡Correcto! Pero vamos a verlo otra vez. El pragmatismo proviene directamente de la filosofía americana. Su premisa principal es que la verdad debe determinarse por la práctica. Por lo tanto, si un curso de acción sugerido funciona, es verdad, bueno y justo. Si no funciona, hay que descartarlo. Tenemos que ser cuidadosos cuando consideramos esta clase de pragmatismo. Es importante distinguir entre el pragmatismo y ser pragmático. Por lo regular, cuando agregan un "ismo" a la palabra, implica una exageración y distorsión de la raíz de la palabra. Por ejemplo, piensa en el racionalismo, el intelectualismo y el humanismo. Estas posiciones obviamente agregan demasiada importancia a la racionalidad, el intelecto y al lugar del ser humano. A fin de cuentas, tales "ismos" representan formas de idolatría.

Al combatir el pragmatismo no podemos cerrar nuestros ojos a la necesidad de planear estrategias o a revisar si una forma de acción funciona. Tenemos que ser astutos como serpientes, como dice la Biblia.[4] Debemos considerar la pregunta, ¿trabajaría? Pero cuando esta pregunta llega a ser la pregunta principal y fundamental, tenemos que preocuparnos. Porque esta clase de pregunta no puede ser la pregunta primera ni la más fundamental. La primera pregunta es: ¿Servirá el Reino de Dios tal método o acción? Sólo cuando entendemos claramente lo que el Señor requiere, podemos preguntar legítimamente lo que sería el método más eficiente y práctico para resolver un problema específico.

Los maestros tienden de ser pragmatistas cuando se fijan mucho en recetas, tips de enseñanza y respuestas fáciles. Los maestros llegan a ser pragmatistas cuando buscan sólo las respuestas de las preguntas de lo que va a funcionar o no en los asuntos del salón de clases, mientras pierden la visión panorámica del propósito y contexto de la educación cristiana. Por ende, el pragmatismo puede ser un obstáculo poderoso al intento de enseñar cristianamente. Después de todo, aunque enseñando cristianamente debe ser práctico, tiene su raíz en los compromisos y asunciones que no pueden ser medidos con el metro del pragmatismo.

El progresivismo

Sin duda el progresivismo sostiene muchas de las sugerencias de este libro. Por lo tanto, una filosofía progresivista podría meterse sutilmente a nuestros salones de clases. Entonces, confundiríamos una clase colaboradora cristiana, con una clase secular, democrática al estilo de Dewey. Para evitar esta trampa, tenemos que rechazar varias propuestas fundamentales que sostiene el progresivismo. Una de ellas es que los niños naturalmente florecen en un ambiente apropiado. En otras palabras, está ciega el progresivismo a la realidad del pecado. Segundo, el progresivismo hace poco caso al significado de un contenido curricular estructurado. A un verdadero progresivista, todo lo que cuenta es la habilidad de confrontar el mundo presente y tratarlo por medio de técnicas en la resolución de problemas. Por ende, el progresivismo pasa por alta la necesidad de enseñar a nuestros niños un discernimiento, para poder discernir entre respuestas normativas y no normativas al problema que tienen que resolver. Por último, una clase progresivista democrática consiste de individuos presumiblemente autónomos, cada uno dotado con una autoridad igual. Los progresivistas no ven la importancia del oficio y la conciencia de oficio. Mientras que el progresivismo no es tan común en las clases cristianas como el perennialismo, sin embargo el progresivismo permanece como una influencia poderosa. Pronto puede convertir un salón colaborador cristiano a algo sin estructura con la mentalidad de "haz lo que te bien parezca."

El construccionismo

El construccionismo rápidamente está llegando a ser muy de moda y una panacea. En el mundo grande de la educación está recomendado, sin crítica, como el ingrediente indispensable de toda buena práctica en el salón. Entonces, ¿qué es el construccionismo? ¿Por qué tiene algo tan atrayente?

En breve, el construccionismo es un método de educación que se basa en la convicción que el conocimiento se construye. No "recibimos" sencillamente información empaquetada bonito de fuentes exteriores. En cambio, *hacemos sentido* de nuestra experiencia mientras que nos relacionemos con nuestro ambiente. En otras palabras, lo que sabemos y creemos acerca del mundo consiste en lo que hacemos de ello. Nuestro conocimiento es el producto de un proceso activo.

A pesar de estos aspectos positivos, la recomendación tan extensiva (en gran parte sin crítica) del construccionismo fácilmente se presta a pasar por alto los peligros implícitos en esta perspectiva. De un punto de vista cristiana, el peligro más grande es la suposición que no hay ningún significado aparte de aquél que el individuo pueda construir. El construccionismo no tiene una visión de una realidad creada y estructurada por Dios. Mientras que sí construimos el conocimiento—construimos sobre nuestra experiencia, por ejemplo—nunca lo hacemos fuera de una creación normativa a la cual nuestras construcciones responden.

Un problema que resulta es que el construccionismo no reconoce diferentes grados de verdad y falsedad, ni, eventualmente, entre el bien y el mal. Por lo tanto, el construccionismo puede promover una tolerancia intolerable. Por supuesto, como cristianos tenemos que ser tolerantes de otros puntos de vista y de nuestras propias limitaciones y terquedades, también tenemos que mantener que no todas las perspectivas y opiniones son iguales. La diferencia entre el bien y el mal y las respuestas normativas y no normativas a las intenciones de Dios para nuestras vidas tienen que permanecer como la piedra angular de nuestra enseñanza. No nos dejemos a lo atrayente del construccionismo que nos tienta de no confrontarlo. Enseñando cristianamente siempre asume una confrontación: los maestros cristianos buscan la manera de enseñar a los niños como saber y hacer el bien y la verdad, en vez de lo que es malo y falso, y con la habilidad distinguir la diferencia. El conocimiento y el discipulado competente nunca es simplemente una cuestión de una opinión personal y sujetiva.

El individualismo

Otra vez haremos un punto que examinamos en conexión con nuestra discusión acerca de la clase colaboradora. El individualismo es otro espíritu muy poderoso que tiene sus antecedentes en el mundo antiguo de los griegos. Se floreció en todo su esplendor durante la Edad Helénica, se escondió durante la Edad Media, y emergió de nuevo con todo su fuerza y vigor en los tiempos modernos. Un apoyo importante para el individualismo fue el período del Renacimiento, cuando se juntó con las nociones de libertad y autonomía.

El individualismo proclama el significado del individuo a la exclusión de la comunidad. Los seres humanos son esencialmente islas aisladas, desconectados los unos de los otros. Las comunidades de personas, como matrimonios o organizaciones sociales o salones de clases sólo son individuos en grupo, o construcciones sociales. Sólo el individuo es real, y, por ende, sólo el individuo es importante. No es de extrañar que el individualismo es la raíz de la avaricia, el egoísmo, la competencia y el descuido, sin remordimiento, de las necesidades de otros. Su poder hace que un salón cooperativo sea muy difícil lograr.

El igualitarismo

El igualitarismo enfatiza la conformidad, que todo es igual. Ignora la unicidad y las diferencias. El método igualitario de la enseñanza

pone a un lado la diversidad
de dones, necesidades y estilos de aprendizaje, y trata a
los alumnos como si fueran
cortados de la misma tela.
Los maestros igualitarios van
a tratar y evaluar a todos los

estudiantes de la misma manera, ostensiblemente bajo el manto de la
justicia e igualdad. El igualitarismo motiva a mesas directivas de escuelas
y directores a aprobar y sostener un currículum estándar, pruebas estandarizadas, y aun métodos de enseñanza que sean iguales.

El elitismo

Este espíritu también tiene su origen en el mundo antiguo. Los intelectuales griegos declararon que los filósofos y matemáticos, los que
trabajaban con sus cabezas, y no con las manos, fueron mucho más superiores que toda la gente común. Muy afín al intelectualismo, el elitismo
sostiene que el trabajo mental—especialmente de tipo teórico—es superior al trabajo manual. Esta idea, respaldada con el énfasis medieval de la
superioridad del clero, se estableció firmemente en el mundo occidental.
Fomenta la tendencia de convertir las escuelas cristianas en escuelas pri-
vadas donde sólo hay "niños buenos" y líderes potenciales—los seguidores no tienen consecuencia. Por lo tanto, el elitismo se muestra como un
método que no considera al niño de menos capacidad. Se muestra con un
prejuicio, de parte de los maestros, a favor de los alumnos más dotados y
en contra de los con menos capacidad.

El elitismo inevitablemente se lleva a un exclusivismo. Hace unos
años, mientras estuve en Australia, trabajaba en una escuela cristiana que
aceptaba a niños, que por alguna razón u otra, tanto académica como de
comportamiento, habían sido expulsados de otras escuelas. El director,
Bill Oates, tiene sangre aborigen. Tiene un trasfondo que entiende las
minorías y la marginalización. Una vez me dijo, "Sabes, Juan, cuando el
Señor regrese, dudo que su primera pregunta que nos hace vaya a ser de
currículum y evaluaciones. Probablemente ni nos va a preguntar si realmente estamos enseñando cristianamente. Creo, más bien, que nos va
a preguntar, '¿Qué has hecho con mis pequeños, especialmente los que
son pobres y huérfanos, los que son marginados y rechazados, los que
han sido expulsados de otras escuelas por cuestiones de comportamiento

y problemas de aprendizaje?"'

Ofreciendo una educación verdaderamente cristiana e inclusiva era la visión de Bill Oates. La escuela cristiana debe ser un faro, dijo él, donde se puede satisfacer las necesidades de todos los niños, no sólo a los que pueden pagar o a los que tienen los dotes académicos requeridos.

Preguntémonos, ¿no es verdad que la mayoría de las escuelas cristianas sólo sirven a la sociedad cristiana de clase media o alta? De hecho, ¿no están establecidas principalmente las escuelas cristianas para gente que no tiene ninguna discapacidad? Los niños con discapacidad cuestan "demasiado" para incorporarlos en nuestras escuelas cristianas normales. A menudo, aun los estudiantes con talentos vocacionales e industriales tampoco son aceptados.

El secularismo

Finalmente, hay un *ismo* más que se tiene que agregar a la larga lista de obstáculos espirituales a la enseñanza cristiana: el secularismo. El secularismo puede ser el mayor problema de todos porque es probablemente es más sutil de todos. Es que el secularismo viene en unas tres versiones diferentes. En su forma más obvia no necesita ningún disfraz. Cuando es-

cuchamos que Dios ha muerto o que la religión es sólo una superstición arcaica, sabemos sin duda, que el dragón del secularismo ha erguido su cabeza. De esta manera, en su forma más ruda, simplemente pone a Dios a un lado. Sencillamente, ignora al Señor.

Pero hay otras dos formas de secularismo no tan reconocibles. Vienen disfrazadas en una bandera cristiana. En un capítulo anterior hablé del primero de estos dos disfraces, el dualismo—una filosofía que divide la vida en los dominios de secular y sagrado. En el salón este método puede expresarse como una combinación de actividades devocionales además del currículum y métodos de enseñanza estándares. De este punto de vista el secularismo ya no se ve tan peligroso. Después de todo, mientras que estén contextualizados a través de devociones sinceras y explícitamente cristianas y por un maestro modelo cristiano, las áreas presumiblemente neutrales, tales como historia, matemáticas, lenguas extranjeras, y otras disciplinas no pueden ser sospechosos. En este caso la perspectiva secular se hace aceptable y legítima.

El segundo de los dos disfraces es el que especialmente nos tiene que preocupar. Este disfraz de secularismo penetra sutilmente a nuestra enseñanza aunque negamos rotundamente el dualismo y confiamos que nuestro currículum y métodos de enseñanza estén sujetos a la voluntad del Señor. Por ejemplo: al enseñar matemáticas podríamos proclamar lo majestuoso de Dios como el gran matemático quien creó el mundo maravillosamente ordenado de las matemáticas, no obstante podemos enseñar matemáticas a través de una perspectiva formalista, completamente secular, que presupone que las matemáticas sea un conjunto de reglas de auto contenido y auto valoración. O, enseñamos la historia recordando a los alumnos que es la historia de Dios, sin darles ningún sentido—tal vez muy superficialmente—de cómo el proceso histórico refleja o rechaza las ordenanzas de Dios.

Este tipo de secularismo sutil sigue capturando los corazones de todos nosotros. Nos motiva a racionalizar o a poner a un lado los asuntos claves sin ninguna crítica. Nos anima a vivir vidas cómodas y mantener el sacrificio real a un mínimo. Esta clase de secularismo engañoso es el tipo que no podemos combatir solos Tenemos que hablar acerca de su poder e impacto más abiertamente sin ser tan defensivos. Enseñando cristianamente va a requerir nada menos que quitemos la máscara de esta clase de secularismo.

En conclusión

Éstas y otras fuerzas violentamente militan contra los esfuerzos de traer el gobierno de Cristo y la presencia del Espíritu Santo al salón de clases. Por supuesto, fácilmente podríamos escribir otro libro para catalogar todo lo hace que el "enseñar cristianamente" fuera un sueño ideal, lejos de la realidad, sin consecuencia en el mundo real de la escuela actual. Digo, "sueño ideal." Pero, ¿de veras, lo es? ¡No! Cristo, a través de nosotros, está haciendo todo nuevo, incluyendo nuestra tarea de enseñar. Sin miedo, pongamos nuestras manos al arado.

De verdad, ya lo has hecho. Leyendo este libro dice que estás tomando tu llamado seriamente. Mi esperanza ferviente es que vas a ser motivado a dedicarte de nuevo a la tarea de enseñar cristianamente. Tu trabajo con los niños es increíblemente importante para avanzar el Reino de Dios. Acuérdate reconocer los diferentes temas que hemos platicado en este libro—la organización del salón, las selecciones pedagógicas, el manejo del salón y otros—como servicio a Dios.

Y ahora, mi amigo, mientras que concluimos nuestras conversaciones, te deseo muchas bendiciones sobre tus esfuerzos. Que la gracia de Dios, el amor de Jesús y el compañerismo del Espíritu Santo sean contigo y con tus niños todos los días que pongas el pie en tu salón de clases.

La oración de un maestro

Señor, tú sabes que soy frágil y débil. Muchas veces siento miedo. Muchas veces no te creo cuando me dices que de veras estás haciendo de nuevo todas las cosas, incluyendo lo que hago en mi salón de clases. Muchas veces soy terco, cuando digo, "¡pero siempre lo hecho así, por favor no me molestes!" Con una arrogancia marcada, tiendo de ignorar lo que mis compañeros de la fe dicen o piensan, y no hago ningún intento de ser el agente de reconciliación y renovación que tú quieres que sea.

Señor, te encomiendo mi trabajo. Gracias por haberme dado una tarea tan maravillosa, pero también muy desafiante—la tarea de ayudar a tus preciosos niños a crecer como discípulos competentes con buen conocimientos, listos y preparados para buscar tu voluntad en todo aspecto de sus vidas. Ayúdame de nunca aprovecharme de ellos, ni de tratarles injustamente. Ayúdame a ver a Jesús en todos ellos, aun en los niños como Keith o Cristi quienes parecen ser determinados de tomar el camino equivocado. Perdóname cuando deseo que se larguen.

Ayúdame, Señor, a trabajar juntamente con los alumnos, los otros maestros, el director, la mesa directiva y los padres de familia. Que yo pueda buscar la manera de edificar a la comunidad y practicar un amor genuino.

Señor, ayúdanos a enseñar cristianamente. Sin ti es un sueño irreal. Pero cuando nos juntamos contigo, lo podemos hacer. ¡Sí Señor, lo podemos hacer!

¡Amén!

Notas

Capítulo 1

1. Nicholas Wolterstorff, *Curriculum: By What Standard?* (Grand Rapids, MI: National Union of Christian Schools, 1966); Paul Kienel, editor, *Philosophy of Christian School Education* (Colorado Springs, CO: Association of Christian Schools International, 1995); John Van Dyk, *The Beginning of Wisdom: The Nature and Task of the Christian School* (Grand Rapids, MI: Christian Schools International, 1985); Richard Edlin, *The Cause of Christian Education* (Northport, AL: Vision Press, 1997); Harro Van Brummelen, *Steppingstones to Curriculum: A Biblical Path* (Seattle, WA: Alta Vista Press, 1994). Véase también Nicholas Henry Beversluis, *Christian Philosophy of Education* (Grand Rapids, MI: National Union of Christian Schools, 1971).

2. Para una buena descripción de "el choque de lo familiar," véase Kevin Ryan y James Cooper, *Those Who Can, Teach* (Boston, MA: Roughton Mifflin, 1998), pp. 467-470.

3. El Centro de Dordt College Center para los Servicios Educativos es un componente del colegio diseñado para ayudar las escuelas cristianas a aumentar su efectividad. Cada primavera el Centro patrocina representantes de escuelas cristianas desde los niveles básicas hasta medio superior en la Conferencia Educacional B. J. Haan, ofreciendo un programa para mejorar las escuelas.

4. En la tradición Reformada encontramos unos ejemplos de su preocupación para la pedagogía. El teólogo holandés Herman Bavinck se dirigió al asunto pedagógico hace 100 años. Véase J. Brederveld, *Christian Education: A Summary and Critical Discussion of Bavinck's Pedagogical Principles* (Grand Rapids, MI: Smitter Book Co., 1928). Después, el psicólogo holandés Jan Waterink se preocupó mucho por la pedagogía. Véase Jan Waterink, *Basic Concepts in Christian Pedagogy* (Grand Rapids, MI: Eerdmans, 1954).

5. Cornelius Jaarsma, *Human Development, Learning and Teaching,* (Grand Rapids, MI: Eerdmans, 1959).

6. Para una descripción inicial de este debate larga y complicado, véase Larry Reynolds, "Describing Instruction: Basic Assumptions" en *Pro Rege,* Vol. XII, No. 3, 1984, pp. 12-24.

7. Por ejemplo, véase, David W. Anderson, "Creative Teaching: Education as Science and Art" en *Holistic Education Review,* Vol. 4, No. 1, Spring, 1991, pp. 16-21; Ron Brandt, "On Research on Teaching: A Conversation with Lee Shulman" en *Educational Leadership,* Vol. 49, No. 7, Abril, 1992, pp. 14-19; y Jere Brophy, "Probing the Subtleties of Subject-Matter Teaching" en *Educational Leadership,* Vol. 49, No. 7, Abril, 1992, pp. 4-8.

8. Para una discusión del punto de vista griego de conocer y hacer, véase mis artículos "The Relationship Between Faith and Action: An Introduction" en *Pro Rege,* Vol. X, No. 4, 1982, pp. 2-7, y "Christian Philosophy and Classroom Practice: Is the

Gap Widening?" en *Pro Rege,* Vol. XXIII, No. 1, 1994, pp. 1-7.

9. N. L. Gage, "Theories of Teaching" en *Theories of Learning and Instruction,* National Society for the Study of Education (Chicago: The University of Chicago Press, 1964), pp. 268-285.

Capítulo 2

1. I Corintios 1:10.

2. Mateo 28:18.

3. Apocalipsis 19:16.

Capítulo 3

1. Colosenses 1:19,20.

2. Gálatas 5:25.

3. Efesios 4:11-13

4. Santiago 3:1.

Capítulo 4

1. Efesios 4:12.

2. Josué 4.

3. Gálatas 5:25.

Capítulo 5

1. Ralph W. Tyler, *Basic Principles of Curriculum and Instruction* (Chicago: University of Chicago Press, 1949).

2. Tyler, pp. 5-33.

3. Véase, p.ej. H. Jerome Freiberg y Amy Driscoll, *Universal Teaching Strategies* (Needham Heights: Allyn y Bacon, 1966), pp. 61-79.

4. Elliot W. Eisner, "Instructional and Expressive Objectives: Their Formulation and Use in Curriculum" en *Instructional Objectives: An Analysis of Emerging Issues.* James Popham, ed, (Chicago: Rand McNally y Co., 1969), pp. 13-18.

5. Benjamin S. Bloom, ed., *Taxonomy of Educational Objectives, Handbook 1: Cognitive Domain* (New York: McKay, 1956); David R. Kratwohl, y otros, *Taxonomy of Educational Objectives, Handbook II: Affective Domain* (New York: Longman, 1964); Anita J.. Harrow, *Taxonomy of the Psychomotor Domain: A Guide for Developing Behavior Objectives* (New York: McKay, 1972).

6. N de T. Esta palabra viene del inglés, *holistic,* que significa integrado completamente.

7. Howard Gardner, *Frames of Mind: The Theory of Multiple Intelligences,* (New York: Basic Books, 1982). Para una prueba de como se implementa la teoría de Gardner, véase el Vol. 55, No. 1, Septiembre, 1997 edición de *Educational Leadership.* El tema de la edición es, "Enseñando para múltiples inteligencias."

8. Nicholas Henry Beversluis, *Christian Philosophy of Education* (Grand Rapids, MI: National Union of Christian Schools, 1971). Véase especialmente capítulos 3 y 4. En este libro Beversluis habla de un "crecimiento moral" en vez de específicamente un "dominio de decisión."

9. Donald Oppewal, *Biblical Knowing and Teaching* (Grand Rapids, MI: Calvin College Monographs, 1985), p. 18.

10. Nicholas Wolterstorff, *Educating for Responsible Action* (Grand Rapids, MI: Eerdmans, 1980), pp. 14-15. De especial interés es el apéndice "Reflections on Taxonomy."

11. Harro Van Brummelen, *Walking with God in the Classroom* (Seattle: Alta Vista Press, 1992 y 1988), pp. 117-119.

12. Van Brummelen, *Walking with God in the Classroom,* p. 118.

13. Efesios 5:15-17; Santiago 3:13-18.

14. Santiago 1:22.

15. Para informarse más, véase mis ensayos, "The Relationship Between Faith and Action: An Introduction" en *Pro Rege,* Vol. X, No. 4, 1982, pp. 2-7, y "Christian Philosophy and Classroom Practice: Is the Gap Widening?" en *Pro Rege,* Vol. XXIII, No. 1, 1994, pp. 1-7.

16. Gálatas 5:13-14.

17. Daniel Goleman, *Emotional Intelligence* (New York: Bantam Books, 1995).

18. Una versión anterior de este capítulo está en mi ensayo "Goals and Objectives: Pathways to Educational Myopia?" en *Pro Rege,* Vol. XXIV, No. 3, 1995, pp. 19-24.

Capítulo 6

1. Efesios 6: 10-17.

2. La literatura que describe las investigaciones sobre enseñanza es muy amplia y creciente. Para unos ejemplos véase David Ryans, *Characteristics of Teachers* (Washington, DC: American Council on Education, 1960); N. L. Gage, ed., *Handbook of Research on Teaching* (Chicago: Rand McNally, 1963); M. Wittrock, ed., *Handbook of Research on Teaching,* third ed. (New York: Macmillan, 1986); Jere E. Brophy, "Trends in Research in Teaching" in *Mid-Western Educational Researcher,* Winter, 1994, pp. 29-39.

3. Véase p.ej. Jere E. Brophy, "Proving the Subtleties of Subject-Matter Teaching" y Ron Brandt, "On Research on Teaching: A Conversation with Lee Shulman" en *Educational Leadership,* Vol. 49, No. 7, Abril, 1992, pp. 4-8, 14-19.

4. Un libro interesante que da más detalle a estos movimientos es, Ron Miller's *What Are Schools For?* (Brandon, VT: Holistic Education Press, 1992). Este libro da una perspectiva general de varios movimientos de la centralidad de la persona y de

educación progresiva.

5. Paulo Freire, *Pedagogy of the Oppressed* (New York: Seabury Press, 1970).

6. Henri J. Nouwen, *Creative Ministry* (Garden City, NY: Image Books, 1978), pp. 3-20.

7. Parker J. Palmer, *To Know as We Are Known: A Spirituality of Education* (San Francisco: Harper y Row, 1983), pp. 69-105.

8. Alfonso Montuori, "The Art of Transformation: Jazz as a Metaphor for Education" en *Holistic Education Review*, Vol. IX, No. 6, 1996, pp. 57-62.

9. Kieran Egan, *Teaching As Story Telling* (London, Ont.: Althouse, 1986).

10. Alan Tom, *Teaching As a Moral Craft* (New York: Longman, 1984).

11. Harro Van Brummelen, *Walking with God in the Classroom* (Seattle: Alta Vista Press, 1992), pp. 21-22. En la revisión de 1999 de este libro, Van Brummelen describe la función sacerdotal de enseñanza como una metáfora. Véase pp. 35-36.

12. Parker J. Palmer, *The Courage to Teach: Exploring the Inner Landscape of a Teacher's Life* (San Francisco: Jossey-Bass Publishers, 1998), p. 148.

13. Una frase hecha popular por Lee Shulman, como se reconoce en el artículo de Ron Brandt mencionada en la nota 3, arriba.

14. Harro Van Brummelen usa la metáfora de "joumey (viaje)" para concluir su capítulo sobre la "vocation of teaching (vocación de enseñar)," el último capítulo en *Walking with God in the Classroom,* pp. 180-182.

Capítulo 7

1. Atribuido a George Bernard Shaw.

2. Véase nota 2, Capítulo 6.

3. Hay una variedad de perspectivas perennialistas hoy día. Un fenómeno creciente es la "educación clásica cristiana." Para una perspectiva general de un punto de vista clásico, véase, G. E. Veith, Jr. y Andrew Kern, *Classical Education: Towards the Revival of American Schooling* (Washington, DC: Capital Research Center, 1997).

4. Los cristianos difieren sobre el alcance de la redención de Cristo. La perspectiva reformada, apoyada en este libro, ve a toda la creación afectada por el pecado, y toda la creación, en principio, redimida. Véase, Colosenses 1:19-20.

5. Mi descripción de estas dimensiones ha sido, en parte, por la teoría de modalidades propuesta por el filósofo holandés, Herman Dooyeweerd.

6. Proverbios 4:23.

7. ¿Es un arte o una ciencia la enseñanza? El debate se remonta a mediados del siglo XX. Un trabajo clave fue de Gilbert Highet, *The Art of Teaching* (New York: Random House, 1950).

8. Calvin Seerveld, estético desde hace mucho en el Institute of Christian Studies en Toronto, tiene un capítulo interesante y valioso, "The Fundamental Importance of Imaginativity Within Schooling" en *Rainbows for the Fallen World* (Toronto: Tuppence Press, 1980), pp. 138-155.

9. *To Know As We Are Known* (San Francisco: Harper y Row, 1982), pp. 79-83.

10. Arnold De Graaff, antes con el Institute for Christian Studies in Toronto, dedicaba considerable atención al rol de "lo formativo" como el componente clave de la actividad docente en su libro, *The Educational Ministry of the Church: A Perspective* (n. 1. The Craig Press, 1968), especialmente pp. 110-111, 129-133.

11. I Corintios 3:6-7.

Capítulo 8

1. En una discusión valiosa de lo efectivo en el modelar, Nicholas Wolterstorff refiere a las investigaciones anteriores de Albert Bandura. Véase Nicholas Wolterstorff, *Educating for Responsible Action* (Grand Rapids, MI: CSI y Eerdmans, 1980), pp. 51-62. Para ver el trabajo posterior de Bandura, vease su *Social Foundations of Thought and Action* (Englewood Cliffs, NJ: Prentice-Hall, 1986). También, B. J. Zimmerman y C. F. Kleefeld, "Toward a Theory of Teaching: A Social Learning View" en *Contemporary Educational Psychology*, Vol. 2, 1977, pp. 158-171.

2. Harro Van Brummelen ha destacado "estructurando" como un cuarto componente de enseñanza, además de guiando, desarrollando y capacitando. Véase *Walking with God in the Classroom* (Seattle: Alta Vista Press, 1992), pp. 28-33. No obstante, continúo pensar que "estructurando" es una parte importante de la función de guiar. Cuando estructuro el aula para el aprendizaje, estoy armando el escenario para que mis alumnos vayan hacia una cierta dirección, codeándolos ligeramente.

3. El término "capacitando" está llegando a ser un poco problemático. Se usa en trabajo social y otros campos, frecuentemente con connotaciones negativas. Por ejemplo, "capacitando" puede refirirse a factores que mantienen a una persona esclavizada a una adicción.

Capítulo 9

1. P.ej. Hebreos 3:13, 10:25, y varios otros lugares en las cartas de Pablo.

2. Bernice McCarthy, *The 4MAT System: Teaching to Learning Styles with Right/Left Mode Technique* (Barrington, IL: Excel, 1980); Anthony Gregorc, "Learning/Teaching Styles: Their Nature and Effects," en *Student Learning Styles: Diagnosing & Prescribing Programs* (NASSP, 1979), pp. 19-26.

3. Harro Van Brummelen, *Walking with God in the Classroom* (Seattle: Alta Vista Press, 1992), pp. 46-61.

4. Kenneth Dunn y Rita Dunn, "Dispelling Outmoded Beliefs About Student Learning" en *Educational Leadership*, Vol. 44, No. 6, 1987, pp. 55-62.

5. Howard Gardner, *Frames of Mind: The Theory of Multiple Intelligences* (New York: Basic Books, 1982). Gardner agregó la octava inteligencia hace unos años.

6. Las distinciones entre aulas individualistas, competitivas y cooperativas a menudo están mencionadas en la literatura sobre el aprendizaje cooperativo. P.ej. David W. Johnson, Roger T. Johnson y Edythe Johnson Holubec, *Circles of Learning: Cooperation in the Classroom* (Edina, MN: Interaction Book Co., 1986), pp. 3-4.

7. N del T. Aquí el autor se refiere a un sistema que se usa en Norteamérica "grading on the curve," es simplemente que el mejor alumno recibe 10, sin importar la cantidad de respuestas correctas y el peor recibe 5 ó 0, conforme al maestro. El resto de la clase recibe su calificación proporcionalmente conforme a estos dos extremos. La idea no es en sí responder correctamente a las preguntas, sino más bien ganar al compañero.

8. El concepto del "Cuerpo de Cristo" se usa con frecuencia el Apóstol Pablo. Unos pasajes claves son: Romanos 12, I Corintios 12, y Efesios 4.

9. Para una descripción más amplia de esta progresión histórica, véase mis ensayos, "From Deformation to Reformation" en *Will All the King 's Men* . . . (Toronto: Wedge Pub. Co., 1972), pp. 63-91; y "Church and World in Early Christianity" en *Pro Rege*, Vol. 8, No. 1, Septiembre 1979, pp. 2-8.

10. P.ej., I Corintios 7:14.

11. II Corintios 1:7, 2:3; Gálatas 6:2.

12. Para una significante exploración del temor en el salón de clases, véase, capítulo 2 de "A Culture of Fear" en Parker Palmer, *The Courage to Teach: Exploring the Inner Landscape of a Teacher's Life* (San Francisco: Jossey-Bass Publishers, 1998), pp. 35-60.

13. Véase Robert E. Yager, "Wanted: More Questions, Fewer Answers" en *Science and Children,* September 1987, p. 22.

Capítulo 10

1. Por supuesto, esta aseveración en una generalización. Durante los últimos veinte años ha habido un interés creciente en crear clases distinguidas más por cooperación que por una competencia individual. Para discusiones y más bibliografía, véase los siguientes números de *Educational Leadership:* Vol. 54, No. 1, September 1996 ("Creating a Climate for Learning"); Vol. 54, No. 5, February 1997 ("Education for Democratic Life"); Vol. 55, No. 2, Octubre 1997 ("Schools as Safe Havens"); Vol. 56, No.1, Septiembre 1998 ("Realizing a Positive School Climate"), y Vol. 57, No. 1, Septiembre 1999 ("Personalized Learning").

2. N de T. El uso del término "high school" abarca lo que en normalmente Latinoamérica es el último año de secundaria y los tres años de preparatoria. En la traducción hemos utilizado ambos vocablos, pero esto explica la idea de cuatro años.

3. Para una ilustración y más bibliografía, véase, Evelyn Schneider, "Giving Students a Voice in the Classroom" en *Educational Leadership,* Vol. 54, No. 1, September 1996, pp. 22-26. El programa de Schneider para enseñar la responsibilidad educacional se basa en el trabajo de William Glasser, especialmente en su *Control Theory in the Classroom* (New York: Harper y Row, 1984), y *The Quality School: Managing Students Without Coercion* (New York: Harper y Row, 1990); David W. y Roger T. Johnson, *Teaching Students to be Peacemakers* (Edina, MN: Interaction Book Co., 1991); and R. S. Charney, *Teaching Children to Care: Management in the Responsive Classroom* (Greenfield, MA: Northeast Foundation for Children, 1991). Véase, también, Alfie Kohn, "Choices for Children: Why and How to Let Students Decide" en *Kappan,* 1993, Vol. 75, No. 1, pp. 8-20.

4. Escuché a Alfie Kohn hacer esta comparación en un debate público conducido en la convención de la Association for Supervision and Curriculum Development, San Francisco, 1995.

Capítulo 11

1. Un texto clásico acerca de los métodos de la enseñanza es el libro, *Models of Teaching* por Bruce Joyce y Marsha Weil (Needham Heights, MA: Allyn y Bacon, 1972). Desde su publicación a principios de los 70's ha pasado por cinco ediciones, la última en 1996. Como sigue popular, revisaré su contenido (las referencias son de la quinta edición de 1996).

Joyce y Weil juntan sus "modelos de enseñanza" en cuatro familias:

1) La familia social: Los modelos de la familia enfatiza "nuestra naturaleza social, cómo aprendemos el comportamiento social y cómo la interacción social puede aumentar el aprendizaje académico" (p. 63). Incluido hay varias formas del aprendizaje cooperativo, investigaciones en grupo y actuaciones.

2) La familia procesadora de información: El énfasis de esta familia cae sobre la adquisición y la organización de información, la formación de conceptos y en la resolución de problemas. Algunas estrategias mencionadas en esta sección son del pensamiento inductivo, logro del concepto, mnemónicas, y sinéticas.

3) La familia personal: El propósito de los modelos en esta familia es para "guiar al alumno hacia una mayor salud mental y emocional a través del desarrollo de la auto-confianza y a través de un sentido realista de uno mismo ... y para desarrollar unos tipos específicos de pensamiento de calidad, tales como la creatividad y la expresión personal" (p. 293). Incluidos son métodos indirectos (Carl Rogers), y métodos para aumentar la auto estima (Maslow).

4) La familia de sistemas de comportamiento: En esta sección el autor enfoca sobre los modelos inspirados por el conductismo. Ellos se molestan explicar el trasfondo y los principios de la teoría conductista (pp. 321-328), entonces consideran, como ejemplos, el aprendizaje por dominio y la instrucción programada, y incluyen—por curiosidad—la instrucción directa y la simulación. Para entender la inclusión, el lector tiene que cuidarse de comprender como los autores definen la instrucción directa y la simulación.

Mientras que este libro nos provee con muchas perspectivas interesantes y útiles, un problema principal es la falta de claridad acerca de los criterios utilizados para distinguir entre las familias. Parece que algunas de las estrategias son clasificadas conforme a su naturaleza interior (p.ej., procesando la información), mientras que otras parecen ser determinadas por lo que las otras estrategias logran (p.ej., la familia personal). Subsecuentemente, el problemas de un traslapo engrandece. Wittrock observe que los "modelos de instrucción provienen, en gran parte, de las perspectivas conductistas, cognitivas y psicologista humanista" (M.C. Wittrock, "Models of Heuristic Teaching" en M.J. Dunkin, ed., *The International Encyclopedia of Teacher and Teacher Education,* Oxford: Pergamon, 1987, p. 69. Esta sugerencia se aplica acertadamente a las "familias" propuestas por Joyce y Weil, si presuponemos que las familias social y personal están orientadas hacia la escuela humanista.

Otro libro similar es: *Instruction: A Models Approach,* por M.A. Gunter, T.H. Estes y J. Schwab (Needham Heights, MA: Allyn y Bacon, 1990 y 1995). Los autores definen un modelo de instrucción a través de "un procedimiento, paso a paso que va hacia ciertas metas de aprendizaje" (p. 73). A diferencia de Joyce y Weil, los autores de este libro no tratan de clasificar los modelos en familias. Sencillamente describen una serie de estrategias desconectadas de instrucción: la instrucción directa, el logro del concepto, el desarrollo del concepto, sinécticas, el modelo de inquirir de Suchman, la discusión en grupo, adquisición de vocabulario, las estrategias del aprendizaje cooperativo, los modelos para memorizar, y los modelos para la resolución de conflictos. Lo que distingue los modelos son las diferencias en el resultado deseado del aprendizaje.

Aún más dispersa es una lista de estrategias de enseñanza, examinado por Donald R. Cruickshank, D.L. Bainer y K.K. Metcalf, en su libro *The Act of Teaching* (New York: McGraw-Hill, 1995 y 1999). Una "alternativa de instrucción" más o menos se define como "cualquier movimiento de enseñanza que se usa para facilitar el aprendizaje y la satisfacción del alumno" (p. 163). Los autores presentan su lista de alternativas de instrucción en orden alfabético (pp. 190-192).

Ocasionalmente encontramos discusiones de estrategias de enseñanza que reflejan algún pensamiento acerca de taxonomías. Por ejemplo, H. Jerome Freiberg y Amy Driscoll, en su libro, *Universal Teaching Strategies* (Needham Heights, MA: Allyn y Bacon, 1992 y 1996) usan el continuum que abarca el aprendizaje desde pasivo hasta activo para su encuesta de estrategias docentes. Empiecen con los discursos y terminan con capítulos sobre "los alumnos como socios" y "haciendo el aprendizaje real."

Sin embargo, por lo regular, las descripciones de los métodos parecen sostener mi opinión que el mundo de las estrategias de enseñanza permanecen, por lo general, como un enredijo incoherente. El pensamiento cristiano en estas áreas apenas está en pañales.

Capítulo 12

1. La literatura acerca de la instrucción directa es muy extensiva. Un problema recurrente es la diversidad de puntos de vista en cuanto a lo que se pueda considerar como la instrucción directa. Una variedad de tipos y modelos han sido propuestos. Véase, p.ej., B. Rosenshine y C. Meister, "Direct Instruction," en L. Anderson, ed., *International Encyclopedia of Teaching and Teacher Education,* segunda edición (Oxford: Elsevier Science Ltd., 1995), pp. 143-148; J. Murphy, M. Weil, y T. McGreal, "The Basic Practice Model of Instruction," *The Elementary School Journal,* Vol. 87, 1986, pp. 83-95.

2. Deuteronomio 6:6-9, 20-23; 11:18-21; Salmos 78:3-7.

3. Para ver unas discusiones divergentes y más bibliografía, consulte a H. Evan Runner, *The Relation of the Bible to Learning* (Toronto: Wedge Publishing Foundation, 1970), especialmente pp. 35-49, 87-132; John C. Vander Stelt, *Philosophy and Scripture: A Study in Old Princeton and Westminster Theology,* (Marlton, NJ: Mack Publishing Co., 1978), especialmente pp. 303-322; John Cooper, "The Changing Face of Truth" en *Orthodoxy and Orthopraxis,* John Bolt, ed. (Jordan Station, Ont., Canada : Paideia Press, 1986), pp. 33-58. Para ayudarle a entender como el relativismo del posmoderismo se dirige a la cuestión de verdad, estudie J. Richard Middleton y Brian J. Walsh, *Truth is Stranger Than It Used to Be* (Downers Grove, IL: Inter-Varsity Press, 1995).

4. Marcos 16:20; I Corintios 3:9; II Corintios 6:1.

5. Madeline Hunter, *Improving Instruction* (El Segundo, CA: TIP Publications, 1976).

6. La diversidad de puntos de vista sobre la definición de la instrucción directa complica los resultados de la investigación. Consulte las siguientes fuentes: N.L. Gage, ed. *The Psychology of Teaching Methods* (Chicago: Chicago University Press, 1976); N.L. Gage y D.C. Berliner, *Educational Psycholoy*, 5th edition (Boston, MA: Houghton Mifflin, 1991); Donald C. Orlich y otros, *Teaching Strategies: A Guide to Better Instruction* (Lexington. MA: Heath, 1990); B. Rosenshine, "Synthesis of Research on Explicit Teaching" en *Educational Leadership*, Vol. 43, No. 7, 1986, pp. 60-69: B. Rosenshine, "Direct Instruction," en M. J. Dunkin, ed., *The International Encyclopedia of Teaching and Teacher Education* (Oxford: Pergamon, 1987), pp. 257-263; P. Peterson, "Direct Instruction: Effective for What and for Whom?" en *Educational Leadership*, Vol. 37, 1979, pp. 46-48; P. Peterson, "Direct Instruction Reconsidered" en P. Peterson y H. Walberg, eds., *Research on Teaching: Concepts, Findings, and Implications* (Berkeley, CA: McCutchan, 1979); P. Peterson, "Issue: Should Teachers Be Expected to Learn and Use Direct Instruction?" ASCD *Update*, Vol. 24, No. 5, 1982.

7. Como la instrucción directa, la enseñanza indirecta es un concepto diverso cubriendo diversas definiciones. Se describe tanto como el descubrimiento del aprendizaje, la resolución de problemas, la averiguación, y otros métodos inductivos de instrucción. Gary Borich acomoda los componentes de la siguiente manera: "La instrucción indirecta es un método de enseñanza y aprendizaje en que el proceso del aprendizaje es la averiguación, el resultado es el descubrimiento y el contexto del aprendizaje es un *problema*." Gary D. Borich, *Effective Teaching Methods* (Columbus. OH: Merrill Publishing Co., 1988), p. 163. La instrucción indirecta es tan viejo como Sócrates. Fue abogada por John Dewey y popularizada por Jerome Bruner. Véase, John Dewey, *Democracy and Education* (New York: Macmillan, 1916), y Jerome Bruner, *The Process of Education* (Cambridge: Harvard University Press, 1960), y *Toward a Theory of Instruction* (Cambridge, MA: Harvard University Press, 1966).

8. La resolución de problemas como un método de enseñanza, incluye una variedad de formas. Actualmente en boga es PBL (Problem Based Learning—*Aprendizaje basado en problemas*), un método que presenta "problemas mal estructurados" que los alumnos tienen que resolver. La formulación de tales problemas intencionalmente omiten unos procedimientos específicos que deben seguir y motiva a los alumnos a diseñar pasos de acción que lleva a soluciones. Para una discusión véase, Al Bandstra, *The Effectivness of Problem-Based Learning in Middle School Science* (M. Ed. thesis, Dordt College, 1998). Doug Blomberg sugiere que la resolución de problemas debe ser el meollo del currículum y la enseñanza de las escuelas cristianas. Aboga una "pedagogía de poner problemas" que sea "la exploración de un espacio de problemas de normas" (*Perspective*, Institute for Christian Studies, Toronto, Vol. 33, Issue 1, March, 1999, p. 7). Véase su artículo, "A Problem-posing Pedagogy: 'Paths of Pleasantess and Peace'" en *Journal of Education & Christian Belief*, Vol. 3, No. 2, Autumn, 1999, pp. 97-113. Para más discusión véase, Gloria Stronks y Doug Blomberg, eds. *A Vision with a Task: Christian Schooling for Responsive Discipleship* (Grand Rapids, Ml: Baker Books, 1993), pp. 172-175, 192-213.

9. Como reportado por Donald C. Orlich y otros, *Teaching Strategies: A Guide to Better Instruction* (Lexington, MA: Heath. 1994, 4th ed.), p. 296.

10. Ejemplos son Donald C. Orlich y otros, *Teaching Strategies: A Guide to Better Instruction*

(Lexington, MA: Heath. 1994, 4th ed.), pp. 268-320; Gary D. Borich, *Effective Teaching Methods* (Columbus, OH: Merrill Publishing Co., 1988), pp. 163-191; Donald R. Cruikshank, D. L. Bainer, K. K. Metcalf, *The Act of Teaching* (New York: McGraw-Hill, 1999), pp. 215-223; H. Jerome Freiberg y Amy Driscoll, *Universal Teaching Strategies* (Boston, MA: Allyn y Bacon, 1996), pp. 306-316.

Capítulo 13

1. Meredith D. Gall, "The Use of Questions in Teaching" en *Review of Educational Research*, Vol. 40, 1970, pp. 707-721; William W. Wilen. *Questioning Skills for Teachers* (Washington, DC: National Education Association, 1991).

2. Hay muchos estudios. Para ver algunos ejemplos véase, Marylou Dantonio y Louis V. Paradise, "Teaching Question-Answer Strategy and the Cognitive Correspondence Between Teacher Questions and Learner Responses" en *Journal of Research and Development in Education,* Vol. 21, Spring, 1988, pp. 71-75; Nathan C. Swift, Thomas Gooding, y Patricia R. Swift, "Questions and Wait Time," en *Questioning and Discussion: A Multidisciplinary Study,* J. T. Dillon, ed. (Norwood, NP Ablex Publishing, 1988); Karen D. Wood y Denise K. Muth, "The Case for Improved Instruction in the Middle School" en *Journal of Reading,* Vol. 35, No. 2, 1991, pp. 84-90.

3. Muchos estudios muestran que en la mayoría de clases de cualquier nivel, la plática del maestro domina. Los alumnos hacen muy pocas preguntas. Véase, p.ej. el trabajo de J. T. Dillon, *Questioning and Teaching: A Manual of Practice* (London: Croom Helm, 1987).

4. M. B. Rowe, "Wait Time and Rewards as Instructional Variables, Their Influence in Language, Logic, and Fate Control: Part 1—Wait Time" en *Journal of Research in Science Teaching*, Vol. 11, No. 2, 1974, pp. 81-94; K. G. Tobin, "The Effect of an Extended Teacher Wait Time on Science Achievement" en *Journal of Research in Science Teaching.* Vol. 17, 1980, pp. 469-475; "Effects of Teacher Wait Time on Discourse Characteristics in Mathematics and Language Arts Classes" en *American Educational Research Journal,* Vol. 23, No. 2, 1986, pp. 191-201; "The Role of Wait Time in Higher Cognitive Level Learning" en *Review of Educational Research,* Vol. 57, Spring, 1987, pp. 69-95.

Capítulo 14

1. Véase, J. T. Dillon, "Using Questions to Foil Discussion" en *Teaching and Teacher Education,* Vol. 1, No. 2, 1985, pp. 109-121.

2. Paulo Freire, *Pedagogy of the Oppressed* (New York: Seabury Press, 1970), *Education for Critical Consciousness* (New York: Seabury Press, 1973*), Pedagogy in Process* (New York: Seabury Press, 1978). También, Clarence Joldersma, "Shared Praxis: Interchange of Words" en *Christian Educators Journal,* April/May 1980.

3. Daniel Schipani, *Conscientization and Creativity* (Lantham, MD: University Press of America, 1984). Thomas Groome, *Christian Religious Education* (New York: Harper & Row, 1980). El libro de Groome correctamente puede ser llamado un hito en el desarrollo del método de la praxis compartida.

4. He experimentado (y continúo experimentando) con el modelo propuesto de la praxis compartida en varios niveles. Para una descripción de uno de estos experimentos, véase, Trent De Jong, David Loewan, John Van Dyk, "Shared Praxis: Where Content and Process Meet in the Classroom" en *Christian Educators Journal*, Vol. 37, No. 4, Abril 1998, pp. 12-15. Este artículo reporta un experimento exitoso el primer año de secundaria en dos escuelas cristianas en Abbotsford, BC, Canada.

5. P.ej., II Corintios 5:18.

6. El método de la praxis compartida muestra afinidades con el construccionismo. El construccionismo mantiene que el aprendizaje ocurre cuando el conocimiento se construye sobre experiencias anteriores y se reformula y reforma—se construye— mientras que los alumnos crecen y se desarrollan. El construccionismo me parece ser una propuesta que apoya la teoría del aprendizaje. Lamentablemente, mucho del construccionismo llega a ser problemático cuando también propone que el conocimiento individualmente construido no esté sujeto a las normas de la creación. Por ende, el construccionismo puede quedarse atorado en el fango del sujetivismo y el relativismo. Los educadores cristianos continuamente tienen que discernir con mucho criterio.

Capítulo 15

1. ¿Realmente funciona el aprendizaje cooperativo, aún cuando estructurado correctamente y con cuidado? ¿O, siempre va a salir con un conjunto de ignorancia? Las investigaciones, con mayor frecuencia muestran la efectividad del aprendizaje cooperativo. Los alumnos aprenden más rápido y retienen por más tiempo que en los salones tradicionales. El aprendizaje cooperativo reduce el problema de disciplina y mejora el tiempo dedicado a la tarea, ayuda para que los alumnos disfruten más sus tareas de aprendizaje y, aumenta la auto-estima. Desarrolla las habilidades de cooperación, la aceptación de diferencias y el respeto de los demás. Mientras, las investigaciones continúan. Entre los estudios que apoyan los beneficios del aprendizaje cooperativo son las siguientes: David W. Johnson, G. Maruyama, Roger T. Johnson, y D. Nelson, "Effects of Cooperative, Competitive, and Individualistic Goal Structures on Achievement: A Meta-analysis" en *Psychological Bulletin*, Vol. 89, No. 1, 1981, pp. 47-62; David W. Johnson y Roger T. Johnson, *Cooperation and Competition: Theory and Research* (Edina, MN: Interaction Book Co., 1989); Robert E. Slavin, *Cooperative Learning: Theory, Research, and Practice* (Englewood Cliffs, NJ: Prentice-Hall, 1990); Robert E. Slavin, "Synthesis of Research on Cooperative Learning" en *Educational Leadership*, Vol. 48, No. 5, 1991, pp. 71-82; D. Solomon, M. Watson, E. Schaps, V. Battistich, y J. Solomon, "Cooperative Learning as Part of a Comprehensive Classroom Program Designed to Promote Prosocial Development" en *Cooperative Learning: Theory and Research*, S. Sharon, ed. (New York: Praeger, 1990), pp. 231-260.

2. Para los estudios sobre este punto, véase, E. G. Cohen, "Restructuring the Classroom: Conditions for Productive Small Groups" en *Review of Educational Research*, Vol. 64, No. 1, 1994, pp. 1-35.

3. Donald W. Johnson y Roger T. Johnson, *Learning Together and Alone* (Englewood Cliffs, NJ: Prentice Hall, 1991).

4. John Van Dyk, "Cooperative Learning in Christian Perspective: Opening the

Dialogue" en *Humans Being: Essays Dedicated to Stuart Fowler,* Doug Blomberg, ed. (Melbourne, Australia: Association for Christian Scholarship; Sydney: National Institute for Christian Education, 1996), pp. 335-353.

5. Para una discusión del aprendizaje cooperativo como novedad, véase, Robert E. Slavin, "Here to Stay or Gone Tomorrow," opinión editorial en *Educational Leadership,* Vol. 47, No. 4, 1989, p. 3, y D. B. Struthers, "Cooperative Learning: Fad or Foundation for Learning?" en *Phi Delta Kappan,* Vol. 72, No. 2, 1990, pp. 158-162.

6. Romanos 12:16; I Corintios 1:10.

7. David W. y Robert T. Johnson, "Conflict in the Classroom: Controversy and Learning" en *Review of Educational Research,* Vol. 49, 1979, pp. 51-61; *Teaching Students to Be Peacemakers* (Edina, MN: Interaction Book Co., 1995); "Teaching Students to Be Peacemakers: Results of Five Years of Research" en *Peace and Conflict: Journal of Peace Psychology,* Vol. 1, No. 4, 1995, pp. 417-438; "Conflict Resolution and Peer Mediation Programs in Elementary and Secondary Schools: A Review of the Research" en *Review of Educational Research,* Vol. 66, No. 4, 1996, pp. 459-506; "The Three C's of School and Classroom Management" en *Beyond Behaviorism: Changing the Classroom Management Paradigm,* H. Jerome Freiberg, ed. (Boston: Allyn y Bacon, 1999), pp. 119-144.

8. En su segunda edición de *Walking with God in the Classroom,* Harro Van Brunmelen incluye una breve discusión de la resolución de disputas y conflictos. Provee un resumen de pasos que se basan en fuentes no identificadas. Véase *Walking with God in the Classroom* (Seattle: Alta Vista College Press, 1998), pp. 73-75.

9. M. Sapon-Shevin y N. Schniedewind, "Selling Cooperative Learning Without Selling It Short" en *Educational Leadership,* Vol. 47, No. 4, Dic./enero., 1990, pp. 63-64.

Capítulo 16

1. En su primera edición de *Walking With God in the Classroom,* Harro Van Brummelen hace una distinción significante entre "el aprendizaje individualizado" y "el aprendizaje personalizado." "El aprendizaje individualizado (p.ej., a través de una instrucción basada en la computadora)," dice él, "no necesariamente satisface las necesidades de la persona, ni su uso exclusivo prepara a las personas a vivir en *comunidad.* El aprendizaje individualizado, mientras sea efectivo para aprender algunos conceptos básicos y habilidades, con frecuencia se basa en una visión determinística y conductista de la persona ... ¿Cuál es la visión bíblica del aprendizaje personalizado? Primero, el aprendizaje personalizado significa que los maestros tratan a los alumnos con respeto, los cuidan y los permiten ejercer sus habilidades que son parte de su persona. Segundo, el aprendizaje está estructurado para involucrar las tareas y métodos, que conforme a lo posible, satisfagan las necesidades de todas las personas del salón de clases. Tercero, los aprendices están animados, cuando sea apropiado, hacer sus decisiones acerca de su aprendizaje, actual sobre estas decisiones, y llevar una medida de la responsabilidad por sus propias decisiones de aprendizaje." *Walking With God in the Classroom* (Burlington, Ontario: Welch Publishing Co.), 1984, p. 80.

2. John Van Dyk, "Kids in the Middle: Winners or Losers?" Dos artículos en *Christian Educators Journal,* Vol. 34, No. 3, Febrero, 1995, pp. 2-4; y Vol. 34, No. 4, Abril, 1995, pp. 11-12.

3. Romanos 12.

4. El término "multifuncional" puede ser difícil. Actualmente la palabra es "diferenciado" o "diverso." Sin embargo, continúo pensar en "multifuncional" como algo más indicativa de un aula holística que "diferenciado." Un libro excelente, lleno de ideas prácticas, hablando directamente al tipo de aula que estoy promoviendo en este capítulo es, Carol Ann Tornlinson's *The Differentiated Classroom: Responding to the Needs of All Learners* (Alexandria, VA: ASCD, 1999). El libro es una buena fuente para programas de desarrollo de personal.

5. Mateo 5:9; Santiago 3:16-18.

6. Job 30:25; Romanos 12:15; Romanos 15:1-2; Gálatas 6:2; Colosenses 3:12-16; Hebreos 13:3; I Juan 3-4.

7. Efeseos 4:12.

8. I Corintios 13.

9. Para una serie de ideas véase, de Tomlinson *The Differentiated Classroom*, nota 4 arriba.

10. La teoría de Howard Gardner de inteligencias multiples es probablemente una de las teorías de más influencia que ha entrado al mundo educacional en los últimos años. Para ver sus últimos pensamientos véase, *The Disciplined Mind: What All Students Should Understand* (New York: Simon y Schuster, 1999) y *Intelligence Reframed* (New York: Basic Books, 1999).

11. A. H. Maslow, *Motivation and Personality* (New York: Harper y Row, 1954). Maslow propuso una "jearquía de necesidades" desde las necesidades sicológicas hasta las de autorrealización.

12. William Glasser, *The Quality School* (New York: Harper y Row), 1990.

13. Para una prueba de la literatura véase, David Kolb, *Learning Style Inventory* (Boston: McBer y Co., 1976); Bernice McCarthy, *The 4MAT System: Teaching to Learning Styles* (Barrington, IL: Excel, 1981); Anthony Gregorc, *An Adult's Guide to Style* (Maynard, MA: Gabriel Systems, 1982) y *Inside Styles* (Maynard, MA: Gabriel Systems, 1987).

14. Rita y Kenneth Dunn, *Teaching Students Through Their Individual Learning Styles: a Practical Approach* (Reston, VA: Reston Publishing Co., 1978); "Teaching Students Through Their Individual Learning Styles: A Research Report" en *Student Learning Styles and Brain Behavior* (Reston, VA: National Association of Secondary School Principals, 1982), pp. 142-151.

15. Véase, la nota 10 arriba.

16. Harro Van Brummelen, *Walking With God in the Classroom* (Burlington, Ontario: Welch Publishing Co.), 1984, pp. 80-81.

17. Véase, Carol Ann Tornlinson, "Mapping a Route Toward Differentiated Instruction" en *Educational Leadership*, Vol. 57, No. 1, Septiembre 1999, pp. 12-16.

Capítulo 17

1. P.ej., Donald R. Cruickshank, D. L. Bainer, y Kim Metcalf listan casi 100 entradas

en la sección de referencia en su capítulo sobre el manejo del salón en, *The Act of Teaching* (New York: McGraw-Hill, 1999), pp. 394-397.

2. Cruickshank y otros, *The Act of Teaching*, pp. 361-362. Alfie Kohn vigorosamente opone la distinción. Véase, especialmente los primeros cinco capítulos de su libro *Beyond Discipline: From Compliance to Community* (Alexandria, VA: ASCD, 1996).

3. Harro Van Brummelen, *Walking with God in the Classroom* (Seattle: Alta Vista College Press, 1998), pp. 75-79.

4. Donald C. Orlich y otros, *Teaching Strategies: A Guide to Better Instruction* (Lexington, MA: D. C. Heath and Co., 1994), pp. 351-367.

5. Alfie Kohn, *Beyond Discipline*, pp. xiv-xv.

6. Donald R. Cruickshank y otros, *The Act of Teaching*, pp. 387-388. Véase también Alfie Kohn, *Beyond Discipline*, pp. 24-32.

7. Mateo 5:38-42.

8. Efeseos 6:4.

9. Alfie Kohn, *Beyond Discipline*, p. 121.

10. Para unas descripciones que ayudan, véase, H. Jerome Freiberg, ed., *Beyond Behaviorism: Changing the Classroom Management Paradigm* (Needham Heights, MA: Allyn y Bacon, 1999).

Capítulo 18

1. Debido al hecho que a todos les falta el tiempo, los libros populares sobre el manejo de tiempo venden muy bien. Para literatura específicamente dedicada al problema de tiempo que experimentan los maestros, consulta lo siguiente: J. Applegate, "Time" en Donald R. Cruickshank y Associates, *Teaching Is Tough* (Englewood Cliffs, NJ: Prentice-Hall, 1980), pp. 257-302; C. Collins, *Time Management for Teachers* (West Nyack, NY: Parker, 1987). Para unas sugerencias útiles,véase también el capítulo 4, "The Effective Use of Time" en H. Jerome Freiberg y Amy Driscoll, *Universal Teaching Strategies* (Needham Heights, MA: Allyn y Bacon, 1996).

4. Para unas perspectivas interesantes de "el terreno interior de la vida de un maestro," véase, Parker J. Palmer, *The Courage to Teach* (San Francisco: Jossey-Bass Publishers, 1998).

5. Dr. Stuart Fowler de Antithesis Educational Services, Melbourne, Victoria, Australia, comentario personal.

6. Mateo 10:16.

CPSIA information can be obtained at www.ICGtesting.com
Printed in the USA
LVOW051114310712

292295LV00002B/6/A